杰赫星命
紫微斗數上編

(甲辰年最新修訂版)

紫微斗數《上編》
（甲辰年最新修訂版）

正信！不迷信！

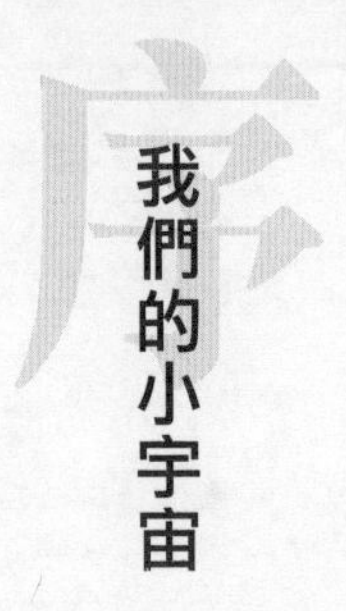

序 我們的小宇宙

我們從哪裡來？我們從母親來。

母親從哪裡來？母親從她的母親哪裡來。

生命從哪裡來？生命從地球來。

地球從哪裡來？地球從宇宙來。

人類既為地球的生命體，我們的命運無不受鄰近天體所影響。想像我們好像一顆行星，有的出生在物質密集的環境而成為大星體，有的出生在貧瘠帶成為小星體，有些本身條件很好，可惜入錯了軌道與其它星體發生碰撞，破壞了自己而產生出無數小行星。

假如我們是一顆小行星，各有自身的軌道，有些人好運，有些人壞運，都與他出生時的天體相互引力所定下來。當人生的某個階段，進入了木星的引力邊緣，它的強大引力會改變你自己，把你從原來靜寂帶進一個前所未見的新方向，在人生旅途上或者叫做「好運」。奈何木星軌道始終都要完結，有機會不幸地進入土星引力，今次土星的引力把你捕獲，你被困了，成為了它的衛星，進不得，退不得，或者我們叫「衰運」。

幸好宇宙之大，星體無數，因時際遇，總會有其他星體進入你的引力範圍而把你改變並帶走，這就是「緣份」。人生從來都是不斷經歷緣來緣盡，沒完沒了的不斷循環重複。如果有宗教信仰，或許人們死後會進入其他空間，或在不同維度，或在其他星系中某一行星上，以其他方式不斷運轉，直到永遠。

宇宙界好喜歡合併分裂，恆星好喜歡膨脹收縮，不斷循環。人生就好像宇宙的縮影，既然人類是大宇宙的產物，我們就有可能從它的規律而推演出命運的變化。

李應聰提序

認識杰兄乃在2010年一次UWANT玄學好友聚會中，交談下來，深知杰兄對多方玄學皆有深入研究，諸如紫微斗數、子平八字及西洋占星等皆功力極高。

子平八字及紫微斗數乃我國兩大主流命學，子平八字古籍流傳較多，學者不難從古籍之中，找到八字學理的分析脈胳，其以月令節氣格局為重點依歸，按格局喜忌原則分析命局。

紫微斗數古籍則流傳極少，亦因為如此，就連分析命盤前的排盤佈星，四化原則等等，坊間皆有眾多不同版本，致令學者無所適從，難以入門。

今人學習術數，有一致命缺點，就是永遠祇想學習速成招式，排盤用電腦的，原理不清不楚，又或希望學習眾多不同門派手法，希望能習百家所長，導致不同手法分析互相矛盾，以致功力無法寸進。

所謂練拳不練功，到老一場空，武學如是，術數亦如是。如學者未能搞清楚自身所學之原理，或連排盤及佈星的數理原則也未能明白，那如何知道是集百家之所長，還是集百家之所短呢？

今有幸收到杰兄邀請愚弟為其大作寫序，樂得先睹為快。細閱初稿，杰兄在斗數運作原理之中著墨極多，可稱坊間少見！亦因其博學多才，每每能引經據典，以科學考證的精神去研究玄學，掃除迷信，不盲從權威，實乃我輩之榜樣也！

初學者閱讀此書，當可更清楚明白斗數的原理運作，打穩基本功。已有一定程度者，閱讀此書亦可激發更多分析思維，功力更進一步。

本人誠意推薦此書給每一位對斗數有認真研究精神者，誠祝杰兄新書大作一紙風行，繼續將玄學發揚光大！

自然之道風水命理研習社
李應聰
丙申年孟秋

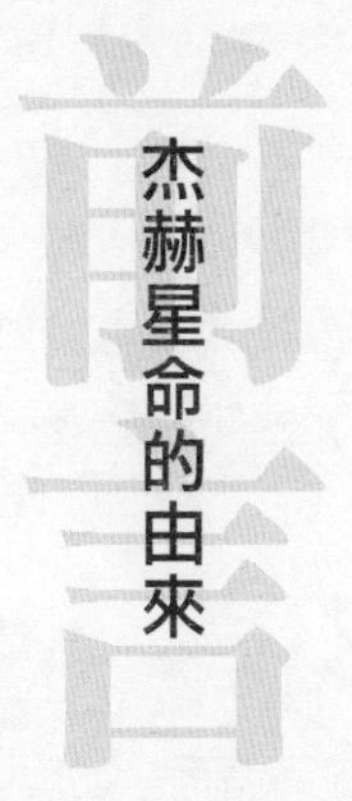

杰赫星命的由來

杰赫是筆者本人在網上討論區的網名，有一段時間，正是我在玄學探索路上的高溫發燒期。在2008年開始在網上玄學討論區以文會友，為網友自由算命，從而累積了一些寶貴經驗，同時亦結交了一些同道好友。大家將各自心得、絕技、古籍等收藏作互相交流，此時便開始了撰寫玄學文章之雅興，其間合共寫了七十多編玄文。當時玄學興趣廣泛，文章的主要題材包括八字、紫微斗數、七政四餘、西洋占星、大六壬神數等等。

又因為玄學派別眾多，很多理論都存在分歧，例如早子、夜子時；天、地、人盤；閏月四化；南羅計北等問題，因而找出原由和合理性正是當時所討論之主要範圍。當年還攪了一個女命感情專區，因這個專區從而建立了一些數據，從統計資料所得正好反映現今香港女性在八字上之感情特質。其後發展成為以討論七政四餘的星命討論區，嘗試從坊間有限資料探索中國古星學與祿命學之間的關係，此帖從古到今，無所不談。

後來文章不斷累積，已寫超過十多萬字，玄文除了討論區還有貼在Yahoo Blog。後來因工事繁忙沒有再經常參與討論，隨後Yahoo更宣報永久停開博客。事隔多年後的今日，因一次網聚，幸得昔日網友鼓勵再次執筆，決定將前文與多年心得經驗總結並出版成書，或作為自娛自賞。

記得筆者第一次接觸玄學術數時只是一個二十初出頭的青年，當時正值休業待業，有位師兄自問懂得八字， 可以幫忙問前程，當時的我對命理是完全沒有認識，只以為是生肖運情，黃大仙求簽等東西。便問了父母攞了自己的生辰八字，幸好母親生育時有詳盡記錄，寫在一個紅包上，而且出生時間去到分鐘，此資料減少了不確定性，從而間接有助稍後步入學習西洋占星之途。

當年這位師兄給我的推算，今日都已經忘記得一乾二淨，可是其最大影響是給我看到玄學世界的入口。自此後的數年乃個人學習高峰期，其間一共學過九門術數，分別有四柱八字、紫微斗數、西洋占星、面相、掌相、玄空飛星、六壬神數、奇門遁甲、文王卦等等。師從至少十多位老師，其中最知名算是已故林國雄師傅，杰赫跟隨林師學得第一門功夫──【八字】和【面相】。其後在不同科目亦有跟隨不同流派之師傅學習。可是，各位不要過度幻想，杰赫在堂上只是一個非常平凡，毫不起眼的學生，因此並沒有機會與名師深入師徒關係，甚至只能算是一名聽眾罷了。

其後在工作上認識了一位朋友，他把王亭之所著之紫微斗數講義借給我，此人多年前對斗數曾充滿熱情，並重金買下此講義，可是友人覺得自己慧根不足，不得其門，罷了。筆者自以為有秘笈在手，便開始慢慢細研，及後亦有學習過北派飛星紫微斗數，可是心底裡還是認同較為傳統的紫微斗數。現在，此書的斗數部分皆以使用類似傳統七政四餘的推算法，有些地方更會中西合璧，加入一些西洋占星之睇法。

回想初次得知政餘之術，是從一位在「股市技巧分析課程」班上認識的同學身上，此同學是一位素有名氣的專業風水師，由於此課程的江恩理論、波浪理論、水星逆行、神奇數字、黃金比例與四度空間等與天星學理稍為吻合，得此介紹閱讀吳師青所出版的一系列天星叢書。

後來在其他進修中心上了一個名叫「七政四餘」的課程，課程內容百分之九十八都是西洋占星，相反七政四餘的特色與推算方法一點也沒有交代。這個「指鹿為馬」害得我在網上被習政餘者攻擊恥笑，正因為此，從而加強了筆者的決心，從多方面去了解研究，包括天文科學、歷史、古書、論文等等，各讀者可以到訪本人網站，其分享了天文觀星之樂趣，及早期有關日蝕、月蝕之記錄等等。

此書是筆者多年在玄學領域上之心血積累，一旦大家看完《星命三編》之後，便等如練得九陽神功，除了學懂星命三式之外，更會初步了解古代三式，即太乙、奇門、六壬，以及三式與面相與不同類形人格的組合運用，此書並加入歷史發展與天文典故，盡量做到保証資料可靠和真確。筆者會把過住經驗及所知，毫不保留告訴大家，希望各位能有所獲益。

如能上知天文，下通地理，左讀歷史，右測未來，而最中知命。

最後，此書之主要內容皆以星學為主，當中主要以西洋占星理論為本，對於七政四餘及古代星學之部分，只是蜻蜓點水式用來補充點綴，當中大部分資料皆可以從古書及網上找到。

曾經有人問我，為何不寫一本完全屬於七政四餘的書籍？

說實在，本人根本沒有這個方面的資格，況且，中式星學比西方落後上百餘年，現今社會流行的時事金融及遷移占星，甚至心裡分析和性格型態，是傳統政餘之學所沒有或不被重視的。時至今日，吾見研習政餘星學之人，十之八九為考古學家，而非天文學者，因此筆者不再打算投放太多精神和時間去引證古訣的真偽，反而專注在西方占星學上發展一套適合東方人口味的術數，似乎更乎合潮流所須。

個人認為，專精比廣泛更為重要，反之去蕪存青，專注發展星命三式，八字可以睇格局大運，斗數可以睇主題細節，占星可以睇性格心理，三者已經能夠幫我解決一生之難題，舊時那些老師傅都以算命三寶為主，舊三寶是八字、面相、掌相，八字用來看大運，面相用來看性格，掌相用來看心理，新的星命三寶只須出生時辰，也有異曲同工之妙。

但幾可肯定，倘若對政餘星學有興趣者，此書定能給你一個大概藍圖，必定對古祿命學有所啟發。

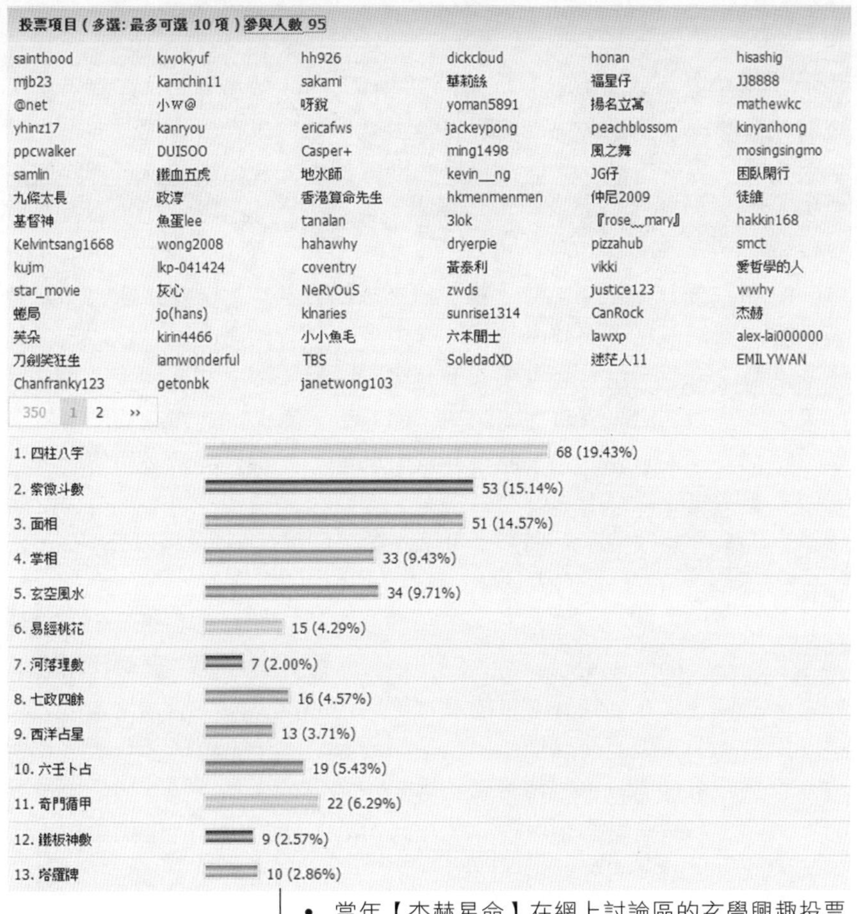

投票項目 (多選: 最多可選 10 項) 參與人數 95

sainthood	kwokyuf	hh926	dickcloud	honan	hisashig
mjb23	kamchin11	sakami	華莉絲	福星仔	JJ8888
@net	小w@	呀銳	yoman5891	揚名立萬	mathewkc
yhinz17	kanryou	ericafws	jackeypong	peachblossom	kinyanhong
ppcwalker	DUISOO	Casper+	ming1498	風之舞	mosingsingmo
samlin	鐵血五虎	地水師	kevin__ng	JG仔	困臥閒行
九傑太長	政淳	香港算命先生	hkmenmenmen	仲尼2009	徒維
基督神	魚蛋lee	tanalan	3lok	『rose___mary』	hakkin168
Kelvintsang1668	wong2008	hahawhy	dryerpie	pizzahub	smct
kujm	lkp-041424	coventry	蕾泰利	vikki	愛哲學的人
star_movie	灰心	NeRvOuS	zwds	justice123	wwhy
蜷局	jo(hans)	klnaries	sunrise1314	CanRock	杰赫
芙朵	kirin4466	小小魚毛	六本閒士	lawxp	alex-lai000000
刀劍笑狂生	iamwonderful	TBS	SoledadXD	迷茫人11	EMILYWAN
Chanfranky123	getonbk	janetwong103			

350 1 2 ››

項目	票數
1. 四柱八字	68 (19.43%)
2. 紫微斗數	53 (15.14%)
3. 面相	51 (14.57%)
4. 掌相	33 (9.43%)
5. 玄空風水	34 (9.71%)
6. 易經桃花	15 (4.29%)
7. 河洛理數	7 (2.00%)
8. 七政四餘	16 (4.57%)
9. 西洋占星	13 (3.71%)
10. 六壬卜占	19 (5.43%)
11. 奇門遁甲	22 (6.29%)
12. 鐵板神數	9 (2.57%)
13. 塔羅牌	10 (2.86%)

• 當年【杰赫星命】在網上討論區的玄學興趣投票

導讀：如何閱讀此書

杰赫星命主要講述星命三式，即四柱八字、紫微斗數、西洋占星，三者如何聯合應用，各祿命術的優點缺點，如何以合盤方式發揮術數的最大效用。另一方面，如何從星學角度解剖中式算命術結構，釋除坊間誤導。

此書主要分為三大部分，第一冊為《四柱八字》，第二冊為《紫微斗數》，第三冊為《西洋占星》，當中各部分會由淺入深，並加入各種不同術數的合盤應用，而各部分皆有緊密連繫，間中亦會插入一些玄學和天文等基礎知識，夾雜坊間誤導，因此個人認為，此書有些像一本玄學百科全書。要強調的是，此書極富原創性，當中見解未必和傳統觀念一致，筆者也不敢保證百分之百準確，如有錯漏請多多包涵，但保証能給讀者帶來一些啟發，原來玄學可以解釋得好現代，可以好科學。

縱使大綱主要分為三部分，不過在此可以話你知，玄學上的基礎骨幹是互通的，因此可能原屬第二部分關於紫微斗數，因為題材適用性，在第一部分的《八字編》亦會提及，至於西洋占星的「四大元素」又和第一部分《地支編》有互補作用，又如政餘之「十干化曜」在八字和紫微斗數部分皆有提及，假如希望玄學知識能更進一步，基本功是很重要的。此書之寫法有點像小說模式，每部份的主題和段落均是經過精心編排，因此建議第一次可以順序閱讀。

在第二冊《紫微斗數上編》的部分，主要內容有陰曆之概念、閏月及太陽時、十四正曜的星義、六合星的關係，當中最有趣的就是星座紫微斗數，另外也附加了「十字型面相」與紫微星曜配對。

此書屬於中階級別，初級起盤等基本功夫皆不會提及，假如讀者須要學習安星排盤，可以從坊間其他的八字書及萬年曆入手。然而坊間有眾多的專題八字、斗數、占星書，寫得可能要比我好，八字專家多的是，懂紫微斗數的人也不少，當然！懂得西洋占星也有，可是懂得以上三式，通天文知史地的恐怕不多。

看此書的目的就是要看如何中西合璧，西學中用，文中用詞簡潔，實踐為先，將理論化繁為簡，沒有高深難明之處，並盡量加插現實星象以助闡謠。從前老師傅的教法，往往天機不可洩漏，也不能詳盡解釋，從而給人迷信之感。筆者把過住經驗所知，毫不保留地告訴大家，希望大家能有所獲益。

杰赫從正信角度出發，破除封建迷信思想，從另一角度解釋玄學，希望讀者可以從中得到領悟和啟發。

紫微斗數大綱

幾經辛苦終於完成杰赫星命第一冊《四柱八字編》，由現在開始，正式與大家共同進入紫微斗數的世界。

寫紫微斗數要比四柱八字難度更高，斗數的星曜眾多，所涉及的資料更廣，上有天文，下有史地，而且斗數着重邏輯分析，推算結果比較詳盡細緻，不論「質」與「量」都比《八字編》要求更高。更而且，紫微斗數在香港已經流行多年，與斗數相關的著作甚豐，很多星曜特性和理解亦漸已定型，如紫微星的喜惡隨心性格已經深入斗民心裡，如何以不一樣的手法去介紹紫微斗數，正正是筆者最大之考驗。

第二冊《斗數編》開始執筆之前，先公開一些個人心路歷程，原先《杰赫星命》的構想只是打算把紫微斗數、四柱八字和西洋占星混為一談，彼此作出比較而已，然後加上一些命例，以及混盤合參的例子便告終。可是，一旦執筆，靈感源源不絕，覺得有很多東西非寫不可，最後，不知不覺把整個和紫微斗數相關的系統通通都記錄下來，成為一本徹頭徹尾的斗數玄學書，與原先打算為斗數編為一書，到現在因為篇幅過多，才把紫微斗數分成《上編》、《中編》、《下編》，合共三編。

其實在編書之前，筆者一直有一個打算，就是設想一個很簡單的名詞去概括一顆星曜。可是，到最後都沒有這樣做，箇中原因就是星曜實際上就是一個代表符號，這個符號背後的含意量可謂相當巨大，有如學單字而不學詞意，便大大浪費了斗數的豐富內涵。以武曲星為例，武曲在命宮主剛強，在兄弟宮主進取，夫妻宮是寡宿，在子女宮不咬弦，在財帛宮為財星，在疾厄宮代表骨幹，在遷移宮可能有意外，在奴僕宮下屬能幹，在事業宮為執行表現，在田宅宮主金屬利器，在福德宮主實際，在父母宮為孤辰等等。由此可見，一個象徵式的代表性詞彙對學習斗數不見得有任何益處。

假如再加上其他星曜，其變化就不是1+2=3這樣簡單，是可以有1+2=3,12,21甚至更多的變化，更而且，這樣的學習方法只流於單星、單宮論，一拳一腳只是入門功夫，是紫微斗數Express版本。

對於筆者強調的綜合看法，打破十二宮的大宇宙概念，必需對星曜有深入而抽象的了解，才能推算出命主的真實一面，這樣的要求屬於內功部分。紫微斗數的星曜大致有以下分類：

甲級十四正曜，亦可稱為主星：

「北斗系」分別為：紫微、天機、太陽、武曲、天同、廉貞；

「南斗系」分別為：天府、太陰、貪狼、巨門、天相、天梁；

七殺、破軍。

六吉星：左輔、右弼、天魁、天鉞、文昌、文曲；

另外：祿存、天馬也屬吉星，共八曜。

六煞星：火星、鈴星、擎手、陀羅、地空、地劫。

空曜：地空、天空、截空、旬空、天空。

刑星：擎羊、天刑。

桃花星曜：紅鸞、天喜、咸池、大耗、天姚、沐浴。

文貴星曜：文昌、文曲、天才、龍池、鳳閣。

科名諸曜：三台、八座、恩光、天貴、台輔、封誥、天官、天福。

神煞分為：

長生十二神：長生、沐浴、冠帶、臨官、帝旺、
衰、病、死、墓、絕、胎、養。

博士十二神：博士、力士、青龍、小耗、將軍、奏書、
蜚廉、喜神、病符、大耗、伏兵、官府。

將星十二神：將星、攀鞍、歲驛、息神、華蓋、劫煞、
災煞、天煞、指背、咸池、月煞、亡神。

歲建十二神：歲建、晦氣、喪門、貫索、官符、小耗、
大耗、龍德、白虎、天德、吊客、病符。

《上編》主要介紹紫微斗數十四顆最重要的星曜，亦即是我們所說的十四正曜或十四主星，其後吉星、煞星與及眾多的雜曜，還有十干四化將會在《中編》才會論述。斗數之組成主要分為「星」與「宮」，其相關星曜多達108顆，宮位分別有先天的天盤十二宮，和後天的人事十二宮，從而構成六十星系，合共144局之組合，此部份將會在《下篇》再和大家詳盡解說。

在開始之前，宜在此強調，此書對於紫微斗數的見解，有部分資料是建基於「七政四餘」之考量。例如坊間一向忽略日月光度與星等分法，在中國古星學，星盤的整體光暗度是古人分辨格局高低的主要因素之一。然而，此項內容經已融合並隱藏在「六十星系」之中，此為少有斗數家有深入說明之原因，從而令到很多人知其然，而不知其所以然，筆者稍後並會一一披露。若然概念與你們所認為的傳統斗數不同，敬請讀者自行斟酌。

紫微斗數在邏輯推算方面大約可分為二個部分，第一個是基於安

星法本身所獨有之星曜排佈方法，從而構成多個永久性的固定星系，筆者稱之為「五大星系」。此書會把星系分為二大類，第一類是以「紫廉武」、「殺破狼」、「府相殺」、「機月同梁」、「日梁門」，所組成的五大星系，作為星盤上的小宇宙。

「小宇宙」就是一個大命宮的看法，此十二宮所組成的大命宮是命運主體，主宰着先天行為和性格特徵。

堪輿家常說的「先天為體，後天為用。」斗數也同樣適用，算命的首要程序就是先論本質，次論周遭環境及際遇，而深入分析命主本質，正正就是紫微斗數強項，此方面絕對要比八字精細得多。至於六親及際遇卻可從後天的「十二人事宮」觀察，從中了解其人周遭形勢，辨別宮位所衍生出來的事物對命主有什麼影響？以此推算當時人的運情及際遇吉凶。

以上兩者，在命理上就是「體用」之別。

坊間斗數書較多以「十二人事宮」為題，內容主要針對的是後天方面，看似以實用性為主。可是，對於先天而言，或對於打破十二宮之概念實在着墨在不多。事實上，對於真正懂得看通全局的人，為數少之又少，甚至萬中無一，筆者亦花了漫長時間，掌握了「五大星系」，才能真真正正打破黃道十二宮，達到宮宮皆是命的層次，「五大星系」的部分會在稍後再述。

第二類就是進階級的主星系分類，從「六十星系」再作細分，分別得出「紫微盤」、「紫貪盤」、「紫相盤」、「紫破盤」、「紫府盤」和「紫殺盤」為代表的六大主星系。「五大星系」是整體性和全面性的推算法則，是打破十二宮的法門之一，而「六十星系」更可視之為人格的十二個原型，本書稱之為「十二原盤」。

除此之外，從「六十星系」當中並能分拆出「十八對星」，此十八對星就是同宮的雙星組合，用以推算大運及後天事宜，從「後天十二人事宮」可見，配合宮位和星曜，便能準確得出本命、兄弟、夫妻、子女、財帛、疾厄、遷移、奴僕、事業、田宅、福德和父母等情況。

此書唯一不完美之處，就是欠缺安星法，筆者經過細心考量，還是不要浪費各位的寶貴時間和額外篇幅，鑑於網上的自動起盤程式流行，而且十分準確，省卻了很多時間和人為錯誤。電腦能做到的，就交由電腦去做吧，自己除了初學斗數時有親手起盤之外，現在皆習慣以電腦程式來排盤，排盤程式快捷準確，甚至可以去到流月、流日、流時，非常便捷。

此書不寫安星法，不是叫大家忽視，安星法是硬功夫，當然熟習安星訣是件好事，將人腦訓練成電腦，亦可以加深對斗數的結構了解。不過，這門基本功，自己在家中閉門修練就可以，事關斗數星曜眾多，每星的排法都不一樣，如要硬讀死記會十分痛苦，初學者宜對安星原理有所了解就可以。假如大家對安星排盤有興趣，網上有很多免費資料可供參考，坊間亦有很多教安星排盤的書籍或萬年曆可供閱讀。

電腦不能勝任的，就是我們人類的價值，這就是解讀命運的工作。筆者相信無論科技如何發達，再過多一百年、二百年、甚至一千年，算命這事情，還是人類的事情，無論怎樣利害的人工智能都不能取代玄學家的位置，此亦都是電腦算命，久久也不能實現之原因。

筆者打算在餘下編章，着力多放上推算解盤，以及大運和合盤推算，另外，為傳承「星命三式」之連貫性，文中會加插一些專題討論，如星座紫微、斗數之祿忌應用、四化炒股法、十形面相配對、斗數八字大運同參、西洋占星與斗數睇法大不同等等。

以上所說，內容看似頗多，概念好像十分複雜，但個人認為，紫微斗數的系統十分公整，結構緊湊，能夠連連相扣，解釋合理，完全不難學習。

八字斗數大不同

很多時候，八字算到的事情，斗數未必看到，到斗數算到時，八字又好似看不出，兩者起運時間又不一樣，究竟跟哪套？哪套比較準？這是很多人經常問我的問題。

事實上兩套都可以好準，先作一個比喻，學八字有如學結他，學斗數有如學鋼琴，你認為結他和鋼琴，那種樂器易學？那種樂器較好呢？

就上述問題，問一百個人都有可能得出一百種不同的答案，這個問題看似簡單，其實一點也不簡單，這完全是個觀點與角度的問題。在現實生活中，結他和鋼琴直接比拼的機會較少，更多的是互相配合作出演奏，八字和斗數與之同理，更多的是互補不足，取長補短，而不是直接比較。

話須如此，八字和斗數觀點與角度雖然有所不同，但兩種術數的確有其特色，筆者嘗試在此略述。

八字能夠告訴你人生主題，給你趨勢，而五行、十神可以給你無限的想像空間，讓你能夠代入更多的非人事關係，例如用開國時間占算國運，用立春占算地運，用時空八字占卜任何事情。從優勢而言，八字的好處是快、簡單、易學、普及，它是術數中的基本功，是英文中之ABC。普遍有心學術之人都是以八字為入門功。可是，雖言簡單，實際上都好難，此門術數要顧及氣候、物種、意象、強弱、生剋、意境，習者需要有較強的邏輯推理能力，才能夠把抽象的五氣、十神解讀為真實現象。

八字的最大優點就是一旦學會，睇盤則快如閃電，料事如神，看看今日是什麼日子，什麼時辰、流年、流月、流日，早已心裡有數，幾時行桃花？幾時行財運？幾時升職？一切盡在掌握中！況且，八字十神已經籠統歸納了各類不同的命運模式，天干的十個日元就有如西方的十型人格，可以單憑幾個問題，便大概知道運行格局和模式。

例如父親或母親助力，誰比較大？喜歡安靜還是熱鬧？異性朋友比同性朋友，那類較知心？那類較有幫助等等？三條問題便大概可以判斷出命主格局到底是強或弱。再者，如果有機會，事主喜歡升職還是加薪，此問題除了可以了解命主之事業取向之外，更能分析其配偶所屬之類型。除此之外，八字可以憑藉近兩三年之際遇，便能估算出其人的五行屬性，以及其喜神、忌神，這樣簡單的套命試盤是紫微斗數完全不能勝任的。

為什麼本人把紫微斗數形容為鋼琴，就是因為斗數資料較多，有齊十二人事宮位，加上星曜、雜曜、神煞眾多，斷事較為詳盡，較為立體。所以，斗數感覺好像比八字強。

說實在，斗數的優點絕對多不勝數，它的極大優勢就是詳細，此系統的設計是專門針對個人祿命，如六親、事業、財富、福德、健康狀態均有明確顯示。再者，斗數的十二宮垣，每一宮均代表一個大主題，例如看配偶情況可看夫妻宮，看財運可看財帛宮，盤中宮位標示清楚，可以按圖索驥，批算時分外清晰。

譬如說，八字無印星，無財星，怎樣看父、母、妻、財？身強行財運，究境是發財定是情緣？八字需憑經驗代入，以無中生有的方式作出判斷，可是在斗數而言，此界線卻絕不含糊。更甚者，斗數的百多顆星曜各有不同意義，可以推算到很仔細，甚至可以去到很無聊的地步，例如衣服顏色、家中有蟲蟻、面有胎記雀斑等。

對於個人算命來說，斗數比較詳盡是肯定的，絕對稱得上是「算命之王」。但另一不足之處，如用來占算非人事問題，如國運及立春占卜，甚至是金融占星，斗數就顯得老鼠拉龜，無從入手。說實話，筆者也曾見過其他玄學家利用斗數作出國事及風水占卜，但解釋牽強，斗數雖然強勁，但有限制卻並不出奇，否則就不會有「太乙神數」及「玄空飛星」的出現。

對於學習斗數的要求，第一點就是要有記性，第二點就是要有宏觀大局的歸納和分析能力，當星性、宮位、星系都熟讀了然，便可以將星曜逐一套入，運用豐富聯想力，將不同關聯點作全盤整合，從而推算出星宮混合所代表的人和事，還有際遇及情境。

先說這麼多，在此回顧前文，為什麼八字算到的事情，紫微斗數未必睇到？反之亦然。

八字的運算可以分為上、中、下三層，天干看的是現象，地支主要看實力，支藏人元看其他細微現象，一柱干支可以反映兩至五件事情，其他次要的，就不會在十神之內顯示。相比之下，斗數展現平面，無論從任何角度？任何時間？盤中的十二宮格依然存在，假如每一宮反映一件事情，十二件事情當中，不論與我何關都會放在盤面，關鍵就在這裡，因此斗數可以推算得很仔細。

八字基於空間有限，無關痛癢的事就不予顯示，此亦都是八字的長處，就是簡單和重點。補充一提，斗數的每宮一事，每時一四化，只會顯示在特定時間之內發生的最重要事情，因此如時機拿握得不準，便有可能對焦失誤，忽略更為重要的大事。

說過例子，某君某年失業，又某月因炒賣股票損失慘重，在斗數的「流年」盤只是反映事業問題，其失財問題要深入「流月」才能找出原因。然而在八字的流年盤上，已明確反映事主是年會破大財，第二則是在事業上會有所變動。由此可見，兩者均能算出相同之事情，不同的只是表現形式，更大分別是兩者對於事件的嚴重性都有不同看法。

論性格推斷，斗數可謂一絕，比眾多術數都要佔優，因為斗數有正副、表內概念，命宮同福德宮看表面性格同內心思想，遷移宮是展現向外示人的形象。

例如以天機立命，表面看似理智聰明，但其福德宮坐入的太陰，則反映此人內心卻較為感性，處事多以情緒主導。又譬如，天府的福德宮必然是貪狼，主其人表面嚴肅，實情是個幽默貪玩，容易話為的人。又例如，破軍之福德宮必然是天府，此星表面展示出大開大合的風格，一旦看穿了，其實它的內心卻是個保守份子。還有，太陰天性喜歡計畫，原因是福德宮巨門有深藏細密的心思。但原來，巨門之深思則來自福德宮天梁之獨見。還有，天相並不無情，無情的只是其福德宮七殺！

斗數的好玩之處，就是能夠從星盤中解讀人性最真實一面，原來古人一早知道人性本質就是矛盾。筆者並發現，原來在八字中身強的人，往往在斗數中都是弱星，或屬於「機月同梁」星系，反而身弱者在斗數中往往都是強星，又何解呢？

籠統地說，八字身強者代表子女、下屬、女性、妻子都是喜神，意味六親能力較優，才能對命主產生有效助益。身弱者要比劫、印星，往往是要靠個人自身努力，或與同伴拍檔合作才能成功，因而如妻子、子女等六親宮位便顯得較沒有助力。

八字所說的身強、身弱，並不一定指個人能力，更多是看誰是命主的貴人，從這個二元相對論可見，其實八字和斗數也有很多的異曲同工之處！所以話呢，玄學術數並不能從表面意義或單一角度去理解，假如還有其他工具來作比較，便更容易發掘出其真實一面。

我們會在《紫微斗數》的合盤部份，試舉出幾個例子，看看八字、紫微斗數和西洋占星各有千秋的部分。

筆者對斗數的興趣，可以由這個起盤（見p25頁圖表）程式開始講起，話說早年購買的「八字天機」就已包括紫微斗數的起盤程式，因此每次推算八字之時，順道便會看一下斗數，隨後日子有功，便發現兩者均有共通之處，尤其是八字的五行氣勢與斗數某些星格，都能夠表示命主某些相同特質。

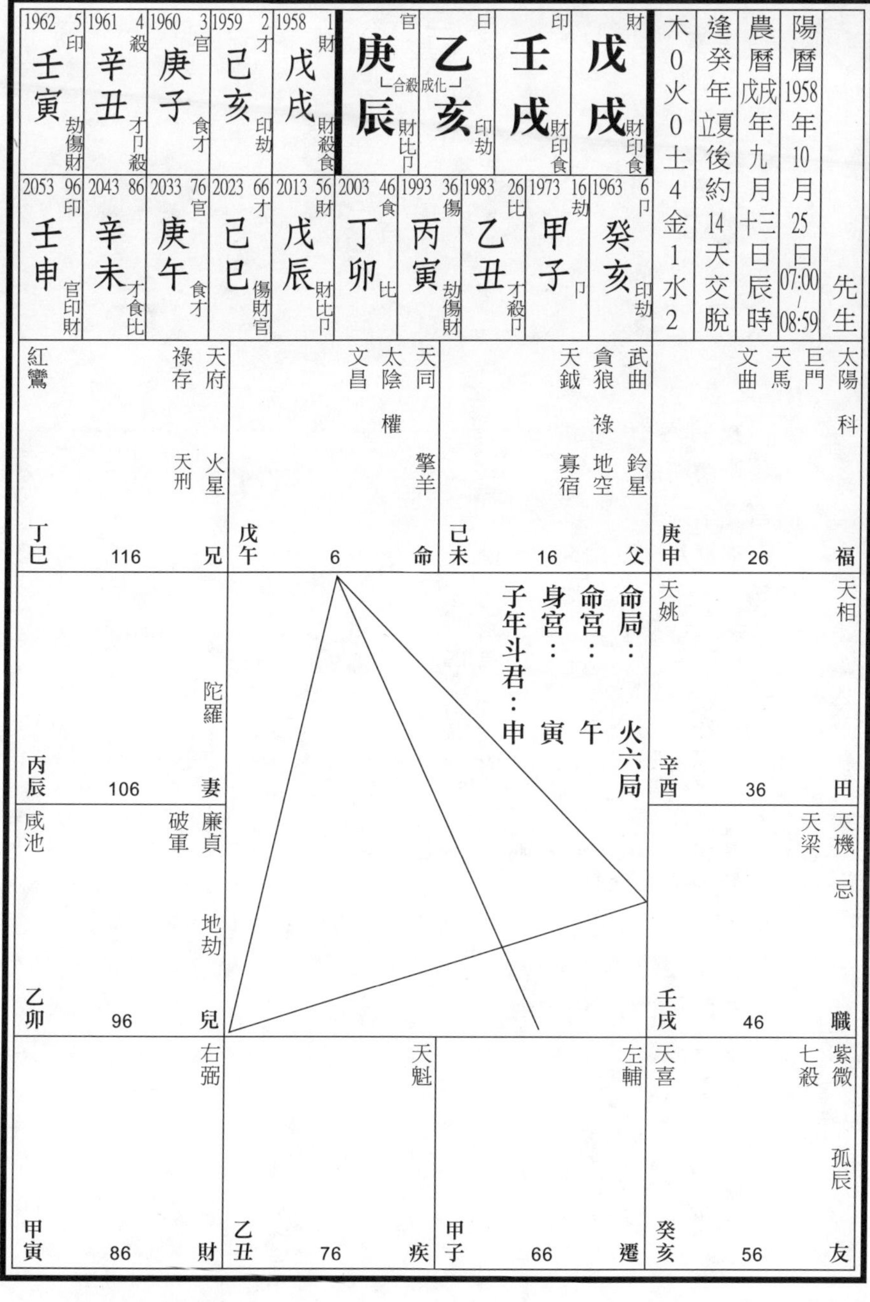
先生
陽曆1958年10月25日07:00/08:59
農曆戊戌年九月十三日辰時
逢癸年立夏後約14天交脫
木0火0土4金1水2
財 戊戌 財印食
印 壬戌 財印食
日 乙亥 印劫
官 庚辰 財比卩
合殺成化
1958 1 財 戊戌 財殺食
1959 2 才 己亥 印劫
1960 3 官 庚子 食才
1961 4 殺 辛丑 才卩殺
1962 5 印 壬寅 劫傷財
1963 6 卩 癸亥 印劫
1973 16 劫 甲子 卩
1983 26 比 乙丑 才殺卩
1993 36 傷 丙寅 劫傷財
2003 46 食 丁卯 比
2013 56 財 戊辰 財比卩
2023 66 才 己巳 傷財官
2033 76 官 庚午 食才
2043 86 辛未 才食比
2053 96 印 壬申 官印財
太陽 科 巨門 天馬 文曲 庚申 26 福
武曲 貪狼 祿 天鉞 鈴星 地空 寡宿 己未 16 父
天同 擎羊 太陰 權 文昌 戊午 6 命
天府 祿存 火星 天刑 紅鸞 丁巳 116 兄
陀羅 丙辰 106 妻
廉貞 破軍 地劫 咸池 乙卯 96 兒
右弼 甲寅 86 財
天魁 乙丑 76 疾
左輔 甲子 66 遷
紫微 七殺 孤辰 天喜 癸亥 56 友
天機 忌 天梁 壬戌 46 職
天相 天姚 辛酉 36 田
命局：火六局
命宮：午
身宮：寅
子年斗君：申

目錄

第二章・紫微星

第三章・天機星

第四章・太陽星

第五章・武曲星

第六章・天同星

第七章・廉貞星

第八章・天府星

第九章・太陰星

第十四章·七殺星

第十五章·破軍星

第十六章·星座紫微斗數

第一章・斗數基本認識

斗數基本認識

什麼是太陰曆？

紫微斗數作為第二冊星命主題，不得不談太陰曆，四柱八字建基於「陽曆」，而斗數主系統則建基在「陰曆」之上。

眾所周知，自古中國都是一個是採用「陰陽合曆」的國家，中國的陰曆，又稱「農曆」、「舊曆」，農曆主要是根據月球環繞地球公轉所需的時間而制定出來。據考證，中國大約從殷商時代就已經開始使用陰陽合曆。元代以後用過「回曆」，回曆即是伊斯蘭曆，是回教國家的通用曆法，是以純太陰為基礎的曆法。清代以後至今使用西洋的格里曆，俗稱「陽曆」或「公曆」。

就以2017年為例，中國農曆新年是新曆1月28日，而立春是2月3日，足足相差六日，有時甚至相差八至十日。在八字而言，2月3日才是丁酉

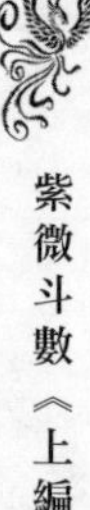

年，而斗數用的是陰曆，因此1月28日才是新一年。

在此先提出一個問題，假如2017年1月30日出生，已過農曆年初一，未過立春，是丙年還是丁年呢？

看看中國曆法歲首的規律，可以發現兩類規定，一是以「天文」為主，一是以「行政」為主。古時二十四節氣以冬至為起點，民間廣泛流傳「冬大過年」，習俗上要「做冬」，因冬至的月分為子月，太陽位於正南，其時日影最長，故此，冬至的實用價值遠大於春節，因而成為歲首。

政治上採用正月初一為行政歲首，至於正月的決定，是自漢武帝太初元年改曆以來一直都是採用夏代的建寅制，即取冬至起的第三個月為正月。由於寅月包含立春及雨水兩個節氣，每當有閏月時立春會在初一之前出現，故習慣上取立春之後，雨水前的初一為「正朔」。

人們習慣把農曆一月稱為「正月」，這是因為我國古時，每年以哪個月作為一月，各朝代皆有所不同。夏朝以寅月為一月，商朝以丑月為一月，周朝以子月為一月。由此可見，與陽曆的廿四節氣相比，陰曆較具彈性，隨後採用的十九年七閏，都是人為地調整月亮周期來配合太陽曆法。因此，無論斗數的主系統是採用陰曆，四化都是以立春，即是陽曆為主，個人認為，十干四化是後來才被加上的漢化補丁。在稍後的四化章節，將會有更詳盡解說四化之由來，乃沿自七政四餘之「十干化曜」。

回顧之前問題，正確答案是2017年1月30日出生之人，已過農曆年初一，未過立春，還是丙年。各位可能懷疑，在稍後的閏月章節再有驚人披露。

關於出生時月相也會對命運，性格等方面產生巨大影響，中國人分月相為「朔、望、上弦、下弦」。「朔」是陰曆初一，無月相，太陽與太陰在同一方位相合。太陽為外表，太陰為內裡，是表內如一。初一至十五太陰漸放光，較吉，比較有活力，情緒正面。十五後太陰減光，情緒易波動悲憂。「望」是十五滿月，太陽與太陰相對，即是沖，表裡不一。因滿月關係，情緒高漲，情緒進入高峰點，月圓又代表短期目標經已完成。不論斗數或占星，太陰都主管情緒及安全感，凡太陰所在之宮位皆容易令人緊張，均容易觸動內心情緒。

巳	午	未	申
辰			酉
卯			戌
寅	丑	子	亥

占星學上，太陰除了以上四種形態，還有太陽三合月亮，即是初十與二十。此時，太陽與月亮之間發生120°關係，皆有優化日月之功能，其角度使星曜變得和諧，以上所說，斗數也有相同情況。

上弦、下弦是太陽、太陰產生90°相位，玄學術語叫「刑」，這是個緊張關係，是一個凶角度，代表不如意、困難及壓力，又因太陰為母，便有可能導致命主和母親感情不佳，或被女性問題所困擾，如本命日月相刑者尤甚。初十和二十日出生之人的太陰最能協調，事關太陽和太陰有120°黃金三合，反映命主情緒平和，能控制個人情感，不會因情緒起伏而壞大事。此外，斗數以太陰為財星，此乃安靜之星，主富不主貴，喜廟旺入財帛宮，主進財方式平穩而有序，如定息、定期或存款，太陰化祿使財氣旺盛，進財穩定如細水長流，時間越長越富有。太陰主要和安全感有關，有光的太陰富安全感，無光的太陰缺乏安全感，因此太陰落陷會特別緊張，從而有過度儲蓄的情況。

可是在占星學上，因月亮的週期最快，每日皆有不同月相，影響個人情緒，反而不喜進入財帛宮，代表財務不穩。月亮又與股市短期波動、個人情緒和女性關係密切。女性有月經，股市有非理性亢奮，每月有一次月圓，每當月圓前後，女性心情特別好，股市會出現短期趨勢。故太陽行慢、太陰行疾。太陽好比時針，太陰好比分針，其源在行度的

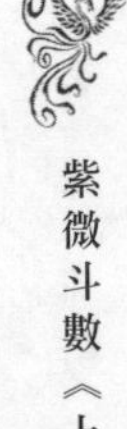

遲疾。有鑑於此，占星之大運推測、如次限法、太陽弧過運均非常重視太陰，如論吉凶者，以太陰應期最快，如股市短期推測，故應以太陰之朔望作為首要考慮。

何謂閏月？

月球環繞地球公轉一周需時約為29.5306日。同時，地球環繞太陽公轉一周需要365.2422日，如果我們將一個農曆年定為十二個月，即354.3672日，那麼一個農曆年就會比一個太陽年少10.875日，三個農曆年便至少超過一個月。為彌補這個差距，農曆就引入「閏月」制度，即是在一個適當的年份中增加一個月，從而令月亮可以和太陽年的時間大致配合。因此在「閏年」，一年就會有十三個月。

由於西曆是以地球繞環太陽為時間基礎，所以廿四節氣的日期就和西曆相當接近。例如，立春通常在西曆2月4日，清明在4月5日，冬至在12月22日等等。

由太陽年計算每個節氣之間相隔15.218425日，那麼三個節氣前後共有30.43685日，大約多於一個月。在一般的情況下，一個農曆月可以有一至兩個節氣，但絕少機會在同一個月內有三個節氣。

假如由立春到下一次立春，如果一年衹得十二個月，是絕對不可能有「雙春」，除非那一年有十三個月，前後共經過廿五個節氣，亦即是一個閏年。因此每逢「雙春」的年份，就必定會有「閏月」。

問題是，關於斗數的閏月起命向來都存在不少爭議，坊間一向流行以下幾個出版本：（一）、不論是閏幾月通通以上月計；（二）、不論是閏幾月通通以下月計；（三）、以閏月中節氣區分；（四）、以閏月十五日區分。

讓我們再來了解假如沒有閏月制度，每年的大年初一便會不斷提前，但如果引入閏月制，那麼又應該在哪些地方多插一個月呢？

方法是在曆法上規定每年正月的第一個節氣必須是立春或雨水，例如2016年2月8日是農曆正月初一，由於這天比雨水早（2月19日），因此該年的第一個節氣為雨水，並沒有違反上述規定。12個月後，由於農曆年比太陽年短，所以正月初一提早至2017年的1月28日，這一天亦介乎大寒和立春之間，亦沒有問題，但再過12個月，問題來了，12個月後的初一應該是2018年的1月17日，這一天比大寒早（1月20日），因此不能成為正月初一，否則該年的第一個節氣，就會變成大寒了。人們就將前一年的農曆定為閏年，而2018年的農曆正月初一，則順延至2月16日。

以2014年9月24日為例，是農曆九月初一，干支是癸酉，斗數以癸干「破巨陰貪」為四化，如果以閏月十五日區分，即去到11月7日還是以癸干作四化。當踏入11月8日，即閏九月十六日，斗數就以乙干「機梁紫陰」為四化，即是整個10月之甲干四化完全被截奪。由此可見最合適的答案是三，以閏月中節氣區分。

最後，在此強調閏月不是天文現象，閏月只是曆法中太陽和太陰在數學上的協調方法，可是坊間大部分的電腦排盤程式，包括筆者喜用的，都是以閏月十五日區分，發現這個秘密，不是個人聰明，當你了解曆法特點，就能釋除坊間眾多誤導。

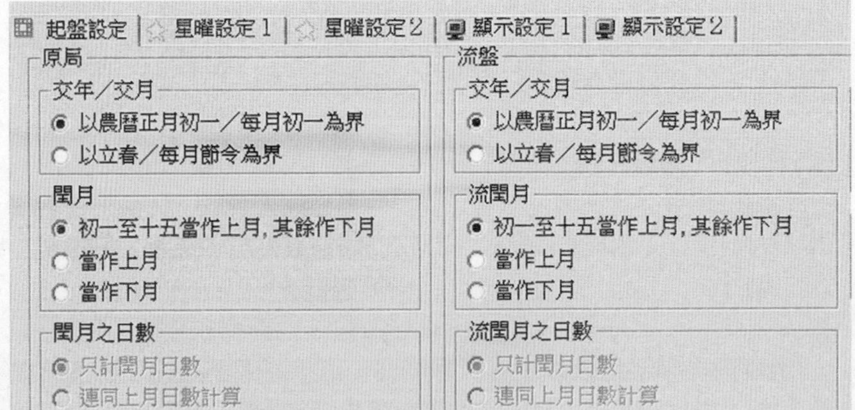

真太陽時

我們日常所使用之時間均為行政時間，以中國為例，為了方便行政管理，將全國各地之時間均以北京時間為統一標準，中國時區橫跨東五區、東六區、東七區、東八區、東九區等五個地理時區。有些國家如俄羅斯，甚至涉及十一個時區，如果算命採用行政時間，與行政時區越遠，差誤就越大。

假如出生地與行政時區相差兩個時區，即一個時辰，天上日月行星的位置基本沒有大變動（星宿的變動只是以毫秒計），變動的是因地球自轉而與太陽形成的視角度，太陽相對於地球的視角即天文學的「太陽弧」，在時間上的觀念即是「真太陽時」。

真太陽時=平太陽時+真平太陽時差

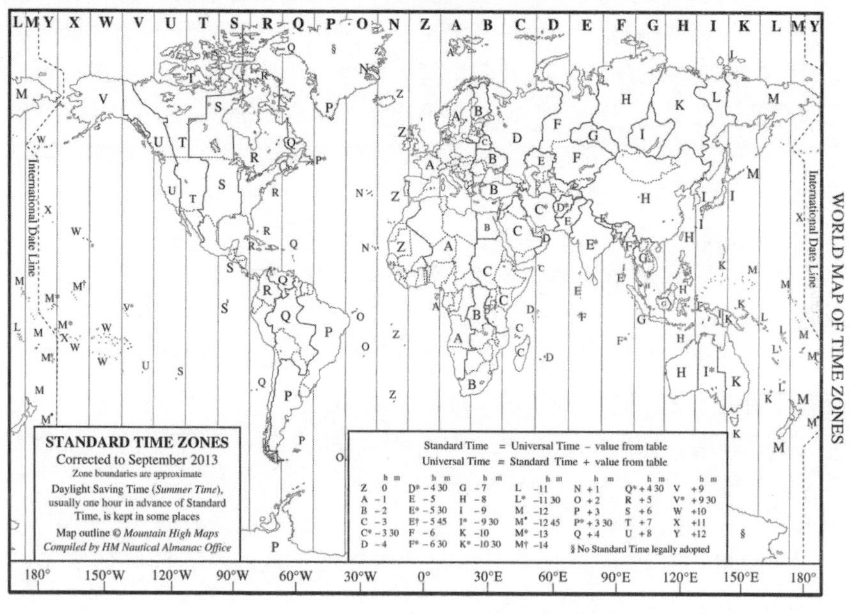

1884年國際會議制定劃分時區的方法，規定每隔經度15°度算一個時區，全球分24個時區，把通過英國倫敦格林威治天文台原址那條經線

定為0°經線，向東劃分12個時區，向西劃分12個時區。地球每24小時自轉1周（360°），則每小時自轉15°，每經度1°時刻為4分鐘，是為「平均太陽時」。

香港（東經114°）採用中國標準時間，與北京時間有24分鐘差距（北京時間並不是北京市的平太陽時，東經116.4°），而是以東經120°為北京時間之基準線。

四柱八字以日柱為命宮，因此對真太陽時要求不高，沒有準確時分，只是影響時辰干支，對準確性雖然有一定影響，但大方向仍然可靠。一般占星程式都是以出生地之經緯度與時區來計算真太陽時，因此極度準確。

可是對於斗數來說，沒有時辰資料，連首要立命宮的步驟都無法進行，斗數要求準確時辰就是用來決定命宮之起點。安命宮、身宮是斗數起命盤的首要步驟，要求的最基本資料就是命主的農曆出生月和時辰。安命宮是先從寅宮月份起數，順數至出生月，在此宮加上生時再數，順行到生時的宮位安身宮，逆行到生時的宮位安命宮。

安身命訣：寅上順正生月逢，生月起子兩分蹤；
順數生時身所在，逆數生時命之宮。

【中州時 vs 太陽時】：至於幫外國出生人算命，應用當地時間，無需轉回中州洛陽時，因時區即地域與太陽角度，經緯度不同才有「時差」，時間與空間關係密不可分，人命受時空影響，時空不同，命運不同，這是常理。

問題是中式祿命學似乎對時間之觀念稍為草率，有些師傅甚至鼓勵將錯就錯，認為誤判時辰都是上天的緣份安排、是天意，要求極不嚴謹。算命用本地時間和真太陽是無可置疑的，命運是不會因為行政改動或自家的手錶壞了而去將就命主，這是掩耳盜鈴。

再講，現時以北京為首都，為什麼要用中州洛陽時呢？

我國算命術以「五星七政」起源最早，相傳漢代即有此術，到唐代則流行「子平八字」，及後「紫微斗數」在宋代因陳希夷而得以普及。當時北宋首都在汴京，即今河南省開封市，南宋的首都在臨安，即今浙江省杭州市。今日中國的首都是北京，為什麼今人總是念念不忘中州洛陽，為外國人算命還要轉換為洛陽時？

關於這個問題，坊間一直都有不同的支持者，他們認為紫微斗數乃中式產物，當然以古代首都時間為標準，可是筆者可以很決斷地告訴大家，斗數一直流着外邦蠻族的血液，是中歐混血兒。斗數源於漢代，由西域傳入，和中華文化混血後，才成為今日我們認識的紫微斗數。經研究分析，中國的占星術「七政四餘」和八字有着相同血統，而紫微斗數和中式算命術的基因DNA相似之處可謂甚少，筆者甚至可以指出紫微斗數哪一部分的子系統和推算法是經漢化後的升級版。

普天下之大，不要以為術數或命運推算術只有中國最為「耍家」，事實上世界各文明古國都有其獨特的占星學及祿命術，尤其是有象形文字的古文明，他們都是世界觀，不論人種或地區，同樣有效。我們又何以固步自封，為成井底之蛙，硬要中州洛陽時？

如有看過星命第一冊《四柱八字》的日元命宮正正就是七政四餘的命宮，但是斗數命宮與七政四餘和占星命宮並沒有關係，加上斗數所採用納音五行、納音局大運和太陰曆法都與傳統中式命理有別，因而導致派別五花八門，各有各的說法，正因為此，斗數分歧亦都是眾術數中最大的。

單是命宮的起法就有兩種，一種是按月份來起，即正月、二月、三月……等，即是採用「太陰曆」。另一種起法，則要按月令，即寅月、卯月、辰月……等，即是用「太陽曆」。正月要交入「立春」才算寅月，子平八字算命便是用這種方法。

然而，究竟那一種起命宮的方法才對呢？

《紫微斗數總訣》首句：「希夷仰觀天上星，作為斗數推人命，不依五星要過節，只論年月日時生」。

事實上兩派皆有支持者，認為要依月令的，著重「不依五星，要過節」，反對者則認為是斷章取義，簡單的成句解釋即是「不要過節」。這個問題已經磨擦了一斷很長時間，仍然未有分出勝負。

故此，筆者着眼點已經不是放在古藉上，而是放在其DNA和子系統的研究，《斗數編》以太陰曆法作為開場白，便已經說明斗數主系統是建基於太陰曆法之上。事實上，大多數的斗數分歧，往往都是和陰陽曆法之爭，筆者會在餘下編章和大家剖釋哪一部份「要過節」，哪一部份「不要過節」？

「天、地、人」三盤：至於「天、地、人」三盤乃中州派所獨有，此三盤與玄空學之廿四山元大卦龍分法頗為吻合，眾所周知，中州派之玄空學享負盛名，不知是否受到其風水學理所影響。在廿四山之中，一山為15°，如卦線落在山前後的3°交界位置，便需要用兼卦來處理，可是，這只是玄空學上之法度。

中州派指出三盤的原因主要來算「卡鋍位」，即時頭十五分鐘用「地盤」，時尾十五分鐘用「人盤」。「地盤」起法和「天盤」一樣，只不過是將天盤福德宮位置改為命宮，然後由新命宮開始排星，而人盤則以身宮為新命宮，處理方法和地盤相同。

星象不會因為短短幾十分鐘而有明顯改變，其行速最快之月亮，一個時辰只能行1°，因此星曜之變動性可以不理。同樣在天、地、人三盤的情況，也多有出現「換宮不換星」之處，同一地點因時間不同，影響只是命宮之起始，星盤內的星曜位置完全相同。此外，除了中州派之外，三盤在其他古籍或派系，皆從未有提及。

經驗所見，如時辰頭15分鐘出生，可以推早一個時辰。如時辰尾出生，反而沒有必要推後一個時辰，事因香港採用北京行政時，即已經早了24分鐘。當然，如果在黑龍江地區時辰尾出生就另作別論，歸根究底都是行政時間與真太陽時差，所謂「時準、命準也。」因交替時而需要比較「天、地、人」三盤，倒不如推早或推遲一個時辰會更為化算，亦更合乎常理Common Sense。

下有兩圖星圖，時間分別相差15分鐘，大家看看什麼叫做「換宮不換星」。

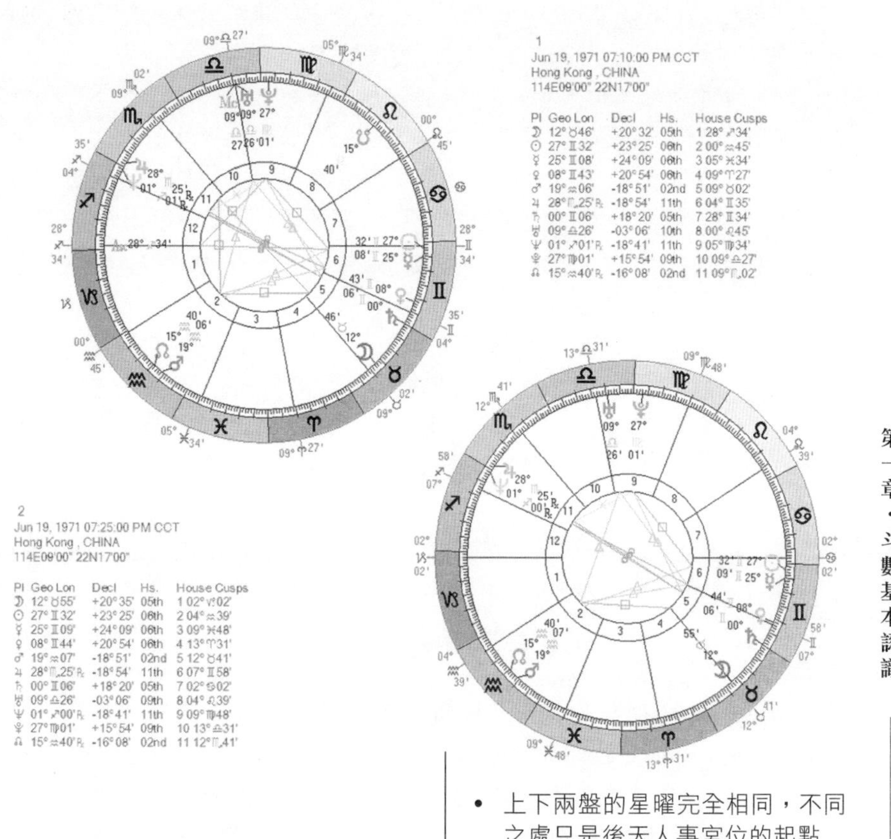

1
Jun 19, 1971 07:10:00 PM CCT
Hong Kong , CHINA
114E09'00" 22N17'00"

Pl	Geo Lon	Decl	Hs.	House Cusps
☽	12° ♉46'	+20° 32'	05th	1 28° ♐34'
☉	27° ♊32'	+23° 25'	06th	2 00° ♒45'
☿	25° ♊08'	+24° 09'	06th	3 05° ♓34'
♀	08° ♊43'	+20° 54'	06th	4 09° ♈27'
♂	19° ♒06'	-18° 51'	02nd	5 09° ♉02'
♃	28° ♏25' ℞	-18° 54'	11th	6 04° ♊35'
♄	00° ♊06'	+18° 20'	05th	7 28° ♊34'
♅	09° ♎26'	-03° 06'	10th	8 00° ♌45'
♆	01° ♐01' ℞	-18° 41'	11th	9 05° ♍34'
♇	27° ♍01'	+15° 54'	09th	10 09° ♎27'
☊	15° ♒40' ℞	-16° 08'	02nd	11 09° ♏02'

2
Jun 19, 1971 07:25:00 PM CCT
Hong Kong , CHINA
114E09'00" 22N17'00"

Pl	Geo Lon	Decl	Hs.	House Cusps
☽	12° ♉55'	+20° 35'	05th	1 02° ♑02'
☉	27° ♊32'	+23° 25'	06th	2 04° ♒39'
☿	25° ♊09'	+24° 09'	06th	3 09° ♓48'
♀	08° ♊44'	+20° 54'	06th	4 13° ♈31'
♂	19° ♒07'	-18° 51'	02nd	5 12° ♉41'
♃	28° ♏25' ℞	-18° 54'	11th	6 07° ♊58'
♄	00° ♊06'	+18° 20'	05th	7 02° ♋02'
♅	09° ♎26'	-03° 06'	09th	8 04° ♌39'
♆	01° ♐00' ℞	-18° 41'	11th	9 09° ♍48'
♇	27° ♍01'	+15° 54'	09th	10 13° ♎31'
☊	15° ♒40' ℞	-16° 08'	02nd	11 12° ♏41'

- 上下兩盤的星曜完全相同，不同之處只是後天人事宮位的起點

細說日夜子時

出生於晚上十一時半，是作當天還是明天來算？

這個話題一直都是玄學界的熱門討論話題，晚上十一時半出生，如果沒有深入了解，一般的都會說是「夜子時」，以當日計。沒有錯，現代我們所了解的都是這樣，而事實上，這是民國之後才有「日子時」與「夜子時」之分。

在中國古代，一日是採用十二時辰制，每個時辰分為八刻，而廿四小時的概念則是由西方引進，民國時期為了和西方接軌，推行以半夜十二時零時為日分界點，「子時」就是夜後十一時至凌晨一時，所以就有人把零時前作為「夜子時」，零時後作為「早子時」。

如各位有多看命理古籍，如《滴天髓》、《淵海子平》、《三命通會》等，便知道沒有早子、夜子之分。民初命理大師袁樹珊在《命理探源》一書中，提出子時的上半屬於今日，下半屬於明日，便出現了長達百年的「早、晚子時」之爭。

支持分早晚子的人，提出了許多論據，網上可以找到的包括：

1. 李淳風編《麟德曆》云：「古曆分日，起於子半」；
2. 《張果星宗》云「子時分八刻，上四刻屬陰，為今日；下四刻屬陽，為明日」；
3. 時辰分「初」、「正」；
4. 《淵海子平》引《七修類纂》云：「如子雖屬陽，上四刻乃昨夜之陰，下四刻今日之陽。鼠前足四爪象陰，後足五爪象陽故也」，《欽定星曆考源》亦持此說」。

上述論點，似乎份量十足，而且引經據典，叫人欲駁無從。但細心看又不然，首先講《麟德曆》，李淳風雖為術數大師，但對於天文似乎仍未夠班，何故？因《麟德曆》自頒行到廢止只有40年的時間，原因是沒有考慮到「歲差」的問題，才用了40年後就出現「緯晷不合」。

如此嚴重錯誤自然令人對李淳風的天文知識打了折扣。實際上，為什麼支持分「早、晚子時」的人不用更準確的《授時曆》（元・郭守敬），而要用一部只用了40年的「短命曆法」？而《授時曆》又有沒有早、晚子之分？

《張果星宗》一說亦牽強，先不說《張果星宗》是偽訣，單論分早、晚子時，就已經違背了七政四餘的基本原理。《張果星宗》開頭的定命宮訣，云：「太陽宮中起生時，順數至卯（日出）為命宮」，明顯地，政餘重的是「太陽過宮」與「生時」，太陽過宮即是月份，如分「早、晚子」時實際上對定命宮是沒有影響，更重要的是七政四餘是看星，四柱八字是看「日元」，兩者對「命宮、日元」的要求根本不同。

如第三點的時辰分「初」、「正」，理應只是方便在實際應用。假如「初、正」就是「早、晚子時」的話，那麼亦是否有「早、晚丑時」、「早、晚寅時」……？

而《七修類纂》一書成書於明朝，《淵海子平》成書於宋。但宋本《淵海子平》轉引明本《七修類纂》的子鼠前四刻陰、後四刻陽之說，顯然是時空錯亂。而事實上，《七修類纂》成書於明，由一個叫郎瑛的人撰寫。好明顯今本《淵海子平》的內容已遭前人增刪，非昔日宋代原書。

加上《欽定星曆考源》一書係康熙時依西方傳教士之方考訂中國星曆，有可能當中加入西方一日24小時作為考慮因素。而書名既名「欽定」，即是全國唯一的版本，縱然有錯亦不可改，亦代表時代進步，時間進入更精確的時代。

實際上，古人應該是誤解了「夜半」此一說法，什麼是夜？中原大地等北回歸線地區以卯時日出、酉時日落，故古人以日出為晝、日落為夜。由卯至申共六個時辰，由酉至寅亦六個時辰。由酉到寅中分一半，正正就是子時，因此古人分日，應是以子時為一日之始。

《史記．曆書》云「以七年為太初元年，年名焉逢攝提格，月名畢聚，日得甲子，夜半朔旦冬至」，因此西漢的「太初曆」是以此為起點，當中「夜半」一語，正是我前文所講由酉至寅，共六個時辰的一半，即子時也。

就天文學、曆法而言，由「子半」交日乃現代人之通識。一日即地球自轉了一次，正午是太陽與地球最接近的時段，若以投影計，影子最短，正午12時便代表一日的中間點，當我們將正午作為一日的中間點，那麼另一半的午夜就自然成為新一日的開始和舊一日的終結。

現以一個清代的簡單故事作結：八國聯軍後，兩宮幸西安。聯軍要求「懲辦禍首」，當中前軍機大臣、刑部尚書趙舒翹榜上有名，朝廷賜令自盡，由岑春煊負責執行，限當日下午復命。但趙舒翹體質太好，無論用鴉片、砒霜等藥都「毒佢唔死」，延至晚上十點多，岑春煊大發雷霆，因為一到十一點子時，就算作明日，公事上不好交代，於是用抗旨壓落去，用「開加官」之法送趙舒翹上路。

由此可知，晚清時期是不分早子、晚子，子時就是子時，一交子時就算另一日開始。

納音五行

五行學說是中國術數之基礎，這是古代中國人對天體的觀念。而納音五行，顧名思義，和音律有關，納音五行即是古代之樂理。古人在音樂領域運用五行，得出就是宮、商、角、徵、羽五音理論。

納音五行也是古代中醫理論的組成成份，《黃帝內經》中把「宮、商、角、徵、羽」五音，與五藏相配：脾應宮，其聲漫而緩；肺應商，其聲促以清；肝應角，其聲呼以長；心應徵，其聲雄以明；腎應羽，其聲沉以細，此為五藏正音。

納音五行與西洋音樂的音名：

宮（土）音do

商（金）音re

角（木）音mi

徵（火）音sol

羽（水）音la

古人將六十甲子的每組干支配上五行，建立了納音學說，一律含五音，十二律納六十音，古人稱之為「六十律旋相宮法」。

歌訣：

甲子乙丑海中金，丙寅丁卯爐中火，戊辰己巳大林木，
庚午辛未路旁土，壬申癸酉劍鋒金，甲戌乙亥山頭火，
丙子丁丑澗下水，戊寅己卯城頭土，庚辰辛巳白蠟金，
壬午癸未楊柳木，甲申乙酉井泉水，丙戌丁亥屋上土，
戊子己丑霹靂火，庚寅辛卯松柏木，壬辰癸巳長流水，
甲午乙未沙中金，丙申丁酉山下火，戊戌己亥平地水，
庚子辛丑壁上土，壬寅癸卯金箔金，甲辰乙巳覆燈火，
丙午丁未天河水，戊申己酉大驛土，庚戌辛亥釵釧金，
壬子癸丑桑柘木，甲寅乙卯大溪水，丙辰丁巳沙中土，
戊午己未天上火，庚申辛酉石榴木，壬戌癸亥大海水。

到宋代徐子平改進八字程式，由三柱改為四柱論命，以日干為日元，並完全棄用納音五行而改用正五行。自此之後，納音五行才漸被忽略，現在流行的術數，尚只有紫微斗數的五行局是採用納音五行。巧合的是，占星學的也有利用音律的概念，建立了名為「泛音盤」的算命方法。

斗數之納音局分別為：水二局、木三局、金四局、土五局、火六局。

以八字論命來說，用納音五行算命在漢、唐時期確實流行過，一般都是神煞派和盲派的算命師會使用。當時是以年柱作為命宮，並以年柱的納音代表日元之五行，再以日元與月柱、日柱比對而推算命運。

行星		樂理
太陽	☉	LA
月亮	☽	MI
水星	☿	FA
金星	♀	FA#
火星	♂	SI
木星	♃	DO
土星	♄	DO#
天王星	♅	FA
海王星	♆	FA#
冥王星	♇	SI

南北星斗

在正式開始紫微斗數之前，杰赫想先帶大家去觀星，看看什麼是斗數的十四位主角，十四位主角便是「北斗七星」和「南斗六星」，加上紫微星，便是構成紫微斗數的十四正曜。

紫微星在天文學上屬於北極星，北極星是天圖上的立極點，古名「北辰」，又名「太乙」、「太一」、「帝」，其位置恆年不變，北斗七星有如紫微的私家車，四季遊走四面八方。

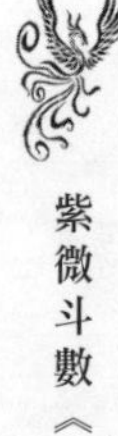

- 以北斗七星作為車子的框架，意表《天官書》所說：「斗為帝車，運於中央」。把北斗看成車星的民族有很多，當中包括巴比倫人，古埃及人視之為「伊西斯女神之車」，英國人當它為「亞瑟王之車」，阿拉伯人稱北斗為「車星」。

「北斗七星」是由「大熊座」的七顆明亮恆星所組成，由斗口至斗杓的連線順序為天樞、天璇、天璣、天權、玉衡、開陽和瑤光。前四顆稱「斗魁」，有稱「璇璣」，後三顆稱「斗杓」。現代則為大熊座α、大熊座β、大熊座γ、大熊座δ、大熊座ε、大熊座ζ和大熊座η。在北天排列成斗形，因其外形而享負盛名，常被當作指示方向和認識星座的重要標誌。由於這七顆星較易被觀星者辨認出來，所以成為一個天上明顯且重要的標記。

「南斗六星」是人馬座的一部分，屬於「二十八宿」的斗宿。這六星主要在人馬的胸膛及弓箭位置，分別是人馬座μ、人馬座λ、人馬座φ、人馬座σ、人馬座τ、人馬座ζ等六顆較亮的恆星，南斗六星在南天排列成斗形，與北天大熊座的北斗七星兩個斗杓相互輝映。

北斗七星	星名	古名	英文名	視星等	距離（光年）
	天樞	貪狼	Dubhe	1.79	124
	天璇	巨門	Merak	2.34	79
	天璣	祿存	Phecda	2.41	84
	天權	文曲	Megrez	3.32	81
	玉衡	廉貞	Alioth	1.76	81
	開陽	武曲	Mizar	2.23	78
	瑤光	破軍	Alkaid	1.85	101

南斗六星	星名	古名	英文名	視星等	距離（光年）
	斗宿三	七殺	Ain al Rami	3.86	5000
	斗宿二	天相	Kaus Borealis	2.81	4
	斗宿一	天同	Polis	3.17	240
	斗宿四	天機	Nunki	2.02	210
	斗宿五	天梁	Hecatebolus	3.32	74
	斗宿六	天府	Ascella	2.6	82

URSA MINOR

破军

武曲

廉贞

文曲

贪狼

禄存

巨门

URSA MAJOR

NW

北斗七星圖

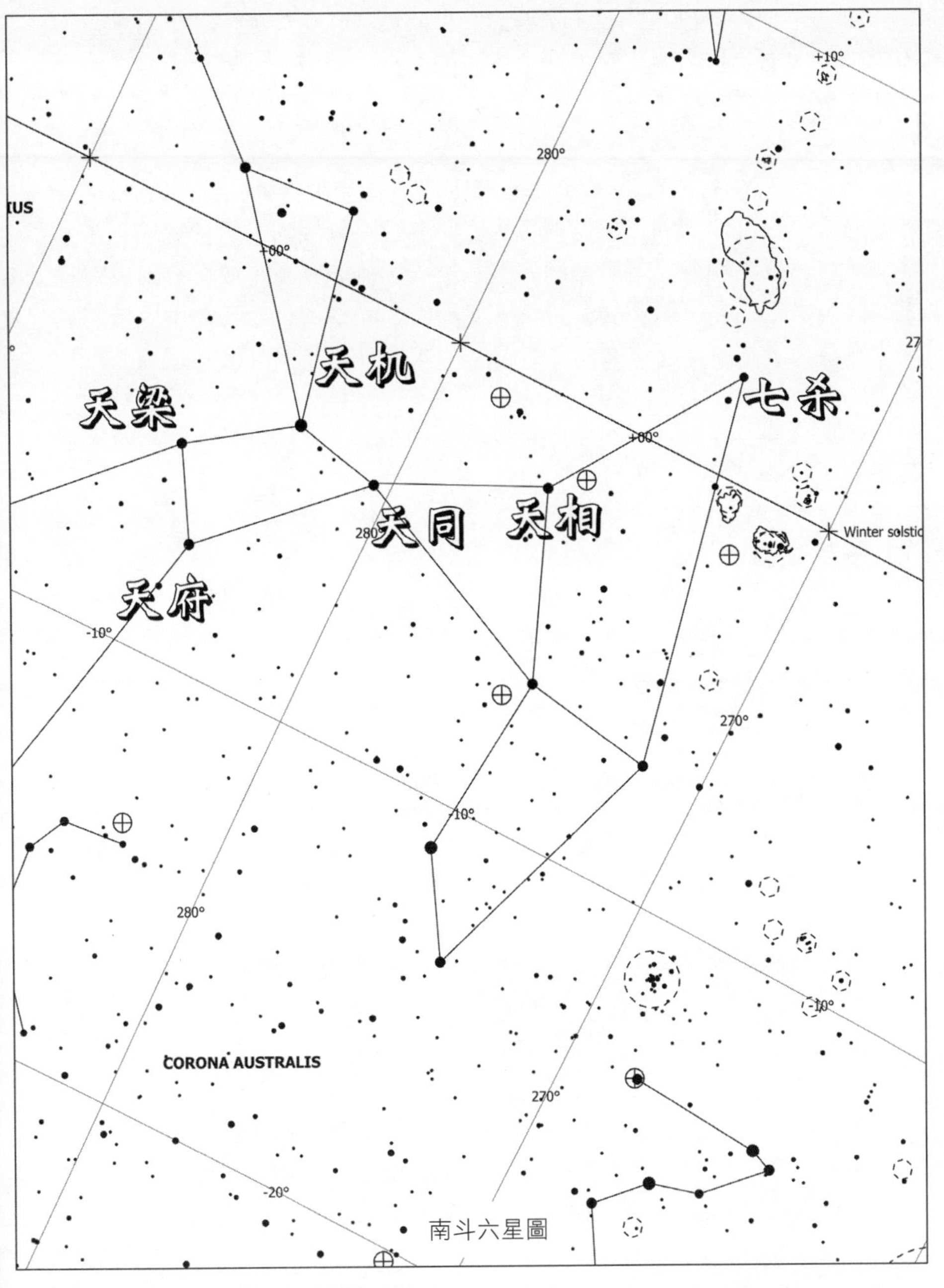
天梁
天机
七杀
天同
天相
天府
CORONA AUSTRALIS
Winter solstic
280°
270°
+10°
-10°
-20°

南斗六星圖

斗數十四正曜排星法當中，北斗七星的排法是順佈，南斗六星是逆佈的，這個排法是根據真實天文現象而得出來，更重要的是，這個不單只和視角度有關，還是力學的原理。

各位如有機會去南非等赤道地方旅行，在赤道之北，水流是順時針方向流動的，如去到赤道以南，水流便會逆時針流動，同樣情況，在其他星球也會出現。以木星為例，木星是一個氣體行星，經常會出現颱風，此颱風之巨大，體積甚至超越地球三倍，同樣地，它在北半球是順旋，當進入南半球就成逆旋，這個現象，都和力學平衡相關。

由此可見，斗數北斗星系順排，南斗星系逆排，確實和天體物理學有關連。

玄學知識

首先為大家簡單重溫玄學的基本知識，這些知識是玄學的基本功，任何術數，不論八字、斗數、玄空風水，甚至七政及占星都是通用，以下內容在《八字編》已經詳盡介紹過，在此只會簡短列出，以作重溫之用。

五行干支提要：

一、五行

金、木、水、火、土謂之五行。

五行相生：木生火、火生土、土生金、金生水、水生木。

五行相剋：木剋土、土剋水、水剋火、火剋金、金剋木。

二、天干

甲、乙、丙、丁、戊、己、庚、辛、壬、癸謂之十天干。

甲、丙、戊、庚、壬為陽干，乙、丁、己、辛、癸為陰干。

甲乙為木，丙丁為火，戊己為土，庚辛為金，壬癸為水。

干合：甲己化土，乙庚化金，丙辛合水，丁壬合木，戊癸合火。

三、十二地支

子、丑、寅、卯、辰、巳；午、未、申、酉、戌、亥。

四、地支及屬性：

子、寅、辰、午、申、戌為陽支；
丑、卯、巳、未、酉、亥為陰支。
亥子合水，寅卯合木，巳午合火，
申酉合金，辰戌丑未為土。

巳	午	未	申
辰	南方屬火	西方屬金	酉
卯	東方屬木	北方屬水	戌
寅	丑	子	亥

五、地支六合：

寅亥合木、卯戌合火、辰酉合金、
巳申合水、午未合火、子丑合土。

六、地支六沖：

子午沖、卯酉沖、辰戌沖、
丑未沖、巳亥沖、寅申沖。

七、地支三合：

巳酉丑會金局、申子辰會水局、
寅午戌會火局、亥卯未會木局。

四墓庫：辰、戌、丑、未
四驛馬：寅、申、巳、亥
四桃花：子、午、卯、酉

驛馬 隅 巳	桃花 正 午	墓庫 墓 未	驛馬 隅 申
墓庫 墓 辰			桃花 正 酉
桃花 正 卯			墓庫 墓 戌
驛馬 隅 寅	墓庫 墓 丑	桃花 正 子	驛馬 隅 亥

紫微斗數常用語

斗數的天盤就是以下列十二個宮格為代表，不要小看這十二個格子，內裡可以放進的東西包羅萬有，當中包括十二地支、十二生肖、十二個月份、十二個時辰、十二星座、十二天將、十二方位、五行分類、廿四節氣、廿八宿、七政、三王、四餘等等。由於這十二個地支的組合變化多端，為方便學習起見，我們就要根據這十二個宮格的變化，統一紫微斗數基本用語。

【本宮】：即代表個別宮位，宮位又有先天和後天之分，先天宮位即是地支的寅宮、卯宮、辰宮……，後天宮位即是命宮、財帛宮、事業宮等。

【對宮】：即是本宮之對宮，是地支的對沖方，如寅為本宮，申即為對宮。六組對宮分別是子午、卯酉、辰戌、丑未、寅申、巳亥。

【線位】：線位是「北派飛星斗數」的專用術語，意思是本宮加上對宮，尤其是用於後天宮位名稱上，如命遷線、兄奴線、妻官線、子田線、財福線、父疾線，筆者認為這個稱呼非常好用。

【鄰宮】：即是本宮之左右兩宮，如本宮在寅，寅的鄰宮即是子宮與卯宮。

【垣】：垣又名「宮垣」，即是十二宮位。另外，在七政四餘的垣內有「殿」，殿就是「廿八宿」，垣是以太陽系為立極，殿則是以宇宙作為立極。

【合宮】：又名「三合宮」，又名「三方」，即是地支的三合位，分別是巳酉丑、申子辰、寅午戌、亥卯未。

【暗合宮】：又名「六合宮」，即是地支的六合位，分別是寅亥、卯戌、辰酉、巳申、午未、子丑。

【四正】：即是地支的四角，如四墓庫的辰、戌、丑、未，四驛馬的寅、申、巳、亥，四桃花的子、午、卯、酉。

【三方四正】：本宮的地支三合位加上對宮，就是三方四正，此是斗數最基本需要知道的推算技巧。

【坐守】：星曜居之宮垣為坐守，星曜泛指所有星曜，假如宮位無正曜，吉星、煞星、雜曜皆可。

【同度】：星曜同居一宮為同度。

【拱照】：又名「朝拱」，即本宮見到對宮的星曜。

【會照】：即本宮見到三合方宮位的星曜。

【相夾】：有時又稱為「夾宮」，即本宮與鄰宮，三者同時產生某些連動關係。

【會見】：本宮在三方四正所有之星曜，為之「見」。

【天盤】：是先天以十二地支為代表，即是子、丑、寅、卯、辰、巳、午、未、申、酉、戌、亥。

【地盤】：是後天的十二人事宮位，分別是命宮、兄弟宮、夫妻宮、子女宮、財帛宮、疾厄宮、遷移宮、奴僕宮、事業宮、田宅宮、福德宮、父母宮。

巳	午	未	申
辰			酉
卯			戌
寅	丑	子	亥

十四正曜

如前文所述，十四正曜分別來自北斗和南斗星區，整個紫微斗數故事均來自中國古星域的「三垣廿八宿」，當中「紫微垣」更是重中之重，「紫微垣」所代表是天上皇宮，是國家的行政機關，十四正曜所代表就是個各個政務機關的職能。

為了提高各讀者對古星學的興趣，在稍後章節另會交代「三垣」的工作和星官佈局，三垣即是「紫微垣」、「太微垣」和「天市垣」，而廿八宿的資料將會在《占星編》才會為大家詳盡介紹。

斗數首重十四正曜，每星曜分別代表了不同類型的人格，過往有些斗數大師，為了幫助習者了解星性意義，創意十足地把十四正曜和小說人物掛鉤，筆者已知的有《封神榜》和《水滸傳》，將來或有《金庸武俠小說》、《三國演義》或《西遊記》等人物代表。

在正曜的部份，筆者會介紹有關紫微「十四正曜」和西洋「十二星座」的配對，到時讀者便可以感受到斗數和占星確實有着非常相似之處，看看如何以「中式十四星」配上「西洋十二宮」。

在開始探討各主星之前，讓我們先釐清南、北斗星組之區別，在真實天文上，紫微是「北極星」，北斗七星分別是貪狼、巨門、祿存、文曲、廉貞、武曲、破軍；南斗六星分別為七殺、天相、天同、天機、天梁、天府，中天星為太陽和太陰。

在斗數命盤上，以安星法的排列方式，首先可以分為以紫微為首的逆行星曜，次序分別是紫微，天機、太陽、武曲、天同、廉貞，暫且稱它為「逆佈星曜」或「紫微系星曜」，而「順佈星曜」或「天府系星曜」則有太陰、貪狼、巨門、天相、天梁、七殺、破軍。

以下是「紫微系星曜」和「天府系星曜」之安星口訣，本書均以此作為南、北斗各星曜的次序和原則。

「逆佈星曜」—— 紫微逆向宿天機，隔一太陽武曲移，
天同隔二廉貞位，空三復見紫微池。
「順佈星曜」—— 天府順行有太陰，貪狼而後巨門臨，
隨來天相天梁繼，七殺空三是破軍。

在此先予讀者一個溫馨提示，自己是過來人，很明白習術者的心

態，初學者往往把過多時間和專注力都放在自己的命宮主星，從而忽略了其他十三顆星曜，建議大家找個起盤程式，把自己星盤列印下來，每當討論到不同星曜的時候便拿出來作參考比對，到時便能發現，其實每一顆星都與閣下的處景和際遇息息相關。

第二章・紫微星

紫微星

紫微七殺	紫微	紫微破軍	紫微天府
紫微天相			紫微貪狼
紫微貪狼			紫微天相
紫微天府	紫微破軍	紫微	紫微七殺

紫微性格特質

紫微是眾星之主，是北斗系主星，象徵至高無上的權威，為事業型星曜，因而以「帝星」喻之，而斗數乃道家產物，道家尊貴陰陽賤，以四方之土比喻紫微，並以陰土定性。

以星性而論，紫微與八字上之「甲木」日元有着很多相近類似的特質，兩者都是以事業型主導，其野心和領導欲強烈，他們處事獨立，性格堅強，有責任感，兼具有「土」的厚重個性。紫微本身具有權威霸氣、有強烈的進取心、有首領式的思維，星曜的想法宏觀，能顧全大局。

斗數推算，先不論命宮主星為何曜，紫微身為「帝曜」，在命盤上就代表自己、自我。此星的變化巨大，當紫微遇上不同的星曜組合，就會有各樣不同的個性和風格，甚有「近朱者赤，近墨者黑」的多變特色，古人喜歡綜合紫微的各樣特徵而給予命名，當中最為熟悉的莫不過於「名君」、「孤君」、「暴君」等稱謂，此點會在稍後一一解說。

紫微作為領導決策層，自然充滿自信，霸氣十足，甚至有幾分自負、高傲，因此紫微之「霸」伴隨而來還有更多的「傲」。此星喜歡做決策、做主導、做決定，其主要工作便是指揮，紫微的指揮是指令式，只用口而不用手、多說而不做，星性喜歡指指點點，全憑霸氣執事。

紫微既為第一主星，星盤上主管重大事情，此星喜圖大不謀小，星性宏觀長遠，凡事必定以大局為重，以決定大方向為主。而帝星不理瑣事，對於細眉細眼等事皆不感興趣，更重要的是，亦不重視可行性和技術等細節，錢財、資源與之同論。

鑑於紫微有只說不做和不管方式的特性，因此極需要依賴其他具有實際經驗及可行辦法的星曜從旁協助，當中尤其以左輔、右弼最為重要，《太微賦》云：「北帝輔弼同垣一呼百諾」及「輔弼夾帝為上品」，意旨紫微必需要有能幹下屬負責實踐執行，為其達成目標，否則，此人只會是空有理想，卻一事無成，成為一個終日發夢之人。左輔、右弼就有如皇帝的左右手，是相當有才幹的助手和下屬，紫微得輔弼之助，便不難成就一番豐功偉業。

一般領袖型星曜如紫微、天府、太陽、太陰都喜歡有支持者和追隨者，當中尤其以紫微最甚，人多勢眾才能夠表現出宏大的事業局面，紫微除了喜歡會上天府、天相而構成的「府相朝垣」之外，也喜眾貴星來加以襯托，斗數上的貴星分別有三台、八座；台輔、封誥；恩光、天貴；龍池、鳳閣，紫微如多見輔弼和貴曜，便是古人十分推崇的「百官朝拱」，「百官朝拱」反映紫微有得力助手及眾多附屬，同時亦等如多人認同，多支援者及跟隨者眾。

在眾多輔助力量之中，紫微最喜歡的就是左輔、右弼；三台、八座這四星，輔弼本身對紫微的幫助最為關鍵，有強化星盤格局之功能。在紫微領導下，就是全賴作為紫微之左右手，在輔弼的大力推動下，命令才得以順利下達而且貫切執行，加上輔弼本身的辦事能力高，便有效特顯紫微的領導才能。此外，三台、八座並有數量眾多之意，同樣亦代表着貴氣，紫微遇之更是身份地位的象徵，紫微得越多人的支持，統籌及指揮能力就越高，毫無疑問影響力和成就就大。

得遇「百官朝拱」的盤局，由於安星法的結構關係，以丑、未宮紫微、破軍組合最常見，被輔弼相夾的紫破，如配合良好運限，絕對不難成為佳造。可是丑、未宮的紫微並沒有機會會上天府、天相，成就不了「府相朝垣」格。因此，輔弼的作用正好彌補紫微對助力的要求，加上破軍喜歡親力親為，可以想像這樣的組合，正正就是一個身先士卒、以身作則的領袖人物。紫破盤當中的優勢和缺點，會在「六十星系」再行詳述。

紫微、輔弼、台座的連繫，便有如上、中、下三層的管理架構，高層需要膽略，底層需要技術，中層需要人際關係協調。如朝拱紫微的星曜越多，代表人數者眾，便有機會接觸到廣大基層和前線員工，有這樣的配置，多見於政府高官、紀律步隊首長、公司管理層或項目管理者，像這類有需要管理大量人數的人士身上。

身為皇者，除了權力，還要尊貴，如得三台、八座；台輔、封誥；恩光、天貴，才顯得威勢，能夠一呼百應，加強皇者氣派，代表在社會上素有名譽地位。紫微化氣為「尊」，如多會吉曜則享有尊貴氣派，另外還有一顆小星名「金輿」，遇上紫微也有增加氣派的作用，《太微賦》云：「帝坐金車，則曰金輿扶御輦」，紫微、金輿之組合，便有如皇帝乘車出駕，非常威風架勢，代表當時人能夠在某一領域馳騁縱橫，充分發揮個人才能。

可是，並不是每個人的紫微都能有「百宮朝拱」的機會，假如沒有輔弼及貴曜的紫微，古人稱之為「在野孤君」。「孤君」就正如紫微有領導欲卻苦無下線領導，或有權力欲而無人聽命，本質上紫微不善執行，必須要有強而有能的助手，才有實質作為。但話須如此，假如閣下的紫微沒有「百宮朝拱」也不要感到失望，事關有些命格傾向個人化或小組織工作，便不需要人多勢眾，陣容強大。況且，能夠見齊百官的紫微，事業局面雖然宏大，但隨之而來，就是忙到甩轆。

身為「孤君」，若然再見煞曜，便容易令人高傲自大，顯得霸道無禮，煞星如火星、鈴星、擎羊、陀羅、天刑等，都會導致紫微偏向野蠻固執、脾氣暴躁、專橫跋扈，眾煞照而無吉星化解者，更會使人心術不正、作事奸詐刁蠻、好行歪道，此為古人稱作「無道孤君」之原因。「孤君」本身已經孤獨，主難以相處、人緣欠奉，如今再加上「無道」，更代表不夠正氣，便容易擇惡固執，走火入魔，不理眾人反對，一意孤行。

但亦有見煞而利好的例子，如紫微遇眾煞而吉，並得遇「百官朝拱」，則有可能是黑道頭子，或在非正派行道中擔任領導角色。正因為此，紫微可正可邪，視乎遇上什麼星曜，從而產生不同效果。

如前所述，「孤君」多煞而沒有吉化，便是「無道孤君」，不同煞星對於紫微，便會產生不同影響，如擎羊的尖銳和好鬥、陀羅的固執、火星的暴躁、鈴星的冥頑不靈。理論上，煞星遇上紫微就算有沒有吉星扶持，脾性都偏向暴戾，容易衝動，其魯莽行為無法勸阻，此方面亦都是紫微在性格上的一大缺點。

從正面來看，紫微是權星，根本不畏煞曜，如有「百宮朝拱」和輔弼，再遇化祿、祿存便可享天時、地利、人和之利，能獲得很大的權力和能耐，古人稱之為「化殺為權」。例如擎羊與紫微同宮，就有如手握寶劍，紫微掌握生殺大權，加強了統率力；與陀羅同宮，能加強耐力持久；火星則增加其進取心和爆炸力；最後，鈴星則強化星曜的支配欲，令紫微變得獨裁封閉。

除了權力，紫微和桃花亦有淵源，紫微遇上桃花便會由權力欲轉變為本能意欲，代表其人多心思於男女感情肉慾之事，或者對追求物質享受較為強烈，基於本能關係，命主的才華和天賦之能便明顯較其它星曜鶴立出眾。

斗數上的桃花星曜包括文昌、文曲、紅鸞、天喜、咸池、大耗、天姚、沐浴，正曜桃花為貪狼，而紫微、貪狼之組合，古人以「桃花犯主」見稱，不要以為「桃花犯主」就是色情下流之表示，被受桃花影響，反主其人富有品味，具審美眼光，如桃花和紫微配搭恰當，或有制，便有機會成為藝術、創作、演藝及教育事業的星組。

紫微遇上文昌、文曲、龍池、鳳閣，便是才華彰顯之象，此四星本身就才學氣質十足，立命者為人溫文意雅、風度翩翩，文彩出眾，絕對風流不下流，是文皇帝不是商紂王。再者，昌曲能減紫微本身狂妄自大，易於與人相處，因而有利人際交往。另外，如孤君紫微加上文昌、文曲、華蓋或空曜等星，便有濃厚的宗教及哲學主義色彩。由此可見，因應其他輔星雜曜與紫微產生不同之聯動，其性質也會有徹底性的改變。

本質上，紫微是顆孤寡星，它是自主、自我的星曜，儘管紫微有齊「百官朝拱」的非凡成就，其內心依然孤獨封閉，此星的權力欲和領導欲都很強，對自我有很高評價，平生有遠大志向，不易服輸也不甘平凡，就算遇上困難，也不會卑躬屈膝主動求援，若然希望打開紫微的心扉，更是件沒有可能的事。

導致紫微性格孤癖的原因，和先天安星法可謂不無關係，先天紫微之兄弟宮是天機，而天機是十四正曜中身份接近最低下階層，兩星相比，簡直是天同地分別，假如用星曜的代表人物來理解，便可明白，試問低下的平民百姓又怎配和高高在上的皇帝做朋友？換句話說，在紫微的心目中，天機只配任其跟班馬仔，假如天機認為可以和紫微平等交往，稱兄道弟，這簡直是癩蝦蟆想食天鵝肉，是痴人說夢。

加上天機恆變，是一顆不穩定星曜，正好反映紫微立命者，就有如天上的北極星永恆居中，眾星都在身旁圍繞轉動，天機作為紫微的兄弟，代表同輩朋友的流失率高，難有相交甚深的兄弟和手足。這點卻不難想像，「帝只一人，天下獨我，何嘗不孤獨乎？」

補充一點，紫微與文昌同宮，雖然為人文質彬彬、才華橫溢，但另一方面，才華橫溢的人便容易過份自信、自以為是，加上兄弟宮的卑微，不聽勸告、無人能阻便是紫微、文昌的常態。如若再加上文昌化忌的影響，忠言進不入耳，逢迎佞語卻作爲心腹，最終便會因剛愎自用而招致失敗。

- 此鏡頭是經過長時間曝光，從攝影效果可見，中間的一點就是北極星，眾星都是以極星為中心圍繞轉動。

紫微的先天佈局還有一個特點，是導致紫微不想依賴別人，固執地相信自己，就是自身的宮域都必然都是強星，而外圍即六親宮垣卻是弱星。譬如說，紫微之父母宮必然是「機月同梁」等溫文星系，試問文星又如何管教權星，的確是一大煩惱。此外，天無二日，國無二君，如命立紫微，其子女宮必然是太陽，太陽是斗數的大貴星，主施予和發揚，矛盾的是，紫微也喜歡尊貴氣派，但以紫微之個性，未必可以接受子貴於父，或子女的名譽大於父親，若然太陽無光不貴還可，太過高貴的太陽必然與紫微格格不入，甚至互有嫌隙。

正因為此，紫微喜太陰卻不喜太陽，喜女卻不喜男，有趣的是，紫微比其他星曜更容易獲得女性的支持和助力，夫妻宮和子女宮同論。

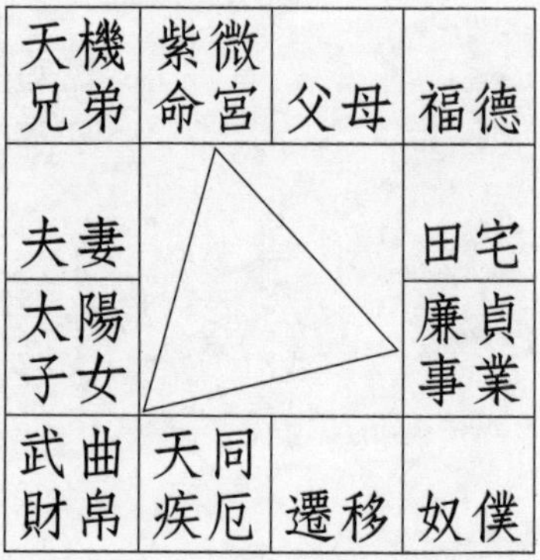

一般來說，紫微立命的人不算辛苦，而且比較懂得享受之道，拼命苦幹的只有跟隨他做事的人，這點可以由紫微先天疾厄宮天同看出，天同乃悠閒享樂之星，紫微喜歡只說不做，只要下一道聖旨就有下人一手包辦，怪不得這麼多空餘時間可以休息和作樂。另一方面，有些紫微卻辛苦至極，尤其是紫微、破軍和紫微、七殺的組合，箇中原因當然是帝星繼承了將星的勞性，由星曜互涉所帶動。無論如何，紫微與什麼星曜同度，其享樂心態依然存在。

天機 兄弟	紫微 命宮	父母	福德
夫妻			田宅
太陽 子女			廉貞 事業
武曲 財帛	天同 疾厄	遷移	奴僕

古書常有提及紫微身為皇帝，便容易有性能力或性病等問題，這點都與天同屬水可有關係。其實，歷史上出名的性病皇帝不多見，天同在紫微的疾厄宮，在宏觀意義上，更多是反映其人日常所勞心的，都是與夢想和開創性有關。

立命紫微，根據紫微先天空宮所推，一個優良的紫微必然是「要江山不要美人，要仔不要乸」的。從其夫妻宮為空宮可見，空宮的變化很大，可以是借星安宮，也可以是以雜曜代替主星行使主權，然其左右鄰宮亦有可能施加壓力，從而導致配偶的不穩。除此之外，紫微的父母宮和福德宮都是空宮，可以肯定其上頭皆無能力可以制約管束，因此紫微便可以很自主，完全由自己話事，在各個方面都有極大的自由度。

上文已述紫微的性質多變，會隨著會合的星曜而作出澈底性變化，箇中的一個原因就是其福德宮也是空宮。稍後讀者便能發現，其實有很多星曜都是表裡不一，有這樣的情況，多數都是受到福德宮的星曜帶動所致。

紫微的先天命盤還有三個宮位是空宮，分別是田宅宮、奴僕宮和遷移宮，紫微是進取性和管理型星曜，理想就是建立完全屬於自己的事業和王國，擁有自己的控制範圍，因此田宅宮為空宮，主事他一生的表演舞台廣闊平坦，不會因為它星而設有限制。

奴僕宮為空宮的意義，相信不難理解，兄弟宮為天機已代表沒有恆常合作關係和拍擋，兄弟宮對照奴僕宮，同樣代表多變。在《中編》的「五大星系」並會詳述，以紫微所屬星系，或逆佈星曜與其固定關係，便會發現，紫微的人生類似項目開發者，當一項工作完成，便會換人，每次皆不同，不會執着於與人有恆久固定之合作關係。

紫微的適應力很低，皆因屬土的星曜原則性太重，因此立命紫微不適宜在遠方謀生，從皇帝的日常生活所見，天下獨歸所有，可是其活動範圍大都只有在紫禁城之內。因此紫微立命，無論資源何其豐富，仍必須堅守本地，如欲發展他方，可以指派他人負責，自己則坐陣大本營，遷移宮為空宮實在有其原因。

沒有星曜的遷移宮，主其人性格表裡大致相約，少有面一套，底一套的情況。說實在，紫微做事只會隨心，是毫不掩飾地隨心所欲，或引用中州派所述之「喜惡隨心」。此星身為權星，好勝心強，不吝嗇力博，對於門面功夫反而不太重視，此星喜歡以硬碰硬，在競爭和爭奪上，甚至明知有不良後果，殺敵一萬自損七千，兩敗俱傷也在所不惜。基於紫微自負，不會輕易表露真感情，直到事後方知陣陣隱痛，對於紫微的愛惡分明、喜怒強烈，愛之欲其生，惡之欲其死，便不可不察不防。

對於強硬紫微，唯一能夠對付它的方法就只有軟攻，紫微出名口硬心軟，容易耳仔軟，愛聽是非，喜歡被奉承，只要它心情開朗，什麼事都容易話為，不與他直接對抗方為上策。

又話說兩頭，紫微的隨心性格可以十分獨裁，但同樣可以扮民主，正如太平皇帝（強勢）和落難皇帝（弱勢）的分別，紫微如與祿存同宮，或三合會見的武曲或廉貞化祿，紫微便傾向和諧共容，也會衡量一下周邊形勢，多些顧及別人感受，因此有些宮位的霸氣較少，紫微並非一定可以隨心所欲。

理解上，紫微為帝只是反映心態，代表一種自我管理的態度，確實上與社會地位無必然關係。如星曜組合惡劣，沒有輔弼吉星的相助，加上不良運限，「孤君紫微」便會終日無所事事，經常失業，天天在家做其喜惡隨心之事。就算非極端壞運，「孤君」或多見於小巴司機、的士司機、或廁所所長等職務，這些工作完全能夠發揮「孤君」獨有喜惡隨心。算命不可有過份幻想，一切還須視乎實際情況。

紫微星不利從商，原因是紫微太喜隨心而為，此星滿有個人抱負，永遠以自我為中心。然而商業社會都是做人的生意，必須了解市場，要顧及別人的感受，但以紫微的主觀，便不太可能明白客戶需要，最重要是心態上的不就，紫微每每認為銷售或合作等如求人，有失身份尊貴。另外，紫微屬土，耐性充足但包容力有餘，欠缺通融彈性，此星不利溝通，人際關係圓滑度不足，未必適合訊息萬變而且急速的商業環境。

紫微不能成為財星的主要原因，就是星曜沒有積累性，此星傾向專心一意做事，認為資源只是工具、是死物，是達成目標的手段和方法，因此紫微對資源的需求更多是在妥善利用和適當調配，而武曲作為執行之星，先天就坐落紫微之財帛宮，操作和運用富財的意味便十分濃厚。

我們可以從羅馬凱撒大帝的思路去理解真正帝皇視錢財為何物，凱撒說過無論如何也要保住軍隊，甚至不惜變賣個人財產為士兵支薪，因為「沒有軍隊，就沒有凱撒。」就是這樣，財富對他反而次要，當大家明白跟隨紫微打天下是有前途的時候，眾人自歸心，但終歸到底，都是看中了紫微給予的利益。

整體來說，紫微一旦決定便義無反悔，並會全心全力，投入所有資源力量去滿足它自己的野心和理想。

假如各位認為紫微坐命，便有做皇帝的潛質，那就大錯特錯了。古代的聖皇賢君，十之八九都不是紫微坐命，皇帝要顧全大局，需要顧及公眾利益，還需要理順錯中複雜的皇族及大臣關係，如何在中間協調，正正就不是紫微強項。歷代有功德之聖皇，皆用德為上，用霸為下，很多人只是看到紫微之霸氣，而忽視了仁德，仁德是需要有很大量度，因此紫微如落入福德宮，往往比入命還要理想。唐太宗李世民出名任人唯才，重用被殺兄長的賢臣魏徵，魏徵亦真的多次犯顏直諫太宗，氣得李世民多次想把他消滅，太宗皇帝甚至認為，其實做皇帝真的並不過癮。

然而，太過隨心所欲的皇帝，每每皆沒有好下場，差則在歷史上留下惡名，更多的被人推倒謀反。紫微這星不同於天府，天府的失敗，可以臥身嘗膽，從頭再來，可是紫微一旦失敗，像劉邦勝項羽，便沒有翻身之餘地。

後天方面，紫微落入之宮垣均代表命主所追求的自主方向，有些人特別注重財富，他們追求財務自由，紫微落入財帛宮，正正就是財權之表示。有些人特別注重事業，將人生的着力點都放在這裡，紫微在事業宮正好發揮這樣高強度的掌控性。有些畏妻男，很怕老婆，很聽配偶的話，因為他們的紫微正好落在夫妻宮，假如他們不重視夫妻關系，不緊張妻子，又不怕失去，試問又何懼之有呢？

帝皇之位，大則國家領導人，小則地區首長，可想而知壓力必大，如無德才，何以服眾？因此如紫微入六親宮位，即代表自己是弱者，六親及周圍形勢皆比己強，凡事受到掣肘，常常受氣或被受指使則在所難免。作為老闆，若奴僕宮是紫微，更是苦不堪言，為此「惡奴欺主」的格局，事關紫微居奴僕，命宮必為天同，由小孩領導皇者，有如小康熙被鰲拜左右，反被管治制約，不能為自己作主，如再遇化忌或其他煞星，則容易情緒失控，易有兄弟反目及家事困擾等問題。紫微除了在父母宮對命主有實際利益之外，一般皆沒有大幫助。

紫微貴為權星，是事業宮主，最喜落入事業宮，將人生着力全都放在工作。何況紫微如在事業宮，他們的工作均由自己決定，自己為成敗負責，完全由自己作主，亦間接反映得到上司的信任和認可。

紫微喜入田宅宮，代表入住高層住宅、高地、半山或頂層，田宅亦代表少年時讀書的院校、或畢業後的任職公司，紫微坐之，都是具有知名度，以及行業具領導地位的機構。

紫微入於福德宮也理想，主霸性潛伏內心，有堅毅性格、鬥志頑強、思想宏觀、方向遠大，此編排又主大事獨裁，小事民主，不易被瑣事困擾。

紫微入財帛宮主有財權，格局大者，可以為別人打理財務，否則仍主有理財能力，善於資金調動，以資本生財。

如紫微落入疾厄宮，主外形高大，不利的話易有頭部問題，如多會煞曜，則有偏頭痛可能，遇上化忌則代表病情嚴重。

紫微四化及運限

十干四化中，紫微只有乙干化科和壬干化權，沒化祿及化忌之處，在《中編》的四化部分便會詳述，斗數定義為權星的多數不會化祿和化忌。紫微已經代表了強力的掌控，如權星再化權，定必有困難之事需要耐心解決，化權則加強了堅持，更要有必勝的勇氣和決心，然而過程相當辛苦，非一帆風順，因此單論紫微化權已有忌意。

紫微化科一方面提升了聲譽，易受人尊重，另一方面則令紫微面子加重，更加講究氣派、派頭。論程度上，紫微乃真權星，真貴星乃太陽，原生的紫微未必會追求名譽，因此乙干的紫微化科，同時便是財星太陰化忌，為了支撐大場面，講排場、講派頭，預算多也合乎情理。

在運限方面，紫微有宏觀性質，此星曜方向遠大，一般越近尾段運勢越好。但是同宮或紫微會上忌星，便要有心裡準備，下半段時間非常不利，並有一失足成千古恨、無力東山再起之可能。大家可以想像紫微式的大運有如太陽的升落，日出直到日落都是呈線性而有周期。有趣的是，在紫微的發奮成功路上必定阻力重重，而且新計劃及新念頭不斷湧現，其理想一日未滿足，紫微的好運都未完，若果計劃及項目一一實現，紫微沒有對手，就是日落西山，好運將盡的徵兆。

在外觀上，紫微的外表厚重，面形呈長圓勢，地閣（下巴）圓闊，而且腰背肉厚，動作平穩而大方，雙目平定祥和，能夠給人可靠和安全感，《形性賦》曰：「原夫紫微帝座，生為厚重之客。」中國相學中，面相除了可依五行分類，還有一種名為「十字面相法」，就是將面形的特徵歸納為不同的字形，十個字分別為：目、圓、風、用、甲、由、申、同、田、王，例如額闊下巴尖為「甲字面」，下巴歪斜為「用字面」。

紫微面相與星座

紫微所屬的就是「同字面」相格，「同字面」的面形是方中帶圓，面形方而下巴圓闊，頭形較大較厚，而腮骨、顴骨較闊，在面相五行為金水之局。「同字面」的人性格固執、主觀、不喜受人支配，但做事踏實，工作有魄力。這種人體格一般較為強壯，能夠吃苦，十分襟捱，他們做事相當認真負責，有領導才能，事能當機立斷，由於其下巴圓即帶水，故同時善於交友，容易在朋友間建立聲望，可以成為優秀的管理人才或政治家。此外，其人家庭觀念相當濃厚，絕對是個顧家愛妻之人。

原來在西洋星座方面，紫微是屬於山羊座，先天宮位在丑，廿四節氣為冬至，守護星為土星。山羊座和紫微都是事業形星座，此人自信自負，責任感和野心強烈，重視權力，有大男人氣慨，星座出名刻苦耐勞，成熟穩重，堅毅上進。

山羊座紫微勤力，奮鬥心強，重視法規，重視組織，有利政治管理，要求凡事都要有規有矩。缺點為權力欲過旺，而且固執，做事一板一眼，有欠靈活。山羊座較為老土，內心孤獨但不為人所知，然西洋星座和中式術數都一致認為土性座曜具有皇帝特色。

歸根究底，紫微所追求的更多是「自主」形態，不受約束，隨心所欲地去做他們自己想做的大事。

關於星座紫微斗數和「恆星占星法」的部份，在《斗數下編》還有更詳盡披露。

巨門 天德 劫煞 辛巳 絕 95 田宅	天相 廉貞 左輔 文曲 天福 壬午 胎 85 事業	天梁 天鉞 陀羅 寡宿 紅鸞 癸未 養 75 奴僕	七殺 祿存 右弼 文昌 台輔 甲申 長生 65 遷移
貪狼 火星 天月 蜚廉 華蓋 封誥 庚辰 墓 105 福德	＊女命＊ 紫微立命盤		天同 忌 擎羊 地空 天空 咸池 破碎 乙酉 沐浴 55 疾厄
太陰 科 天姚 大耗 恩光 己卯 死 115 父母			武曲 權 解神 天哭 陰煞 天才 丙戌 冠帶 45 財帛
天府 紫微 天馬 天廚 天虛 三台 鳳閣 天壽 天巫 戊寅 病 5 命宮	天機 天魁 地劫 天喜 月德 天貴 己丑 衰 15 兄弟	破軍 鈴星 龍池 八座 戊子 帝旺 25 夫妻	太陽 祿 天刑 孤辰 天官 丁亥 臨官 35 子女

【紫微立命】：這個是寅宮紫微、天府的組合，一般紫府立命者，由於受到南北主星同時影響，為人都較為自視、自我、自負，況且盤中紫微會見昌曲，便會加強其主觀和自以為是的程度。從命宮的三方四正可見，分別會見到左輔、右弼、文昌、文曲、祿存、天馬、三台，並六合了太陽化祿，吉星頗多，是為有朝拱的紫微。盤中人是位女強人，此人朋友眾多，遇事有求，確可算是一呼百應。

一般而言，見輔弼的紫微，為人都比較勤奮，不論在工作或日常生活方面都十分忙碌。

還有，紫微得見昌曲，代表個人有很強的管理能力，此人不須要報讀什麼管理課程，管理人和事都有自己的一套辦法，能夠軟硬兼施，時而嚴肅，時而放鬆，能夠收放自如。

但是，由於星盤的「機月同梁」星系有忌，太陽化祿又不見昌曲，可以說是學歷有限，不容易在優質的大企業工作。事實上，命主只是在細公司上班，事無大少，都要粗心。而盤中最強勁的地帶，就是奴僕宮，此宮位會見吉星眾多，包括魁鉞、昌曲、輔弼、祿科，還有恩光、天貴，可見紫微雖然高傲，但仍然朋友Fans眾多，支持者眾。

另一方面，基於星盤日月同時落陷，斗數稱之為「日月反背」，代表對錢財之事非常着緊，加上無光的太陰化科和武曲在財帛宮化權，命主有設法搵錢的心態是可以理解的。天意正好給予機會，自她的兒子出生之後，因兒子的濕疹問題煩惱不已，屢醫不遂，正因為此，命主自學中草藥療理，並製成香皂膏藥，隨後成為她的個人事業，在朋友間推廣銷售。

「紫府盤」還有一個特色，就是人到中年，事業會被動地受到打擊，命主必須謀求出路，自力更生。據說，此人已開始自製化妝品及護膚品，希望日後能夠打造出自家品牌。

【補充閱讀—— 北極星≠紫微星】：中國星空分為「三垣廿八宿」，三垣中的「紫微垣」，垣中最重要的一星就是北極星。目前的北極星叫Polaris A，中國星官名「勾陳一」，是小熊座主星，視星等2.0，它比太陽直徑大30倍，質量大7.5倍，離天球極北只有0.7°。

北極星並非永恆不變，由於地球受到引力影響，它的自轉軸就有如陀螺擺動，因而掃出一個23.4°的半徑，周期為25800年的「歲差圈」。現時北天極離Polaris約0.7°，到2100年兩者相隔至最小的0.5°，之後北天極便會逐漸遠離，並沿歲差圈移向仙王座，繼「勾陳一」之後，下一位極星就是500年之後的「天皇大帝」，一萬年後走近天琴座的「織女星」，到時「織女星」便會成為北極天的新主人。

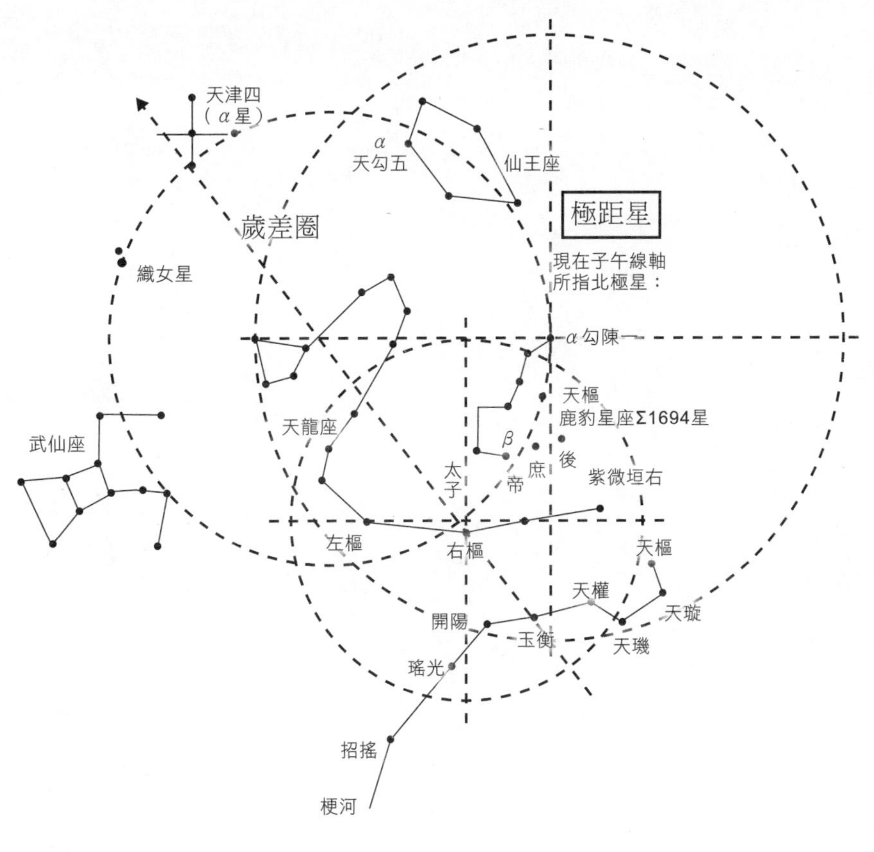

由於「歲差圈」的存在，因此「紫微垣」內有多顆星曜都曾經成為北極星，當中較為著名的有「帝」星，此星是公元二千年前堯帝、舜帝時代之極星，還有「左樞」、「右樞」、「天一」、「太一」、「太乙」、「北辰」，以及唐、宋年代的「北極天樞」都是我們所認識的紫微星。

事實上，紫微星並不是只有一粒，每個朝代都有它們所屬的極星，從歲差圈附近的星曜可見，驟眼看就已經有好幾顆，分別是「勾陳一」、「天勾五」、「天津四」、「織女星」、「左樞」、「右樞」、「帝」、「天樞」。紫微所代表的北極星，當中一顆就是「小熊座」內的「北極二」（小熊座β），中國古代稱之為「帝」星，此星十分明亮，發出金黃色的光澤。而圖中的「太子」星是北極二，「庶子」星是北極三，「後宮」星為北極四。

所以話呢，天上並沒有一顆叫「紫微星」，但紫微星卻在每個人的星盤上。

第三章 · 天機星

天機星

天機	天機	天機	天機 太陰
天機 天梁			天機 巨門
天機 巨門			天機 天梁
天機 天府	天機	天機	天機

天機性格特質

天機五行屬陰木，化氣為善，為兄弟宮守護星，此星與貪狼同是斗數中最具才智的星曜。天機善長計策謀略，其觸角敏銳，處事靈活多變，適應力強，能配合周邊環境及實際需要出謀獻策，是個很好的幕僚人才，因此天機被喻為「謀星」，坊間有些書本稱之為「智多星」。

天機與八字「乙木」日元性質和用神都有着很多相近類似之處，天機個性柔和，依賴心重，有極強的通容力和變通性，此星喜歡新鮮，對外界環境敏感，溝通與團體合作都是它們的強項，父母、兄弟和朋友對天機的命運影響力大，這方面都與八字用神有較多共同點。

在軍事體制中，有一職位為參謀角色，參謀即是軍事顧問，負責出謀獻策，制定作戰計畫。然而參謀角色屬於文職，沒有決定權和執行權力，據說國民黨軍隊遷台後，擬定反攻大陸計畫，假設了十多種可能性，作戰計劃書多達數萬頁，這方面就是天機的工作。然而採納與否，全由最高決策人話事，執行則是由將領來負責，將領只會聽命於首長，絕對沒有服從天機參謀之可能，大家的分工，權責就是這樣，商場如戰場，天機作為顧問角色，性質始終不變。

天機和天相皆為佐貳角色，分別服務於南北斗星主，紫微永恆為天機之主，天相則永遠為天府服務。據安星法規定，天機的父母宮必然是紫微，天機在斗數系統屬於數一數二之弱星，與天同可謂難兄難弟，假如沒有紫微或貴人賞識，或加以提攜，天機的人生便缺少了上行機會。紫微除了提攜，身為父母還有管束和教育天機的作用，因此天機的成敗，身為父母宮的紫微絕對是關鍵。

還記得筆者在序中《八字斗數大不同》曾經提及，斗數中的弱星正正就是八字的身強，因此「強」與「弱」並不能單從字面上理解，正如紫微一樣，天機雖然定性為弱星，但與他們的社會地位並無必然關係，由於得利紫微作為父母宮，天機反而多有機會接觸這些達官貴人，為社會名流人士服務，天機弱星的身份地位只是相對而已。

例如台灣馬英九總統前身曾任蔣經國的英文翻譯，他的身份便有如天機與紫微的關係，據網上的命盤流傳，馬總統的命宮為亥宮太陰坐命的「月朗天門」格，因其對宮是天機，嚴格來說也是天機、太陰的組合。

天機 辛巳 絕 65 遷移	紫微 右弼 地劫 壬午 胎 75 疾厄	天鉞 陀羅 癸未 養 85 財帛	破軍 祿存 天馬 左輔 火星 甲申 長生 95 子女
七殺 地空 庚辰 墓 55 奴僕			擎羊 乙酉 沐浴 105 夫妻
太陽 天梁 祿 文昌 己卯 死 45 事業			廉貞 天府 鈴星 丙戌 冠帶 115 兄弟
武曲 天相 權 戊寅 病 35 田宅	天同 巨門 天魁 己丑 衰 25 福德	貪狼 戊子 帝旺 15 父母	太陰 科 文曲 丁亥 臨宮 5 命宮

- 坊間流傳馬英九星盤，天機、太陰的組合，對於心理分析特別有天份，星組的感覺敏銳，善於捉摸別人心思，有洞悉人心之能，此方面如用於政壇，其功於心計的本質，便十分有利政治和權謀。

命宮為天機的人，一生工作多以文書為主，此星精於刀筆，或寫計劃書，因此極需要有科文諸曜的配合，尤以文昌、文曲最為重要，如星曜組合恰當，便有構成「陽梁昌祿」科名格局之可能。其他相關的科文諸曜還有天才、龍池、鳳閣，均主文化才藝，能增強天機學識，強化其分析能力，計劃仔細精巧，令天機的聰明才智更為全面。

假如天機沒有科文諸曜，其人亦一樣聰明，但只不過是流於表面，唯恐沒有真才實學或學歷支持，初次接觸，以為其見識廣博，當再進一步查問下去，便露底了，沒有科文拱照的天機，格局當然稍次。古人對天機評價一直不高，所指的相信就是流於表面的天機而已。

有了才學之後，便要得學而有所用，因此天機最重視就是機會，最重要就是要見貴人，而斗數中的貴人星就是天魁和天鉞。魁鉞代表機遇，此星還有順利、幸運和擴張的意願，天機如得遇權貴賞識，備受重用，便有如千里馬得伯樂。「世有伯樂，然後有千里馬，千里馬常有，而伯樂不常有」，天機就是文中的千里馬，魁鉞就是伯樂。假如諸葛孔明不得劉備賞識重用，儘管有滿腹驚世滔略，都只能在草廬中論天下，由此可見，機會對天機來說，何等重要。

天機得魁鉞而沒有昌曲，則只是學識一般，真才實學亦不足，然而因魁鉞關係，儘管因機遇而有一時風光，成功地攀龍附鳳，可是當大運一過，貴人一走，機會一失，便會打回原形，變得一無所有。更甚者，爬得越高跌得越痛，在現實世界，有些打工皇帝，是為人謀不為已謀，只可幫人成功而自己分成，卻不能自立門戶，獨當一面，這就是天機的寫照。

天機的性質比較柔弱，它是一顆文星，喜歡執筆，卻不愛弄刀槍，此為天機忌煞之原因。如天機見煞，聰明機智則傾向投機取巧，不走大道而取捷徑，有走鋼線危險。若然天機不遇名君，而遇上草莽賊寇，其機智則不能用於正道。在黑道之中，職位「白紙扇」就是社團內的軍師，其職務要求有良好的文書及談判能力，從中可見昌曲對天機何其重要，事實上，天機之能並不局限於黑白兩道，很多不同類型的團體均需要天機這樣謀臣式的人物。

補充一點，基於天機本質柔弱，假如會上眾煞，再加上其他虛耗之星同纏，例如雜曜天姚，從古人的驗証記載，就是夭折的命例。可是現今科學昌明，如遇上上述星組，卻主出生時身體虛弱。

除了昌曲、魁鉞之外，左輔、右弼似乎對天機並沒有多大幫助，輔弼涉及管理能力及宏觀思維，以天機之能，其謀略傾向滿足現在或短期需要，對大型管理工作力恐力有不及。加上天機的思維多變，亦難以從事長遠性的宏觀計劃，精於小計、不主大謀正是天機弱點。理論上，天機遇輔弼反而無益，文星從武，既主勞心傷神，要管事管人，又要兼上顧下，親力親為，倒不如集中精神主力服務紫微來得輕鬆。況且天機一曜遇上太多吉星，父母宮紫微反見單薄，就有如自己能力再高，卻只能服侍二三線老闆。又因天機性質輕浮，凡是輕浮之星，皆難以獨自承擔大任，輔弼對它的幫助實在有限。

如原局天機見到昌曲、魁鉞，當然主才學與機遇兼備，絕是佳配。假如原局沒有昌曲，大限遇之，卻不主突然聰明，理應在這段時間進行學習進修，考取專業資格。如大限天機遇上魁鉞，易得貴人欣賞，是受到重用，是事業有重大發展之期。

可以看到凡天機入命者，外圍必定強星雲集，身旁的人，一如上司、老闆，二如兄弟、朋友、同事，三如子女及下屬，皆為強勢星曜，個個都很有能力，個個都極具主見。箇中原因，皆與斗數的安星排法有關，在前文談得最多就是紫微必為天機之父母宮，代表天機家有嚴父，上有嚴司，有利時能夠得到強而有力的長輩提攜，失利時反主受到強力制約。此外，天機之夫妻宮為太陽，太陽是一顆貴曜，又是中天星主，男命主婦奪夫權，代表妻子有非常主見，以及身份地位或比丈夫優勝，故此大多的天機男都會非常尊重女性。

天機以武曲作為子女宮，武曲星性剛烈，落於子女宮恐不利父子感情，武曲子女的性格剛毅率直，易與父不投緣，而且任性，想做就做，決不聽從父親意見。加上廉貞落入奴僕宮，主下屬皆是固執守舊之輩，並易有機會與紫微上頭有親戚關係，又或是老臣子，與天機的貪新鮮、喜改變、不拘成規容易產生衝突。

由此可見，天機周遭六親宮位強星雲集，沒有給天機可以表現及示強的機會。假如天機硬要從事管理工作，恐怕未必有人聽命，從而有力不從心之感。況且，天機出名善變，往往事情做到一半，認為客觀環境稍有些微變動，便會萌生他念，三番四次左改右改，從而令人無所適從，最終虎頭蛇尾，不能始終，成功亦未可知也。

其實，天機的機動並非指人生變動，而是主頭腦上的動，假如天機不懂隨機應變，沒有聰明才智，欠缺機敏靈巧，又如何周旋在這複雜而強勢的人士關係當中？此乃天機為勢所迫，不得不施展渾身解數，扭盡六壬化逆境為優勢，從而練就出有如變色龍的敏感度和變通力。亦因為此，作為順從角色的天機，女命的情況較好，理應較為洽配。天機女命性格靈巧，除了父母宮是紫微之外，夫宮更是光芒萬丈的太陽，子女宮則有剛毅的武曲，六親與外圍的宮位，個個都是強星猛將，組合成有力的保護力量。

良好的天機女命，令筆者聯想到金庸小說《射鵰英雄傳》的女主角黃蓉，黃蓉是一個機智聰明、貌若天仙、武功不錯和刁鑽古怪的少女，黃蓉之父為「東邪」黃藥師，其夫則為郭靖，與楊過的武曲關係，也勉強可以代入其子女宮論之。

從安星法可見，天機的職業比較彈性，一生多有機會從事各樣不同類型的行業，至於業務性質、經營模式和合作拍檔可以經常改變，或完全不同，事關其兄弟宮、事業宮和田宅宮皆是空宮，空宮的變化巨大，沒有固定模式可言。再者，天機的財帛宮就是就是天同，天同在財帛宮主由無到有，或不得祖蔭，或不守祖業，因此便需要白手興家，自力更生，建立自己的事業，這方面和天機的無產階級性質相似。

坊間眾說天機多學少成，其實稍有誤導，如能成為軍師或顧問式人物，此人必有所長。事實上，天機的聰明和計劃能力在於實用層面和短期性，針對客觀形勢而作出分析，假設在商業機構，天機可以在現有項目下作出數個月及一年的預計，如長期方向及未知的創新產品，則完全不是星曜所長。以財務分析為例，天機之人必定以政府公布的財政數據為基礎，在此客觀數據上加以發揮分析，不會天馬行空，其分析準確是必然的，但卻不會有特別驚喜或揭秘式預測，因此預期和實際情況分別不大。假如以同樣的分析交給巨門，巨門以深入分析見稱，其分析獨到，可能會加入背後的既得利益者考量，或過往歷史背景，加上動機、意圖而作出綜合分析，是帶有陰謀論和非表面數據的估計預測。

在人物角色上，巨門的深入是博士之才，而天機認為碩士也可以，只要能夠應付現時情況，足以應付當前形勢便已足夠。

天機以機動性見稱，入於任何宮位皆主變動，如落入六親宮位均主感情時有反覆，時好時壞，或者，不太投緣也不交惡，只是感情普普通通，感情流於表面罷了。天機主改變，不主數量，因此落入夫妻宮和子女宮亦不主數量多寡，和刑剋亦沒有太大關係，其他六親宮位同論。

天機貴為兄弟宮主，又是善星，反映在任何六親宮垣，關係人士的態度親切友善，會首先主動問好及讓步，缺點是對命主的幫助多有欠奉，而天機助人，多用口而少用手，即是以提議為主。天機如落入疾厄宮，主手腳四肢及神經系統等協調問題。

天機入財帛宮代表經常有短期周轉需要，並有財來財去之感，如作為零售、貿易，以資金需要靈活運用反而有利。假如經營長資本周期的生意，如建築或工程，則容易經營困難，需要左借右借以應付周轉。如天機落入事業宮，主經常有職業變動，或經常轉工轉業，間接代表事業不順。天機如入田宅宮，主居住之處，多處於繁忙熱鬧地區，為人來人往的地段，環境嘈雜或經常搬遷。天機入福德宮主想法多多，此位置有利計劃，對每事皆有好奇心，但缺點就是思量過度，並易有神經質。

對遷移宮而言，天機的機動性強，有利外出發展，但只可以短期性質，地區亦不宜離開出生地太遠，亦不宜長期移居外地，恐怕居住不久便思回國。總結，天機乃浮星，入於什麼人事宮位皆有不穩定情況，由此可見，古人對天機評價不高確有原因。

因此天機命人，比較理想就是遇上性質穩健之星曜，如紫微、天府，利用他們沉實個性來彌補本身先天不足，把握機會實踐計劃。亦因為此，天機最怕見空星虛曜，如天空、地空、地劫、截空、旬空、天虛等，這些虛星會加強天機的虛華失實，導致其人把所有心思都放在投機取巧、左右鑽營、空手套白狼等虛偽的事情上。

此外，天機可能會發現，自己入強限未必一定有好處，需要獨力開創，為自己籌謀並貫切落實執行，此非天機強項，與其個性不相投也。此星本身是精神性星曜，善用腦力生財，假如遇上代表要落手落腳，出錢出力的輔弼大運，反主困難及麻煩重重。某程度上，天機命卻不適合行進強星大限，如「殺破狼」、「紫廉武」等大波幅及強勢運限，反而喜歡大限父母宮行之。總之，天機之父母宮愈強，好處就愈多，就代表運勢愈好。

天機四化及運限

在十干四化方面，天機沒有很自我的風格，其依賴心頗重，是顆很容易受到外界影響的星曜，天機亦代表機會，機會可以分為很多種，可以有利，亦可以有害。因此天機有化祿、化權、化科、化忌，是為數不多四化皆有的星曜。

四化之中，只有化權對天機來說最為有利，化權可以把天機的輕浮性質變得踏實，將變善變為專注，把不穩變成平穩。個人經驗，天機化權的運限代表可以選擇的機會不多，更大可能是完全沒有選擇，只有一條直路可行，但有利的是，若果能夠行畢全程，最終的回報卻是十分理想的。反而化祿和化科只會令天機變得多心，更不踏實，想法更多，甚至三心兩意，甚有今天的我打倒昨日的我的矛盾想法，因而在人生旅途更見飄蕩。

有必要在此澄清化祿的觀念，星曜化祿除了在財帛宮、事業宮和福德宮之外，大多數與錢財無關。化祿主要是豐富和擴展了原來的星性，例如天機在疾厄宮化祿，真的有可能變成過度活躍，或是有很靈活的身手，但是很難令人聯想到以靈活的身體活動來生財。

乙干的天機化祿，代表機會多，但與此同時太陰化忌，太陰本是財星，既然機會來了便要嘗試，多嘗試自自然然成本增加。加上太陰掌管情緒思慮，很多時候，便會因為大多機會而導致眼花繚亂，無論千挑百選，到頭來才發現，沒有選擇才是最佳選擇。

天機化忌主在變動中損失，永遠總是越變越差，或有意想不到或出乎預期的事情發生。如天機化忌發生在人際關係上，主相方反目成仇，由感情良好而變得疏離。由於天機化忌必然是太陰化祿，即是慢比快好，暗動比明動好，加上太陰的思慮多了，到頭來才發現，就算千算萬算，人算卻不如天算。

在投資角度，最有效損害利益的方法，就是過度頻繁的交易次數，因此天機化祿，太陰自然化忌。

運限方面，天機本身帶有早段性質，優良的天機多數在人生早年已得到好運，父母宮吉利者尤其明顯。如不計祿忌因素，天機則有平面移動，不斷改變但沒有波幅上落之特性。假如本身不是天機命，每當行到天機運限，必然感到機會處處、四處逢源，但礙於天機的虛浮特性，若然沒有化祿、祿存、化權的支持，到頭來卻大有可能是空歡喜一場。

以職業而言，天機的個性並不適合做生意，但總比紫微要好得多，此星除了在零售業，可以以貨如輪轉、快速反應而受惠之外，最適合工種莫不過是作為顧問Consultant，為客人提供建議。由於天機的口才、辯才了得，從事以口生財的工作，如記者、銷售員也是合適的。此外，作為優良之天機，如見齊昌曲、魁鉞，亦能夠擔任技術或專業性工作，例如工程師、醫生及律師等。

筆者認識的天機朋友，有位多年前從事零售，他發現Hello Kitty的精品文具，一百元入貨，便可賣出二百元，以此概念開始經營他的零售生意，及後更從事運動品牌的服裝生意。另外一位則從事眾多元化的工作，如能源、海產、金融、會計、公關、大使館、銜授大學，筆者與他交往多年仍不知其主要職業，直到他以簡單回應，是為金融上的顧問工作，即是融資服務，才令人明白。

天機面相與星座

在外觀上，天機的人面形瘦長，額闊高廣，目光靈動，給人聰明和親切友善的感覺。《形性賦》曰：「天機為不長不短之姿，情懷好善。」若然是天機見煞或化忌，則有油光滑面、目光浮泛之外態，古稱：「吉曜心慈，凶則奸狡。」天機在十字面相學上為「甲字面」，「甲字面」的特點是額頭廣闊下巴尖，呈上闊下窄之勢，即是廣東話的「瓜子面」，此面型為五行屬木火之局，為西洋相法的思想型。擁有這類面形的人腦力強但體力弱，適合從事需要絞盡腦汁的工作，由於其人思考快捷及創作力強，對於吸收知識特別有利，弱點明顯是體質差勁，不宜從事體力勞

動工作，而且耐力和耐性都十分有限。

「甲字面」由於額頭高廣，是整個面相之重點，由此特顯出父母宮和官祿宮位置，因此如額相良好者，主早年運氣好，功名易得且較易成名，亦由於此，為人便較為驕傲，少年得志，容易自以為是。

西洋星座方面，天機是屬於雙子座，先天之宮位為申宮，廿四節氣是小滿，守護星為水星。水星主通訊和溝通，雙子座的人十分外向，性格多變、愛玩、多心、多嘴、貪新鮮，一般雙子座的人都口才了得，且口甜舌滑，不難獲得女性歡心。此星座的缺點就是欠缺耐性，為人浮躁怕悶、貪新忘舊、沒有責任感、欠原則主見。

雙子座的花心和爛玩指數是十二星座之中排名最高，其失戀主因大多是因為伴侶覺得他欠缺安全感。但有利的是，有美國人力顧問公司分析過四萬個打工一族，發現全國5%工資最高的專業人士，第一位是便是雙子座，第二和第三位分別是天蠍座和人馬座。

天機是一顆主管思考的星曜，特性是善於分析、改變和適應力強。此星的優點是改變，缺點亦都是改變，想法多而實行力不足便是他的致命傷。天機本身有些完美主義，想得過多易鑽牛角尖，其依賴心強，不肯承擔責任，空有理想而不切實際。

到最後，天機才發現，原來沒有選擇才是最佳選擇，愈是細心挑選，愈是選錯方向。事實上，貌似意見多多之人，實則是最無主見。

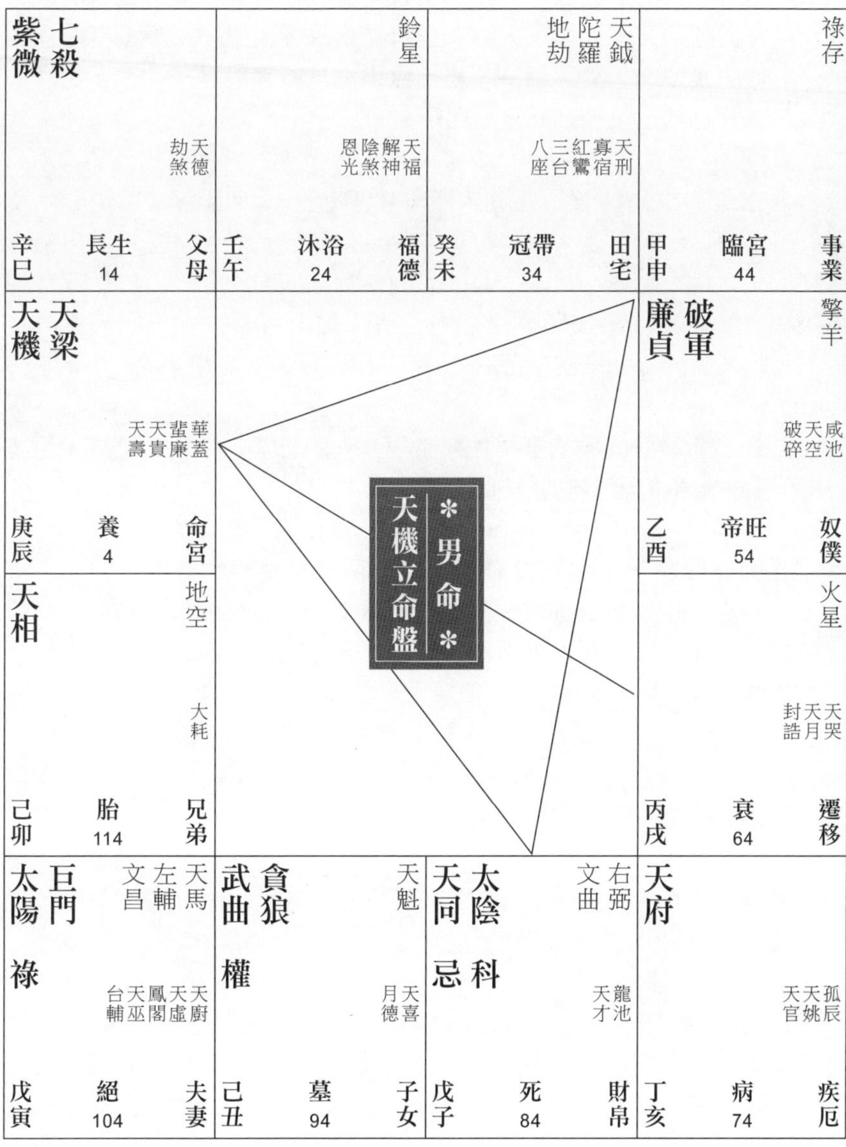

男命
天機立命盤
七殺
紫微
天德
劫煞
父母
長生
14
辛巳
鈴星
天福
解神
陰煞
恩光
福德
沐浴
24
壬午
天鉞
陀羅
地劫
天刑
寡宿
紅鸞
三台
八座
田宅
冠帶
34
癸未
祿存
事業
臨宮
44
甲申
天梁
天機
華蓋
蜚廉
天貴
天壽
命宮
養
4
庚辰
破軍
廉貞
擎羊
咸池
天空
破碎
奴僕
帝旺
54
乙酉
天相
地空
大耗
兄弟
胎
114
己卯
火星
天哭
天月
封誥
遷移
衰
64
丙戌
巨門
太陽
祿
天馬
左輔
文昌
天廚
天虛
鳳閣
天巫
台輔
夫妻
絕
104
戊寅
貪狼
武曲
權
天魁
天喜
月德
子女
墓
94
己丑
太陰
天同
科
忌
右弼
文曲
龍池
天才
財帛
死
84
戊子
天府
孤辰
天姚
天官
疾厄
病
74
丁亥

【天機立命】：此命立於辰宮，為天機、天梁之組合，是典型的「機月同梁」格局，古云：「機月同梁作吏人」，盤中人的確是個政府公務員，從其事業宮立極，三方四正可見太陽、天梁、文昌還有化祿和祿存，是個典型的「陽梁昌祿」格，當中更見厲害的是子女宮，他的子女宮為本對魁鉞，並被輔弼、昌曲所夾。

命主是一位高級督察，此人下屬手下眾多，而且與之感情非常良好，用紫微、七殺盤之人，對待朋友手足以情義為先，但基於其事業宮見到的是太陽化祿和文昌，因此命主在工作上亦非常理性，從寅宮的星組顯示，命主的語文和表達能力一流，加上古云：「天機天梁善談兵」，此人對於行動策劃便很有一手。

此外，紫殺盤的多空宮特色，主事其人的日常工作變幻莫測，絕非一成不變，天機的隨機應變便能大派用場。

【補充閱讀—— 采石之戰】：說一個文星為將的故事：宋朝有一位文儒名將，此人飽讀詩書，其職位原屬文官，後來因為形勢告急，巧合地成為元帥，以萬八宋軍力抗百萬金兵，決戰於采石磯，結果大敗金軍，這位儒將就是虞允文。

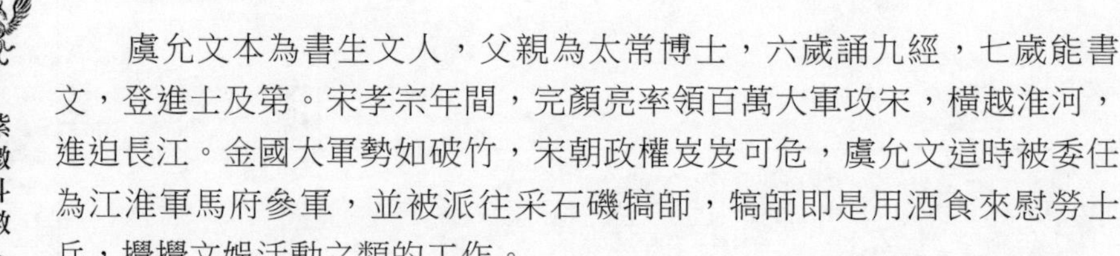

虞允文本為書生文人，父親為太常博士，六歲誦九經，七歲能書文，登進士及第。宋孝宗年間，完顏亮率領百萬大軍攻宋，橫越淮河，進迫長江。金國大軍勢如破竹，宋朝政權岌岌可危，虞允文這時被委任為江淮軍馬府參軍，並被派往采石磯犒師，犒師即是用酒食來慰勞士兵，攪攪文娛活動之類的工作。

此時，原來的主帥李顯忠遲遲還未趕到，原祗爲勞軍的虞允文惟有負起重任，由文人變為主帥，親自督戰。虞允文曾爲唐書及五代史加注，並著有詩文十卷，經筵春秋講義三卷、奏議二十二卷、內外志十五卷，傳頌於世。

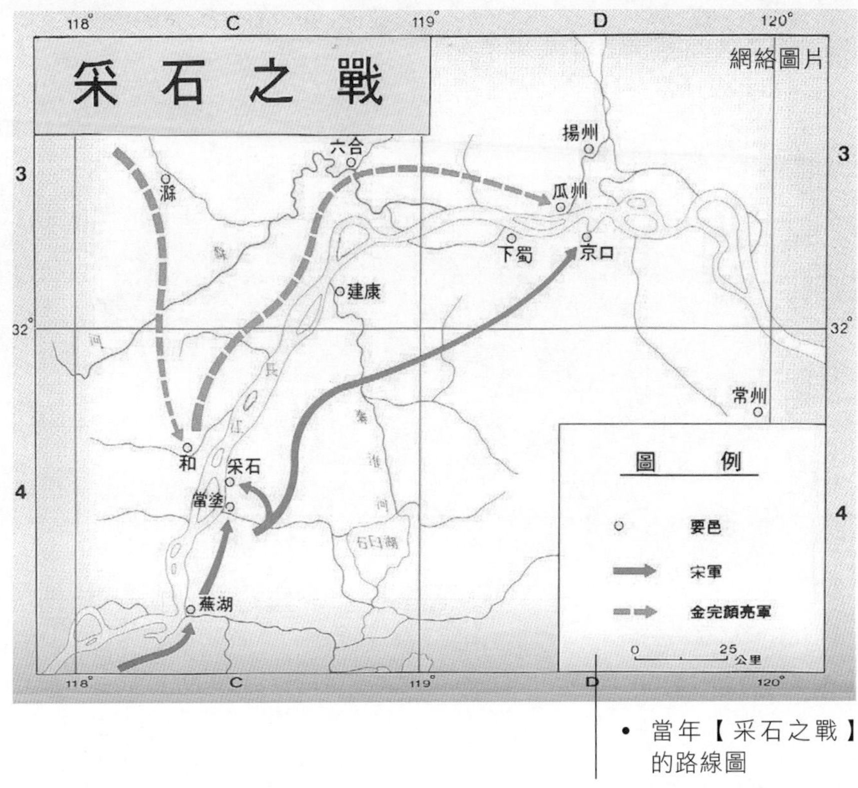

• 當年【采石之戰】的路線圖

他的成功應該和當時宋朝重文輕武的政策有關，軍人願意聽命於書生，歷史少見。斗數以天機之才來指揮「殺破狼」，根本是無可能的事，亦可能由於天機不拘舊規，運用以奇特靈活的軍事手段，才能以少勝多，以弱制強。

綜觀天機，其人生所追求更多的便是「機會」，在眾強我弱之下，一次良機，便足以影響一生。

第四章·太陽星

太陽星

太陽	太陽	太陰 太陽	巨門 太陽
太陽			天梁 太陽
天梁 太陽			太陽
巨門 太陽	太陰 太陽	太陽	太陽

太陽性格特質

太陽為中天星曜，五行屬陽火，象徵尊貴、博愛、地位，是官祿宮星主，主管聲名貴譽，人物泛指所有男性，如父親、丈夫及兒子。太陽與四柱八字上之「丙火」日元類像相同，兩者都是以太陽作喻意，其性顯揚、充滿能量活力，熱衷名譽地位，喜歡燃燒自己，照耀他人。

首先，太陽主貴不主富，因此應該把重點都放在名譽及地位方面，此星對於財富較不重視，可是一般能貴的人物，其物質生活仍然有一定的保證，只是心態上不傾向以物質為主。另外，古籍對太陽的解說一直存有偏見，認為只有廟旺的太陽吉，落陷則凶論，此點實屬訛傳，太陽首重貴氣而非廟旺，此點會在稍後一一解說。

斗數上太陽所屬宮位，原來和占星的「太陽星座」解說完全吻合，此部分將會在《下編》另覓編幅再行論述。

太陽與太陰同為中天星曜，它們是一對對星，分別代表着事物的正反兩面，當中較為明顯的分別是黑與白、明與暗、顯揚與收斂、積聚與散播、聲譽與財利、公義與私利。而太陽喜施予，性好外揚發放，此星重名譽，喜歡表現自我，頗有虛榮心，優點是不介意付出多於回報，況且太陽愈廟就愈激烈，就愈是消耗量大，此方面與第二中天星的太陰性質完全相反，太陰主富不主貴，重吸納多於付出，星性安靜內斂，太陰愈廟則愈安靜，就愈是喜歡慢慢吸納。

在性情而言，太陽為陽中之陽，因此星曜的剛陽味十足，此星為人直接、自信、樂觀、大方豪爽，做事不拘小節，有廣闊胸襟。此外，太陽充滿動能，有無限熱力，為大地不斷提供光和熱，因此不難感受到太陽的人幹勁十足，如有生生不息的原動力。此星充滿大志，有強烈的事業心，顯示出強勁的生命力。

尤其是廟旺的太陽為人光明磊落、行為正直、氣量大，熱心公益，具有同情心且樂於助人。太陽立命者確實優點眾多，此星偏向普世價值，接近大眾利益，重視公義，便不難得獲別人的接受和認同。

太陽星的另一大特點就是非常注重個人形象，非常緊張別人對自己的評價，此星重表面而忽略內涵，重包裝而忽視實際。如過份廟旺的太陽，即接近中午時份或在炎炎夏日的季節，便會顯得過份熱心，過份搶眼奪目。可是，像這樣的情況，並不一定人人領情，更多時候，太光太熱反而令人討厭，令人反感。更何況旺日會令人自視過高，性情便流於自負和高傲，因此古人認為太陽愈光，愈容易招怨，愈引人非議。

高貴的本義是受人尊敬，這是因客觀身份而得來，但是身份不就而又自命清高，我們卻稱之為「高傲」。基於太陽很要面，本身就帶有高傲的氣質，此星不喜身居人下，在職場上，就算命主在職級上有所不及，依然不會以謙卑的態度示人，反而喜歡以貴客的口吻來應對上司，有這種性情，不論旺日或黑日，都同樣存在，只不過是份量的多寡而已。

太陽為中天星主，本身已有一定的領導能力，與紫微、天府一樣，也愛「百官朝拱」。紫微得百官朝拱，代表領導工作的人數眾多，主事業宏大。如太陽也得「百官朝拱」，則代表觀眾人數眾多，所涉及之場面氣勢磅礴，非常受人尊敬，極能滿足太陽對名望地位之渴求。矛盾的是，太陽要面，紫微也要面，太陽愛百官朝拱，紫微也愛百官朝拱，正因為此，太陽與紫微之間總是充滿嫌隙，兩者確實並不投緣。

太陽的領導形態與紫微有所不同，紫微要求實在掌控，要求貫徹執行既定方案，是實實在在的「權星」。而太陽的領導性只是表面和形式上，多數是以口頭上、象徵式、意識形態方面的帶領和領導，實際工職務如名譽會長、精神領袖等職銜，多為有名無實，並不涉及實際運作。有趣的是，太陽愈廟，職級愈高，職權就可能愈虛。

實際上，太陽個性真的不喜歡親力親為，最好有人給他差遣，還要是自動執行，有自動導航，完全不用太陽操心就最為理想。因此吉星如左輔、右弼等代表個人能力，須要親自落手落腳的助曜皆不為太陽所喜，輔弼的實幹與太陽喜歡炫耀奪目明顯格格不入。就正如舞台上的藝人又要表演，又要打燈，又要攪音效，又要攪進場安排，便會顯得狼狽不堪。

吉星之中，太陽最喜就是文昌、文曲，《太微賦》云：「太陽文昌在官祿，玉殿傳臚。」暫不談文中的官祿，先談太陽、文昌的格局，在斗數中，文曜分別為文昌、文曲、天才、龍池、鳳閣，太陽與以上星曜相遇，主文章科甲出色，更而且，斗數中最知名的科舉格局「陽梁昌祿」，就是以太陽、文昌為主角。

「陽梁昌祿」成格者，主文章了得，文學才華出眾，大利讀書考試，大有利名氣和知名度提升。

現回顧上文的「玉殿傳臚」，如「陽梁昌祿」在事業宮成格，代表從事文職，為正途功名出身，職位也高，適宜於大公司、大機構、政府部門、文化及教育界工作。再說「陽梁昌祿」的知名度，如從事大眾化事業，或為人師表，基於學生、讀者或觀眾人數眾多，也算是一種高貴的表現。

除了昌曲，太陽次喜三台、八座和恩光、天貴，此對星都有台上表演，與及成為眾人焦點的意思，太陽本有幅射性，星曜的影響力是由中心一直向外圍帶動，因而有利傳播界，以及從事大眾事務等相關工作。能有機會在台上面對人群，作宣傳及表演，展示自我才華，絕對就是太陽之所好。除此之外，三台、八座也有數量眾多之意，即是人多有面，星曜與之同論。由此可見，台座這對星，分配給太陽理應比紫微更為理想。

太陽身為貴曜，喜歡帶有貴氣的星曜拱照襯托，以加強氣派和派頭，斗數上的貴曜包括：三台、八座、台輔、封誥、恩光、天貴，以上雜曜又名「科名諸曜」，命盤上的太陽若能多見貴曜，便是真正代表命主確實擁有實質性的社會地位，並非是紫微式的自我高貴這樣主觀虛浮。

太陽會上文昌、祿存或化祿，便成為「陽梁昌祿」格，本則上，「陽梁昌祿」只代表考試合格，成績理想而已，若然要「陽梁昌祿，傳臚第一。」必須有三台、八座之配合，才主高中，考上三甲。

說實在，太陽的「廟旺利陷」並不足以影響星盤的格局，甚至完全和社會地位沒有任何關連，假如暗日而得貴，則反映此人素有涵養，貴而不傲，其人的知名度並不高，或者只是行內較為知名而已，反之，旺日而得貴，則為人高調而帶傲，喜歡出席公眾場合或上電視，理想為大眾人物或城中知名人士。

現在各位應該明白，太陽和紫微的「貴」，實在是代表兩類不同的訴求，紫微要求的貴是「權貴」，是彰表功業的表現。而太陽的貴為知名度，或稱為「名貴」，是台上表演者、名人或藝人所追求的美名和聲浪。正因為此，左輔、右弼、天府、天相方式的「百官朝拱」主要針對的是紫微，太陽的「百官朝拱」只要有「科名諸曜」等細星作為觀眾Fans就可以了。

除此之外，太陽也是顆人緣星，此星喜歡交際，喜歡認識朋友，因此天魁、天鉞等貴人星均能投其所好。可以肯定，良好的人際關係是事業發展的必備條件，太陽遇上魁鉞，便容易認識到一些達官貴人，以及能夠得力於上頭及名氣。

太陽遇上文昌、文曲，絕對可以強化人際關係，魁鉞的人緣偏佈廣泛，而昌曲的感情比魁鉞更為情深，更容易令人親近。特別要強調，丑、未兩宮的太陽、太陰組合，最容易被昌曲所夾，因此這組星盤，因人成事，或因感情而成功的意味甚濃。

古人常說太陽主貴，太陰主富，以上解說全是是性格方面的喜好描述，並不一定和實際處境有關，亦非太陽命主一定出名，而太陰命就一定富有，兩者只屬氣質上之不同表現而已。就算太陽得遇「百官朝拱」，無論格局如何強大，仍主貴多於富，除非得遇其他財星化祿的支援，否則太陽與務富格不能相提並論。

太陽不務富，與星性可謂有莫大關係，上文提及太陽的人重面子，要表現出大方豁達的氣勢，自自然然就要仗義疏財，常常幫助朋友，加上太陽喜歡交際，要見人就自然要豪裝打扮。他們認為，想得人尊重，就要表現奢華，因此所穿所用的，全部都是頂級名牌，可想而知，只是花在門面包裝的支出就所費不菲，正因為此，並不容易以長期累積而致成大富。

太陽命格也多有從商者，論其心態而言，是真的不太重視錢財得失，就算其人事業如何宏大，也不希望賺到盡，他們得到有餘的，也會回饋社會，造福社群，此亦都是太陽普照他人的具體表現。

私底下說，太陽比紫微更要面子，更重虛名，因此對待太陽之人，只要比足面子，便一切好辦，又因為太陽本性較紫微大方豪爽，因此服務太陽，比紫微更容易得到好處。當中的表表者，可以說是太陽化科，即是戊年生人，此干化的人特別喜歡主動幫助別人，喜歡為人群服務，不會計較付出，其實他的內心所想，卻是渴望在別人心目中留下美名，得人尊敬愛戴而已。最後，太陽為人並不記仇，假如不介意被他佔盡風頭，與之相處其實不難。

在人物角色上，太陽主男性，在星盤上泛指所有與男性有關的事情，古人認為太陽無論落在什麼人事宮位，皆有刑剋男性的意味，落陷者情況尤其嚴重。當中最忌的莫過於太陽化忌在女命出現，古以「三從四德」為女性最高道德標準，而三從亦與男性相關，現代職業女性應再加上一從，就是在家從父，出嫁從夫，打工從司，老來從子，正因為太陽所在宮位發生的所有人和事都必然涉及男性，因此機會率頗大，就算本命的太陽正正常常，卻難以避免流限、流年、流月的太陽周期性化忌影響。此星對男性的刑剋與否，實在是身不由己，只能怪太陽管事太多，更何況太陽本身就是命理上的男性代言人。

太陽主男，太陰亦不無例外，太陰同樣都有刑剋女性的意味，有趣的是，命理上少有強調刑剋女性的話題，最多都是剋妻，卻甚少有剋母、剋妹、剋女、剋孫女等情況，可能是由於古代尚未男女平等，所有不負責任的言論都傾向推在女方身上。在《下編》的「六十星系」章節，筆者會介紹有些星盤的太陰助力比太陽強，某些卻是太陽強於太陰，然而這點並非單單從日月的光度作出比較，更大關係是對星的組合分佈。

除了刑剋之外，太陽的涉外性也容易令人產生誤會，例如太陽為人開朗、快樂、不拘小節，常常被人覺得粗枝大葉，不夠嚴謹，加上名氣越大，是非就越多。其實，太陽一星分別與巨門、太陰、天梁產生聯動，口舌是非只是取了太陽、巨門的一個傳播特性。簡單而言，太陽、巨門主空有虛名，或名大於利；而太陽、太陰主富貴雙全，具體則是小富小康；而太陽、天梁亦有名氣，此名氣卻偏於專業，或清譽，只是行內人士所知悉而已，以上各點，稍後在「五大星系」還有詳細論述。

坊間另一個誤導就是太陽光度（廟旺利陷）與知名度的關係，說是太陽越是廟旺，聲名則越廣、越令人觸目、越有機會成為眾人的討論話題。不確，太陽光度只與性格有關，可以肯定廟旺太陽喜歡高調地處理事情，喜歡人多熱鬧，場面墟冚而已，相反，落陷無光的太陽只喜歡單獨進行，低調處理。還有暗日的性格較為實而不華，此星不講排場，不講品味，來得我行我素，他不想理人，也不想被人關注。

然而古人認為太陽有利日生人，太陰有利夜生人，此點純屬訛傳，實際上無須特別理會，只需根據星盤上之「廟旺利陷」分析便可。更何況，星盤上的日月光度並非與早晚生時相關，而是和月份及「太陽過宮」更為緊密，而中式的太陽過宮，西洋則稱之為「太陽星座」。關於太陽光度，將會在稍後和太陰光度一同再作深入探討。

在後天人事宮方面，以太陽星性，較有利的便是落入父母宮及事業宮，落入田宅宮也不差。假如父母宮為太陽，主父親或上司、長輩皆為社會有名譽地位之人仕，與命主感情關係良好，又基於太陽喜施予，喜關照別人，落入父母宮倒不失為最佳之選項。太陽如入事業宮，則有利傳播、教育、演藝及公眾事業，太陽遇眾星越多，所涉及的人群就越多，而廟旺太陽卻與潮流及大眾文化相關，或代表競爭激烈的行業。

太陽如入財帛宮，主名大於利，適宜以名生利，名氣越大，財源就越廣。但以太陽星性，喜施而不受，搵錢多，花費更多實在所難免，假如是旺日再度化科，更是揮霍浪費之象。如太陽落入田宅宮，主其居住環境光猛開陽，命主就讀皆為名校，任職機構亦都是大眾知名的公司。此外，太陽因有涉外性，如落入遷移宮或事業宮則主涉外事務，如對外貿易或任職外資機構等等。

上文曾說女命天機較優，事關其夫宮就是太陽，女命以太陽為夫星，即代表容易嫁給有社會地位之夫君，以及容易獲得男性的照顧，俗語說即是「很靠得住男人」。太陽愈廟，男方對妻子就愈好，表現則愈豪爽大方。如是男命，太陽在夫妻宮也容易因妻子而得利，古云：「日守夫妻諸吉眾，因妻得貴。」

太陽入於六親宮位，無論吉凶皆對所屬宮位的男性有關，女性無礙，但仍主男性親友感情良好。太陽貴星忌落入奴僕宮，主下屬無禮，不分尊卑長幼，不利時易主口角紛爭，亦易有背後是非。福德宮之太陽代表有善心，喜歡把事情淘大，另主生活有品味，喜歡享受，務愛名牌奢侈品。

有趣的是，此點亦都是眾多江湖術士喜歡用來賣弄少技的一種驗徵方法，古傳太陽守命身有斑痣，以陷宮在背，旺宮在腹為徵，個人認為斑痣這東西很平常，推算準不準也不用大驚少怪。

太陽這顆貴曜，不喜會上任何煞星，煞星能夠直接破壞太陽的名譽。太陽見煞，恐好事不出門，壞事傳千里，如一粒老鼠屎便能毀了一窩粥，主臭名遠播。況且，煞星有競爭之意，太陽易因面子與人起口角紛爭，無論最終結果如何，爭贏無錢，爭輸無面。

太陽不喜會上空曜，空曜包括天空、地空、地劫、旬空、截空，空曜令到不斷散發的太陽更加華而不實，變得更加虛妄。太陽遇上空曜，便會為了務虛名而大費周章，大量花費，其目的可能只是為了支持大場面，表示自己「很掂」而已。基於太陽的想法太多而資源有限，導致其人多虛少實，就算不是心存惡念，也有欺騙之嫌。更而且，空曜一向有破壞財富的作用，對於一顆不聚財的貴星，再加上死要面子，不會量入為出，常常入不敷支，財富難以累積，好看但不中用。

根據安星法之編佈，如太陽為命宮，在星盤中的三方四正必然遇上巨門和天梁，兩星皆可以與太陽同宮、對拱或三合，太陽、天梁都是構成「機月同梁」星系的主體。巨門主口舌，天梁主孤高，凡孤高者皆不利財，每每講錢，未免太過俗氣銅臭。

巨門不只口舌，還主心思和信念，此星喜歡影響別人，當中最直接的方式便是遊說，為什麼太陽只說不做，原因就是他的本來工作就是說話。還有，太陽的兄弟宮就是執行力強大之武曲，找個故事作比喻，《三國演義》的趙雲就有如武曲，有趙雲辨事，劉備和諸葛亮便有十萬個放心，又何須親自操勞呢。

五大星系當中，太陽、天梁和巨門是一大星系，筆者稱之為「日梁門」，三者必然在三方四正會見，經常互相影響，當中的變化尤其以太陽的旺弱最為明顯，古人認為太陽光輝可解巨門之暗，可解天梁之孤。太陽廟旺，巨門便不暗，較乎合大眾化，易被人接受，而天梁的孤癖性亦大為減少，多些為人設想，人亦好相處。說白了，亮日為天梁、巨門解孤忌，都是以人際關係為大前題作考慮。

不利的是，亮日同時握殺了巨門的深度和天梁之獨見，星曜的豐富內涵也除之而消失，可見太陽旺弱絕非命局關鍵，但幾可肯定，太陽無光便有如「八字欠火」，開運比較遲，成就亦比較慢，又因為小道不眾，不追求名利財富，沒有進取心，又何來有大成就？

話說天機女命以太陽為夫，主得貴夫得萬般寵愛，如在太陽角度，妻宮便是天同坐守，天同乃心靈上之喜好，因此太陽男命，對女性便會特別呵護備至，事關其人的情感依附及心靈感受都可以從妻子裡獲得，此為太陽命愛妻，在安星法中早有定數。同時，天同代表心靈上交流，不主性愛物慾，因此太陽男對女性很有禮，十分溫柔Gentle，如對待小女孩的親切關愛。

為什麼太陽喜歡施予，喜照耀群眾，原因與其福德宮天機不無關係，天機是善星，喜歡幫助別人，此點應該不難理解。如作深層分析，天機在十四正曜當中只屬小角色，貴星太陽配上小小的天機，此星要求的尊貴氣派，則有可能沿自於天機的自卑心理。因此太陽極度需要在人前表現得風風光光，藉此來掩飾天機不想被人看低的心態。

一般太陽立命者，出生背景通常不差，容易獲得祖蔭，多有機會繼承家族事業或祖產，原因是太陽先天之田宅宮為紫微，紫微坐落田宅，代表小年時期在名校讀書，格局優良者成績名列前茅，畢業後任職知名機構，或有可能為官從政。

武曲 兄弟	太陽 命宮	父母	福德
天同 夫妻			天機 田宅
子女			紫微 事業
財帛	廉貞 疾厄	遷移	奴僕

太陽先天之疾厄宮為廉貞，一來與父親感情良好，容易得到家族及圈內人支持。第二，命主既然得祖蔭，在疾厄宮則易有遺傳病。

太陽一星與國外特別有緣，正所謂「太陽、巨門主發遠方名」，太陽立命，十分適宜遠方合作，地域越遠越好。正如很多藝人在本地不獲良好星譽，把心一橫往台灣或大陸發展，成名後回歸本土，才能獲得更好星途。補充一提，太陽泛指東方異族，或華人社會。

太陽四化及運限

十干中太陽皆有四化，分別有化祿、化權、化科、化忌。不難發現，紫微斗數也有四柱八字上陰陽調和的原理，太陽與天機的情況一樣，凡過份外揚與過份活躍的星曜最喜歡化權，化權能減卻太陽的過份光芒，能夠把焦點集中，令人專注地、針對性地作出重點出擊，此方面以廟旺的太陽尤其有效，太陽化權便有如「傷其十指不如斷其一指」的道理。

然而對斗數一知半解的人，總是以為化祿必然有利，常常與財富掛鉤，很多時候，化祿的財性除了在財帛宮有必然關係之外，很多時都與錢財無關。例如太陽化祿反而代表過度消耗，化祿加強了太陽之外揚揮發，吉者可以名生利，但同時亦會非常忙碌，非常消耗，而且在進財過程當中，每多有是非紛爭。關於斗數財性，筆者會在《紫微中編》再和大家詳論星曜財性和「四化投資炒股法」。

凡事過猶不及，物極必反，太陽亦不無例外，廟旺太陽再度化科主有麻煩事，這個情況有如紫微權星再化權一樣。作一個比喻，大家便會明白，可以想像一個過氣藝人，為谷人氣便要攪攪新意思，給人一個全新形象。可是，假如此藝人的形象已過份低落，便要有非一般的新意，攪些另類重口味來吸引觀眾，這個太陽化科，就是過了火位的奪目顯揚，反而得出反效果，讓人反感惡心。太陽除非落陷無光，否則化科則會過份揮發，更顯得華而不實，金玉其外，甚至是弄虛作假。但是，假如遇上的是科文諸曜，反主成績優異，文章蓋世，皆因文人多大話也。

太陽化忌有好事不出門，壞事傳千理之意。化忌主聲譽受損，或被人侵犯私隱，而且知名度愈高，效果就愈顯著，若然再會上煞星，更會小事化大，無中生有，問題也特別嚴重。

太陽和巨門的組合主口舌是非，都有招惹是非、招來謗怨的磁力，同理，風頭越大，是非就越多。太陽化忌又有事與願違之意，總之太陽愈廟，希望與事實落差就愈大。

在運限方面，太陽代表如日中天的人生階段，即是大約30-40歲之年紀。可以再補充多少少，此資料在《八字編》已經有提及，木星就是斗數之貴人星天魁、天鉞，運限代表人生之盛年，年齡大約是40-50歲。而紫微、天府所代表的土星運限，則是50歲打後的首領階段。

可以這樣說，這個太陽、木星、土星運限，就有如基金公司設計出來的人生階段基金，並不保證一定有錢賺，但設計出來的風險與回報較適合於相關人生階段的需求。可以想像，代表60歲之後的老人星天梁，和大概20歲的天機星，誰更適合作低風險投資，就能了解什麼時候得獲優勢和好運。

太陽面相與星座

在十字面相學方面，太陽星為「申字面」，「申字面」的面形似鵝蛋，額頭圓，下巴略尖，顴闊，顴高鼻直，五行屬木火之局，古云：「太陽相貌雄壯，入廟面圓臉，落陷則尖長。」

此種面形的人較著重外表、禮儀、美感、花巧，擁有此面形者多為俊男美女，具有表演藝術等才華，很多出色的明星及演員都是這種面形。

此種面形的人很有主見，但性格較為衝動，欠缺忍耐力，並時時刻刻都希望得到別人的讚美，不容易與人長久相處。可是「申字面」的人一生運氣相當不俗，少年運平穩，中年必有所成。

西洋星座方面，太陽顯然就是獅子座，先天宮位為午宮，廿四節氣為大暑，守護星便是自己——太陽。獅子座和斗數的中天星曜太陽一樣，都是男性人物的代表，西方尤其強調太陽帶有父性，也和八字丙火日元的性質一樣，主為人光明、開朗、自信、積極、充滿活力，西方認為獅子座的人充滿貴氣，具有領袖風範，是最佳男性之典範，在十二星座中被公認為最受女性歡迎的男士星座之首。

此星座的缺點是要面子、自負、鐘意認叻、說話誇張失實，又因為獅子座的慷慨，愛慕名牌，過份奢華浪費亦都是其缺點之一。

<table>
<tr>
<td>天梁
祿存
破碎 劫煞 月德 天壽
丁巳 長生 44 事業</td>
<td>七殺
鈴星 擎羊
天廚 天哭 天虛
戊午 沐浴 54 奴僕</td>
<td>天鉞 地劫
大耗 天月
己未 冠帶 64 遷移</td>
<td>廉貞
天姚 蜚廉
庚申 臨官 74 疾厄</td>
</tr>
<tr>
<td>紫微 天相
陀羅
天刑 龍池 華蓋
丙辰 養 34 田宅</td>
<td colspan="2" rowspan="2">*男命*
太陽立命盤</td>
<td>天喜 咸池 天德
辛酉 帝旺 84 財帛</td>
</tr>
<tr>
<td>天機 巨門
忌
右弼 地空
紅鸞 天官 天福 恩光
乙卯 胎 24 福德</td>
<td>破軍
火星
寡宿 鳳閣 封誥
壬戌 衰 94 子女</td>
</tr>
<tr>
<td>貪狼
祿
天馬 文曲
孤辰 解神 台輔
甲寅 絕 14 父母</td>
<td>太陰 太陽
權 科
天魁
天空 三台 天才 八座 天貴
乙丑 墓 4 命宮</td>
<td>天府 武曲
文曲
陰煞
甲子 死 114 兄弟</td>
<td>天同
左輔
天巫
癸亥 病 104 夫妻</td>
</tr>
</table>

【太陽立命】：此造立命丑宮，為太陽、太陰之組合，太陽之貴不在於廟旺，盤中的太陽全完落陷，但與之同宮的卻有三台、八座、天貴，本對還坐入天魁、天鉞等貴人星，再加上被昌曲所夾，假如從遷移宮立極，並見齊左輔和右弼。

命主是一位富二代（或叫二世祖），從其父母宮貪狼化祿，田宅宮為紫微、天相可見，其人祖上一代或家族的而且確頗為風光，有祖業留下。再者盤中天梁與祿存同座，對宮天巫並六合父母宮，命主身為長子，確實承繼了祖上產業。但是，南方的天梁一向性格清高，盤中人具有名士風範，並不熱衷做生意，只是希望簡簡單單，清清閒閒地過日子。

有趣的是，落陷的太陽化科，代表此人性格低調，但經常都要拋頭露面，由於盤中的貴人星曜特別強勁，加上被昌曲所夾，主當事人的人際關係極好，常被行家推舉作為工商會等名譽會長，經常要出席飲宴交際，還常常要在台上演講發言。

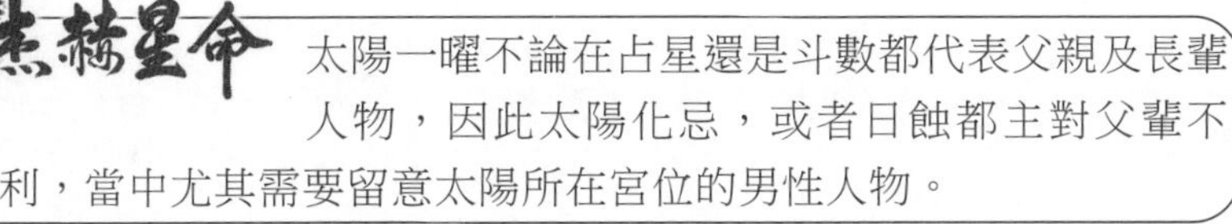

太陽一曜不論在占星還是斗數都代表父親及長輩人物，因此太陽化忌，或者日蝕都主對父輩不利，當中尤其需要留意太陽所在宮位的男性人物。

Annular Solar Eclipse of 2016 Sep 01

Ecliptic Conjunction = 09:04:14.2 TD (= 09:03:06.1 UT)
Greatest Eclipse = 09:08:02.0 TD (= 09:06:53.9 UT)

Eclipse Magnitude = 0.9736 Gamma = -0.3330

Saros Series = 135 Member = 39 of 71

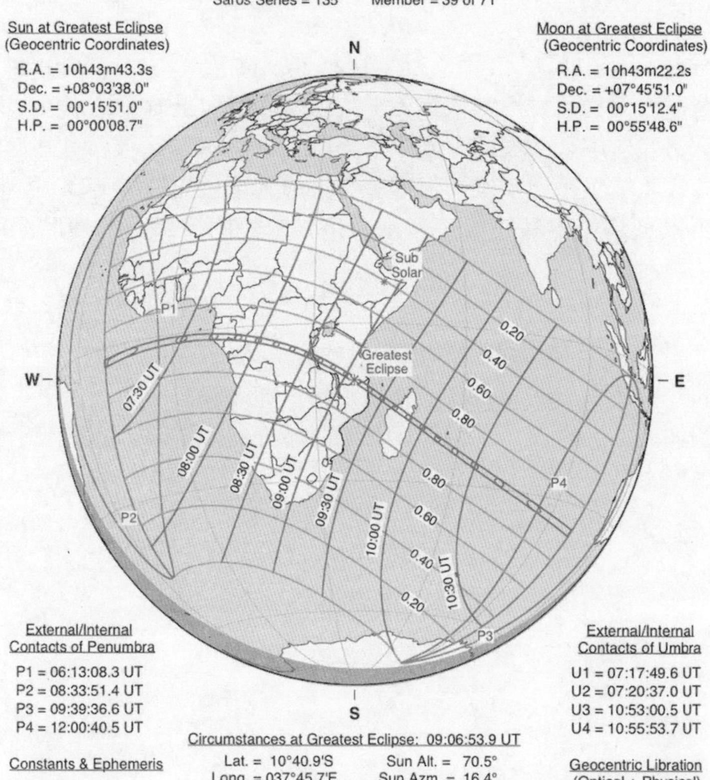

External/Internal Contacts of Penumbra

P1 = 06:13:08.3 UT
P2 = 08:33:51.4 UT
P3 = 09:39:36.6 UT
P4 = 12:00:40.5 UT

Constants & Ephemeris

ΔT = 68.1 s
k1 = 0.2725076
k2 = 0.2722810
Δb = 0.0" Δl = 0.0"
Eph. = JPL DE405

Circumstances at Greatest Eclipse: 09:06:53.9 UT

Lat. = 10°40.9'S Sun Alt. = 70.5°
Long. = 037°45.7'E Sun Azm. = 16.4°
Path Width = 99.7 km Duration = 03m05.6s

Circumstances at Greatest Duration: 09:05:09.7 UT

Lat. = 10°26'S Sun Alt. = 70.5°
Long. = 037°21'E Duration = 03m05.6s

External/Internal Contacts of Umbra

U1 = 07:17:49.6 UT
U2 = 07:20:37.0 UT
U3 = 10:53:00.5 UT
U4 = 10:55:53.7 UT

Geocentric Libration (Optical + Physical)

l = 4.78°
b = 0.39°
c = 23.61°

Brown Lun. No. = 1159

0 1000 2000 3000 4000 5000
Kilometers

F. Espenak, NASA's GSFC
eclipse.gsfc.nasa.gov
2014 Feb 22

- 在國運占星學而言，日蝕帶最容易帶來政治不穩，代表政壇變天，尤其是國家最有代表性的領袖人物要下台，甚至死亡。（此圖出自美國太空總處NASA官方網頁）

【補充閱讀—— 上海皇帝】：太陽這星令筆者聯想到一個人，這是一個有煞星的太陽，他的故事、行為、名言，正好反映斗數中太陽的特性，他就是在電影稱為《上海皇帝》的杜月笙。

歷史對於杜月笙的評價褒貶不一，他讀得書少，但太陽本是文曜，從外表上看他確是文質彬彬，與當年的黑幫大佬相比，氣質完全不同。

杜月笙以犯毒起家，並成為黑幫頭目，壟斷法租界毒品生意，與黃金榮和張嘯林三人並稱上海灘三大亨。杜月笙曾任上海法租界聯合商會主席，又組建中華共進會，亦擔任過中華民國軍總司令部顧問，軍事委員會參議和行政院參議。後來開辦過銀行，並成立自己的幫會組織「恆社」，亦先後擔任上海市地方協會會長、中國紅十字會副會長、中國通商銀行董事長等職。

上海淪陷後，杜月笙以中國紅十字會副會長身份，在香港通過捐款、運送物資等各種方式支援抗戰。抗戰勝利後回到上海，曾被選為上海市參議會議長，但還沒有上任便辭職。

杜月笙曾先後與五位女性結婚，其中與五房孟小冬的愛情故事，被電影多次用來取材，而且描述細膩，拍得刻骨銘心。

杜月笙名言：

- 做事要做到刀切豆腐兩面光；
- 做人有三碗麵最難吃：人面、場面、情面；
- 錦上添花的事情讓別人去做，我只做雪中送炭的事情；
- 錢財用的完，交情吃不光。所以別人存錢，我存交情。存錢再多，不過金山銀海，交情用起來，好比天地難量；
- 每月存款折上多幾個零不算你有多少錢，花出去多少錢才算你有多少錢。

看過杜月笙的故事，看過他的名言，再把太陽等星性套入，總結太陽的人物性格，不難看出兩者確實有很多相同之處。

最後，太陽的人生追求其實非常簡單，就是「名聲」，此人希望建立的就是一個印象，此印象不論好與壞，如不能留名青史，也希望遺臭萬年。

第五章·武曲星

武曲星

破軍 武曲	天府 武曲	貪狼 武曲	天相 武曲
武曲			七殺 武曲
七殺 武曲			武曲
天相 武曲	貪狼 武曲	天府 武曲	破軍 武曲

武曲性格特質

古傳武曲五行屬陰金，是一顆剛毅正直之星，職位為武職上將，負責為紫微執行任務。此星有積極求富的心態，有付諸實行的行動力，星曜屬於「紫廉武」星系其中一員，並是財帛宮守護主星，被喻為斗數的三大財星之首。

筆者熟悉八字也熟悉斗數，發現斗數有少數星曜的陰陽分類似乎稍有不妥，假如讀者採用以下方法稍稍微調，相信就更為容易了解星曜特性。斗數是道家產物，道家以貴陰賤陽的理論，把紫微定性為陰土，由於武曲歸屬紫微系星曜，當然也以陰金定之。個人認為，武曲一曜與八字的「庚金」有着很多類似屬性，兩者皆有剛強之氣，一般都要經歷磨練才成大器，是古人稱為「火煉庚金」之格局。在理解方面，假如把紫微定為陽土，武曲定為陽金，才比較合理。

武曲的性格硬朗，為人率直、果斷、踏實，並人如其名，武曲的讀音為「無曲」，即有直無曲，因此星性以直線進行，以直線方式思維，不轉彎抹角，話一就一，話二就二，絕不拖拉含糊，此為武曲辦事快捷迅速，效果顯著的主要原因。

武曲的五行屬陽金，干元庚金是刀斧之物，與金屬及尖銳利器相通，行業與金融行業、紀律步隊、或泛指需要執行命令的工作都有關係。

武曲本身有強烈的物欲需求，常常被人喻為財星，斗數的三大財星包括武曲、太陰和天府。事實上，武曲的財性是因太陰而得來，基於先天武曲與太陰暗合，因而承襲了太陰某方面的正財特性。

不同的是，武曲以行動生財，進財行動果斷、積極而充滿動力，反之，太陰則是暗動地進行，或以計畫生財，其財性柔和順遂，意象如細水長流，而天府則代表財富的積儲，沒有主動賺錢的意圖。

筆者認為，若然要優化斗數理論，三大財星應該把天府換出，換入貪狼，以武曲代表正財，貪狼代表偏財，太陰代表利息收入才較為合理。

武曲的角色有如紫微的近身侍衛，為了方面理解，筆者將之比喻為《三國》時期劉備之侍衛長趙子龍，此星為人剛直不屈、忠誠、可靠，由於是行動形星曜，動感強烈，此星行事為之爽快，決不猶疑等候，星象吉者直接了當，進展神速。武曲為行動派，一向行動先於思考，沒有考慮清楚，欠缺周詳計畫是其主要缺點，若然星象不吉時，便會因為沒有經過慎重考慮，冒然行動而招致失敗。記得《三國》有一編「錦囊妙計」的故事，正好道出武曲的執行特性，話說劉備去東吳娶親，趙雲與之隨行，在出發前諸葛亮給予趙雲三個錦囊，指出遇有困難，就逐一打開，根據指示便可化險為夷。故事上，趙雲真的什麼都沒有打算，只是根據軍師的謀略行事，從而令到周瑜的奸計不能得逞，最後吳國「賠了夫人又折兵」！

特別要留意的是，武曲本身和太陰六合，六合又名「地支暗合」，關係可視之為金幣的正反兩面，或關係人性的意識與潛意識之分。武曲和太陰，一文一武，兩者都是財星，太陰是思想型，武曲是行動型，一者行動先於思考，另外一方想得多而做得少，假如武曲是明搶，太陰就是暗劫。

與此同時，太陰和武曲都不是主動決策型星曜，兩者都有各自星主跟隨，太陰依附太陽，太陽施予，太陰收納。而武曲正是紫微之事業宮，政策一旦落實，武曲便要立即行動，為紫微執行相關決策。

從上所見，武曲雖然性剛，但不主獨斷獨行，反而非常有紀律，非常聽話，在行動之前，必須獲得上司首肯，一旦批准，便義無反顧，勇往直前，不達目標誓不罷休，此剛性完全表現在服從和行動之上。根據紫微的排星法，武曲有兩位上司，一位是紫微，另一位是太陽，太陽是武曲之父母宮，有如趙雲侍劉備，又侍劉嬋，武曲皆聽命於兩者。

由於太陰能夠間接影響武曲，亦可視為武曲的第三位上司，此上司對武曲的性格影響較大，人稱武曲的性格急躁，為之「短慮」，其實都是拜太陰的「旺陷」所賜。

一般而言，太陰旺則武曲做事不忙不躁，慢條斯理，反之太陰落陷，凡事便急功近利，為人計較，重視私利，此為「短慮」之由來，因此看武曲星性，還須顧及太陰狀態。假如趙雲為武曲，太陰就是諸葛。

既然武曲有這麼多上級和老闆，就正好說明武曲是為人謀不為己謀的角色，因此極為適合從事受薪性的工作，皆因紫微和太陽皆是其領導者，尤其以太陽為父母宮最優，主上司或客戶均有知名度，為社會上具身份地位的人士。因太陽喜歡施予，喜歡照顧，武曲立命者先天便得利於良好上級及老闆的關照。

或者，武曲性喜從商，假如武曲從商，定必有大客戶或大老闆作為後台，在其背後暗中鼎力支持，這個情況有如工程公司給與承包建造，或名牌奢侈品給予分銷代理等等。幾可肯定，無論打工或自顧，武曲都是接受命令者，武曲為上頭服務的角色一律不變。

斗數理論認為，凡將星皆善於從商，古云：「武曲遷移，巨商高賈。」因為理軍如理財，加上物質型星曜有潛質以有限資源去達到利益最大化，而武曲的執行力同時代表資源之運用，古人因此而認為武曲有利從事金融業，主事以資生財。

從星曜的架構出發，武曲、紫微與廉貞為永恆三合，筆者稱之為「紫廉武」星系，屬於「五大星系」之首。如武曲立命，其事業宮便是紫微，因此武曲容易在事業上獲得一定程度的領導地位，是一個事業自主型的管理人才。加上廉貞是武曲之財帛宮，廉貞的財性比較隱蔽，有少圈子和政治內幕的特性，便容易得到關連人仕及既得利益者的暗中關照和支持，不用經過公開競爭，因此財源可觀而且穩定。

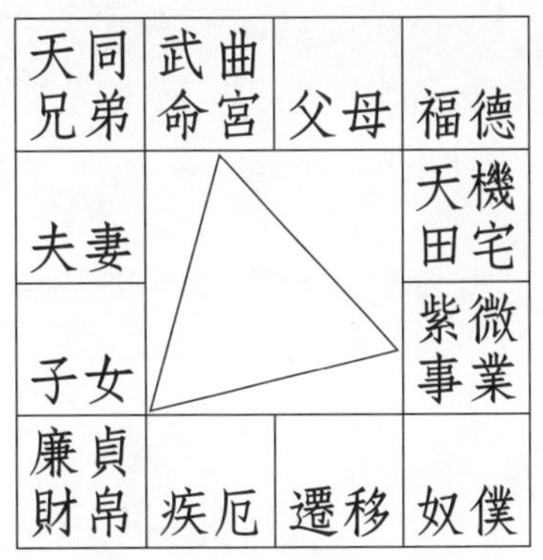

從一點到達另一點，最簡單快捷的方式，就是一條直線，直線不旦得出的路程最短，而且枝節最少，最少分差，所以武曲做事準確性極高，期望與落差甚少，此為武曲辦事，大可放心之原因。武曲的如實執行分毫不差，因此武曲以實務或實業見稱。尤其是武曲、天相的組合有生產制造、有流水作業式的生產象徵。此星組完全不須要個性，不須加上個人意見或想像力，更不須要有天馬行空的創意，只是根據圖紙，不斷重複，準確完成便可。

假如紫微主管計劃統籌Project，武曲則代表專門單一的工作Task。事實上，武曲並不善於長線規劃，此星屬於短期性質，工作都是一個一個的接續下去，現實例子有如項目工程、或合約、或以任務形式進行，以短線段落告終。假如把以上特色放在事業，代表事情的斷續，若果星性吉利者，武曲的工作便長做長有，忌者，工作不順利，甚或有短期和散工的意味。

基於武曲的吉性在於順利，沒有枝節，不用思考，便能夠一往直前，高速行駛。假如武曲的性質不吉，中途便會多生枝節、延誤，更差的甚至有中途停頓，出現此路不通的嚴重問題，從而導致整個行動的擱置和失敗。又譬如，在不利的武曲運限，便常有失業、失學、散工、失戀、斷斷續續及不能連貫的事情發生。

吉星方面，武曲既是財星，因有上級關照，最希望的就是要有機會，因此極喜遇上天魁、天鉞等貴人星，可是武曲自坐貴人倒不如父母宮為貴人理想，因為武曲的父母宮為太陽，更能有效發揮魁鉞的良好吉性。

左輔、右弼既為助力，對於身為將星的武曲而言，絕對只有百利而無一害，輔弼能加強武曲的辨事能力，亦主獲得力下屬支持，蓋古人常云：「武曲天府與輔弼，僕役如雲」。

武曲的性剛如遇上文昌、文曲，只有落入六親宮垣才有利感情和人際關係，並能有效減少刑剋。昌曲是溫柔的吉星，落在夫妻宮尤其有明顯幫助，令武曲變得溫和，通情達理能添加幾分情趣。可是武曲一旦會上柔星，便會顯得婆婆媽媽，三心兩意，不夠決斷和大刀闊斧，絕有可能影響其高速效率，見《三國》的呂布，正正就是這個例子。

坊間普遍認為，昌曲本是科文星曜，與將星的氣質不相投，武星配文實在沒有必要。但個人認為，昌曲對於武曲來說是個例外，在眾將星之中，只有武曲一星能夠化科，再者，儒將管兵的哲學是導致武曲能夠成為上軍的主要關鍵，將仕沒有學歷，就只能在中下層游走，決無坐上第一把交椅之可能。

補充一談，為什麼七殺比破軍高級，原因是七殺喜歡用腦，破軍喜歡用力，星曜的分級，終歸到底，無非都是由知識和學歷所致。

武曲配昌曲是武職文做之組合，或可視為技術性官員，古云：「武曲相遇昌曲逢，聰明巧藝定無窮。」代表在專業領域負責文書方面的工作，當然亦可作為技術性的管理層。

對於煞星而言，武曲為將不懼煞，很多時強星會煞只是代表權力，或者是巧用它方的助力而已，這方面有如紫微的「駕煞為權」。況且，武曲星組的技藝感濃厚，古云：「武曲貪狼加煞忌，技藝之人。」

此星分別和其他星曜產生六種不同配合，當中大多數都是與精湛的手工藝或其他實用技能有關，分別是子、午宮為武曲、天府；丑、未為武曲、貪狼；寅、申為武曲、天相；卯、酉為武曲、七殺；辰、戌為武曲獨坐；巳亥為武曲、破軍；尤其是與「殺破狼」的組合，都容易構成工藝、手藝、技藝、武藝、舞藝、演藝的代表星組。

武曲遇煞，如有吉化則反映有純熟的工藝及技能，應用工具靈活自如，例如擎羊、陀羅代表金屬鋼材或大型機械，或須持利器的工作，古云：「武曲七殺會擎羊，因財持刀。」如醫生專用的手術工具，工程師使用工具器材，或工匠使用的雕刻刀等，由此可見，古稱的「因財持刀」真正打劫的意味較少，職業代表性卻較多。

還有，如武曲遇上火星、鈴星，便有機會要涉及熱加工或冷加工處理，以及用火用電的工種皆有可能。嚴格來說，武曲喜會火星多於鈴星，武曲、火星之組合就是古代之「煉金術」師，現代則為鐵匠或工程師之職。除此之外，火星、武曲還有熟能生巧和愈煉愈強的意味。

煞多主勞苦，武曲亦不無例外，可是武曲見煞卻可以「化煞為技」，總好過用來欺負太陰、天機等弱勢婦孺。武曲如遇重煞而沒有吉化，則代表生活困苦，工作量大而利錢少，是艱苦勞碌命。如化忌則易有刀傷凶險，古云：「武曲火鈴同宮，因財被劫。」由於武曲具有直接而強大的破壞力，被害的性質必然是強搶及強暴，絕對沒有溫柔可言。

武曲不喜會上空曜，空曜如地空、地劫、天空、截空、旬空等，一來武曲為財星，空曜能破壞財氣，二來武曲是行動之星，遇空曜則主無所事事，或想法多多，漫無目標，從而大大減低武曲的目標感和執行力。況且，地劫、截空能把事情中斷，有違武曲直取精神。更過份的是，武曲不是創作之星，如處理太過科幻抽象、或精神性、或天馬行空之事皆不會有好成績。

武曲的優點在於實在，而缺點也是太講求實際，欠缺長遠打算，行動前沒有深思熟慮，因此常被人稱作為「短慮」。此外，武曲的思考力也欠奉，此星欠缺幻想空間，對於抽象事物不懂想像，沒有藝術氣質之餘，也缺乏浪漫情懷。星曜容易性急，喜怒皆有形於色，在執行事上不通融，顯得冷漠無情。此星的刑剋性重，大不利感情，因此在斗數稱為「孤辰」，在八字稱為「魁罡」。

八字上的魁罡格分為四種，以日元為戊戌、庚辰、庚戌、壬辰成格，古人認為男帶魁罡，容易成就大事，如女帶魁罡，主性格剛烈，恐女奪夫權。歸根究底，庚金有肅殺之意，加上自坐印星，為了執行上頭命令，便完全沒有人情可言。

武曲在斗數上名為「孤辰」，主性格硬朗、欠缺通融和諧，星曜的表達能力弱，凡落入六親宮位皆不利感情，古人視之為刑剋六親星曜之一。武曲為將，代表執行和運用，遇上挑釁則會立即反擊，直接使用暴力，正因為此，化忌者入夫妻便要小心有機會發生家庭暴力。而且化忌的武曲有中斷性，星曜的刑剋包括分居兩地或災病離異，入夫妻宮與婚姻無緣或有獨身不嫁的傾向，此為古人認為武曲宜男不宜女的主要原因。

但話雖如此，武曲乃行動星曜，如入夫妻宮，吉利的話主配偶直接主動，無需刻意追求，其感情態現實務實，不須要羅曼蒂克的愛情。若果再加上火星，更是熱情如火，但仍要有心理準備，配偶的脾氣亦重。以武曲性格而言，合則來不合則去，非常決斷，絕不拖泥帶水，分手也分得瀟灑過人。

順道透露，武曲和鈴星之組合是八字上的「火煉庚金」，此格局有「鐵不打不成器，玉不琢不成才」的意義，主經歷長期艱難辛苦，最終都可得到良好結果，在感情而言主相方雖然互有意見，但在吵吵鬧鬧之下，相方感情愈見真摯。

武曲對於女命來說，不利的影響相信較多，當中最不利因素無非都是感情方面，容易破壞姻緣。武曲因其個性剛強、重實際、沒細心溫柔，理智勝於感性，只看短期利益而缺乏長遠目標。此星可以成為事業女強人，但作為嬌小可人的溫柔女友，恐怕沒有可能。可以肯定，作為武曲女命的上司，比作為丈夫更可得到對方的體貼和服從，由此可以理解，武曲女性何以得到「寡宿」之名。

武曲為什麼稱為「孤辰、寡宿」，大不利男女感情，原因大概和它的夫妻宮和子女宮皆為空宮有關。武曲為人極為重視兄弟手足之情，從其先天的兄弟宮為天同便可得知，武曲者的確有很多同輩朋友，而且到了相當年紀，還會經常和老朋友聚舊聯誼。

武曲之父母宮有太陽，兄弟宮有天同，然其福德宮由於受廉貞影響，視兄弟如手足，夫妻如衣服，親情比愛情觀念重。由此可見，武曲不是無情物，星性有情有義，只不過是着力點並非放在男女感情關係之上，八字上的庚金主「義」，從斗數上也可以得到引証。

武曲入命者講求實際，實事求事，喜歡親力親為，不會假手於人。入六親宮位主有性格剛烈、硬朗而有能的親人。

武曲入福德宮主有強勁的決策能力，星曜的想法務實，往往都有可行辦法。入事業宮主掌管實際事務，為執行者，即企業CEO（執行官）等職務。

武曲入財帛宮有利進財，為正財格局，見吉者財性順遂而穩定。如武曲化忌入疾厄宮，主刀傷、撞擊等硬傷害，其中以關節、牙齒、骨骼等器官關係密切。

筆者經歷過武曲化忌入疾厄宮，當時曾發生過手關節、腳關節嚴重扭傷，同年還有開刀脫智慧牙等事。

基於武曲一星動感強烈，適合外出發展，極有利做開荒牛的工作，因此喜進入遷移宮。加上原局武曲坐命，其田宅宮便是天機，而天機多變，則反映其人的生活或工作環境經常改變。

筆者認識的一些武曲朋友，他們常有機會被委派到其它地區作為期數年的工作，小則分區調動，大規模則跨國調職，亦常有被調派去開展某些全新項目。

武曲四化及運限

在十干四化中，武曲樣樣皆有，此星的吉凶變化頗大。武曲己干化祿、庚干化權、甲干化科、壬干化忌。然而武曲對於化祿，化權和化科，三者無任歡迎，各有特色，各有好處。

武曲化祿，主直接而順利，不需經過詳盡策劃便能成功，俗語所謂「符符碌碌」，有非常幸運。如以財性來看，則主進財順利，少勞而多得，因為武曲踏實，財源趨於穩定線性。然而化祿對改善武曲的孤寡狀態，對改變善人際關係和六親感情都有正面作用。

相反，武曲化忌主過程不順利，常遇上挫折阻礙，多有中途枝節等事，嚴重者更主中斷或永久性停止。如論財性，則主周轉不靈，有資金鏈斷裂等問題。

武曲化忌以「鈴昌陀武」最為凶險，此凶格以武曲居辰、戌為正格，事關武曲喜動不喜靜，入於天羅地網則動彈不已，再加上鈴星、陀羅和文昌都是頑固不動之星曜，各方合力拉其後腿，假如武曲化忌或遇上廉貞化忌，主挫折或傷害，加上廉貞為內部腐爛，鈴星是暗中累積的破壞力，陀羅是極重之負擔，文昌主不懂變通，因此古書稱：「鈴昌陀武，限至投河。」

綜合而言，「鈴昌陀武」則可理解為冰封三尺，非一日之寒，錯誤一錯再錯，局面已經去到無法挽救的地步。

武曲化忌定必天梁化祿，然而天梁必然落在武曲的六親宮位，由此可見，武曲化忌，必須有家人的援助救濟，才能化險為夷。補充一點，武曲屬金，在疾厄化忌主意外或受刀鋒所傷。

武曲化權能加強星曜的執行能力，代表掌握實權。同時，庚干武曲化權，其父母宮太陽化祿，太陽只是象徵式管理，故對武曲做事全不過問，因此獲得上頭信任，由下屬武曲全權負責，獨擔大旗，功成則上下歡喜，因有太陽的化祿照料，從而得到提拔和嘉許。

除此之外，武曲身為財星，化權則強調了掌握及調配能力，武曲可運用財技，善於把資金左撥右撥，調來調去，此點最能乎合金融業之本質。

可是，假如武曲化科，其頂頭上司太陽必然化忌，可見武曲只利於聽命執行，化科受到威風表揚，邀了頭功，奪了太陽的光彩，反而令到上頭大感不滿。

武曲面相與星座

十字型面相方面，武曲星為「王字面」，古云：「武曲長圓面瘦」，「王字面」的人骨感較強，特色為三骨同露，即額骨、顴骨、腮骨皆比較凸出，就好像一個王字的形狀，有些例子更是額骨不露而眉骨露，此面相屬於木、火、土之局。由於面上多骨少肉，看似骨瘦嶙峋，作風強悍，十分捱得。《形性賦》曰：「武曲有至堅至毅之操，心性剛強。」此面相之人的適應力不強，朋友不多，個性執著，做事缺乏周詳計劃，只顧目前現狀，甚無遠見。另外，其工作能力也強，但卻不善領導，只能夠成為一位執行者。

西洋星座方面，武曲是白羊座，先天宮位為戌宮，廿四節氣為春分，守護星是火星。古希臘人視火星為戰神，和武曲同樣都有急、快、狠、準、勁的特性，兩星皆為行動型星曜，有極高的辨事效率，加上星曜有強烈鬥心，心口掛個勇字，過分進取甚具攻擊性。而白羊座天性坦誠熱情，凡事以直線方式行事，因此容易一見鍾情，但其缺點是性格急躁，沒耐性，加上為人太過直接，不懂修飾及婉拒。武曲和白羊座都是第一不能得罪的座曜，因為他們會即刻反擊，以行動回敬！

有些斗數書視武曲為上軍，七殺為中軍，破軍為下軍，若然如根據武曲之排星法，此星更近似皇上的侍衛隊，武曲被紫微視為親兵，則有如清朝時期的九門提督，現在的中南海保鏢是也。綜觀以上各點，武曲所追求的就是眼前的「實利」，沒有空想也沒有遠大目標，只求應付眼前所面對的短期問題。

杰赫星命 西洋占星有四大皇者星座，當中白羊座排第三，第一名分別是代表紫微的山羊座，和第二名為獅子座太陽。

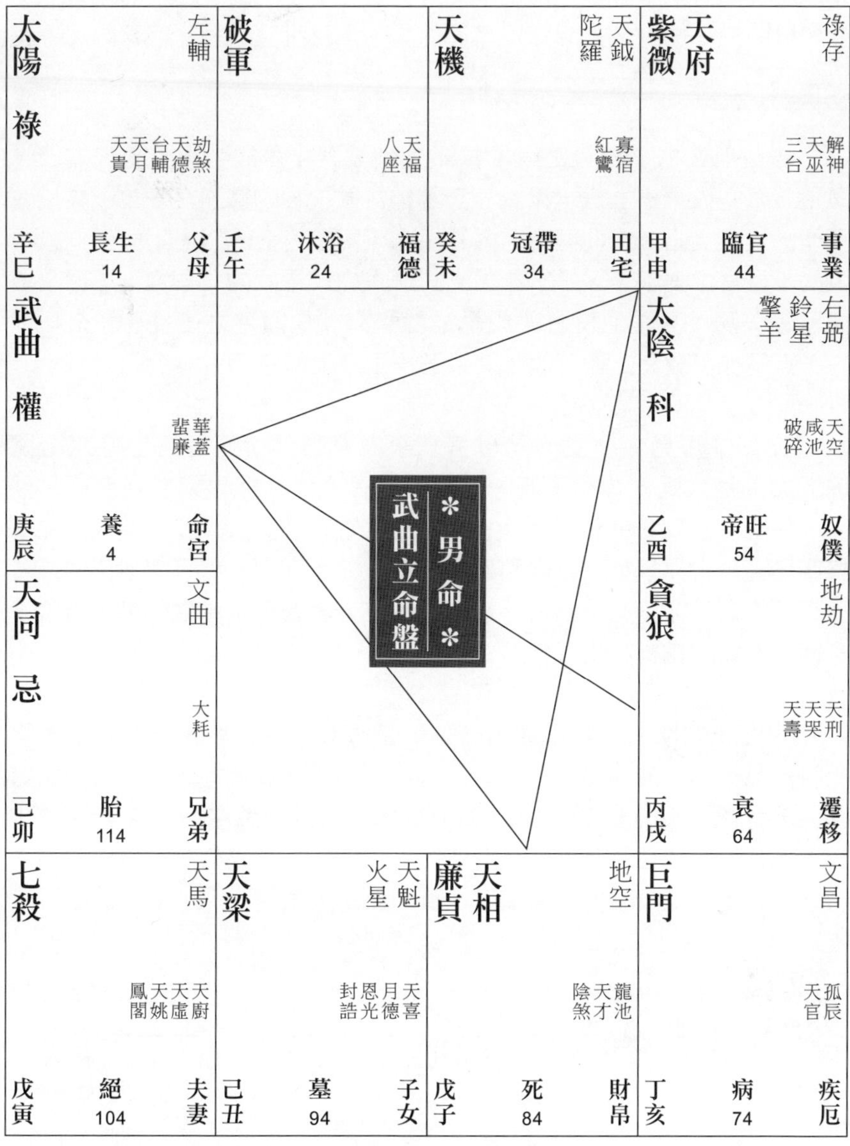

太陽 祿 左輔 劫煞 天德 台輔 天月 天貴 辛巳 長生 14 父母
破軍 天福 八座 壬午 沐浴 24 福德
天機 天鉞 陀羅 寡宿 紅鸞 癸未 冠帶 34 田宅
天府 紫微 祿存 解神 天巫 三台 甲申 臨官 44 事業
武曲 權 華蓋 蜚廉 庚辰 養 4 命宮
男命 武曲立命盤
太陰 科 右弼 鈴星 擎羊 天空 咸池 破碎 乙酉 帝旺 54 奴僕
天同 忌 文曲 大耗 己卯 胎 114 兄弟
貪狼 地劫 天刑 天哭 天壽 丙戌 衰 64 遷移
七殺 天馬 天廚 天虛 天姚 鳳閣 戊寅 絕 104 夫妻
天梁 天魁 火星 天喜 月德 恩光 封誥 己丑 墓 94 子女
天相 廉貞 地空 龍池 天才 陰煞 戊子 死 84 財帛
巨門 文昌 孤辰 天官 丁亥 病 74 疾厄

【武曲立命】：此造是辰宮武曲立命，這個盤的星曜平衡，吉星和煞星都沒有執重於某一宮位，而且宮宮皆有星，雙星同宮的機會又不多，盤路見平衡，人生的際遇亦都如是，這就是「紫府」特有的保守特色。

先說盤中的「機月同梁」星系受到天同化忌的影響，受到破壞，命主希望在大機構上班，過着天天等待月尾出糧的悠閒日子，應該沒有可能，加上文昌、文曲同時落入這星系，更喻意此人讀書不成。但盤中人的父母宮絕對不差，是有能力支持命主完成學業的。事實上，命主曾經留學美國，只是他沒有完成學業就歸來，他回港之後曾在大公司任職，但是他又認為工作苦悶，結果選擇了今天的路。

從盤中可見，命主的父母宮和事業宮俱佳，兩個宮位呈六合關係，尤其是太陽化祿和紫府、祿存的雙祿文流，在事業發展上極具優勢，特別有利以名生利。此外，天同的位置化忌，二來多見煞星，從三方四正分別會見擎羊、陀羅和鈴星，此人並不懶惰，更可謂辛苦到暈。更有利的是，命主的子女宮非常強勁，在丑宮的天梁見齊天魁、天鉞、左輔、右弼、化祿和化科。

現在正式開估，盤中人是一位健身教練，從武曲化權並六合太陰化科可見，命主的性格堅強謹直，星象更有手執力量的意味。而子女宮強大的好處，就是代表學員及弟子眾多，天同在盤中的兄弟宮見煞化忌，則代表來找他健身的都是身體孱弱之人，有共鳴的是，盤中貪狼同宮遇天刑，便是一組理工或技術性質的教育星組。

杰赫星命

點對點的最短距離為直線，但話須如此，各位有沒有留意飛機航線其實是曲線飛行的，事關地球是圓的。因此武曲化科便是一種為了因應實際需要，而帶有輕微孤度的直線。

第六章・天同星

天同星

天同	天同 太陰	天同 巨門	天同 天梁
天同			天同
天同			天同
天同 天梁	天同 巨門	天同 太陰	天同

天同性格特質

天同五行屬陽水，為福德宮主，其氣質祥和，性情溫純圓融，天真感性，化氣為福，人物為孩子，被喻為紫微斗數之福星。

天同的性格溫和率直，富有同情心，為人隨和，凡事退讓，好悠閑，愛享受，人緣好，無論到了什麼年紀都滿有稚氣，容顏不易老。天同乃精神性星曜，此星感性、好幻想、情緒化、喜歡藝術，對新鮮事物充滿好奇。天同的福氣在於物質不缺，還有精神享受，加上心境平靜，隨遇而安，無憂無慮便是「福」。

與紫微被喻為帝星一樣，天同這福星，和一般人的理解存在着很大差距，古籍所描述之福分，與我們所想像的不一樣。天同之特性和四柱八字的「食神」多有相似之處，在吉利的時候主享受，可以安然悠閒地享受人生，不必奔波勞碌仍有良好的生活質素。從反面來看，天同性格柔弱懶惰、多想而不做、依賴心重、膽少怕事、缺乏進取心、不願承擔責任，每事當得過且過，能力也強不到什麼地步，成就不了大事。

斗數當中，最適宜把天同理解為小孩，與武曲代表之趙子龍相比，天同的代表人物便是百萬軍中藏阿斗的「劉禪」。話說蜀漢亡後，劉禪移居魏國都城洛陽，某日司馬昭設宴款待劉禪，便問劉禪是否思念舊蜀，劉禪答道：「此間樂，不思蜀也」。

天同所謂之「福」，便是起居生活皆不用粗心，每事皆有人照顧，每天都可吃喝玩樂，生活無憂無慮。但是，試想一個吃得飽，從來不用擔心挨凍受餓，也不用擔心別人來打他，可以說過着衣來伸手飯來張口的日子，完全體會不到任何的威脅時，你覺得這樣的人會有進取心嗎？

此外，小孩的情緒容易受到影響，情緒很易波動，天同的想法簡單天真，有些任性，會率性而為。但更重要的是，天同感性，一些很小的事情往往就能觸動其情感良知，繼而悲天閔人大半天。天同的情感豐富，和太陰可謂不相伯仲，此星和太陰在一起，便是一個情緒強烈不穩之組合，此星組容易感情用事，容易激動，有些殺夫案例子，先殺夫，後與孩童一同跳樓自殺，其命主星相信不會是什麼武曲、七殺等強星，反而多數是天同、太陰的婦孺組合，因為過度抑鬱而導致情緒崩潰，繼而作出非理性行為。

天同為精神性星曜，最大特質是能安於處境且悠然自得，此星的表面貌似純真，但原來天同的六合星曜為貪狼。貪狼為物質性星曜，是一顆偏財星，星曜的物欲性極重，六合是性格的潛意識，是星曜的內在反映。然而世人皆有欲望，天同以天真率性直取，表現出沒有加工過的貪欲，目的只是為了滿足個人的天真夢想。

再者，初生小孩沒有資本，沒有知識，沒有經驗，什麼都沒有，是白紙一張，什麼都要由頭學起，從無到有，由此天同便有白手興家的重要意義。當運限行到天同，請有心理準備要從頭開始，或首先要變得一無所有。實際上，天同的一無所有只是心態，並不一定代表實際擁有物，更多的是天同立命，多出生在富裕家庭，物質不缺，才會有時間享樂和空想，才會有抽象創作的念頭。古書論及天同有敗家祖宗，有不守祖業的習性，縱然天同是富二代或富三代，其人亦不喜承繼父母的生意及祖業，總是選擇另外開闢個人新天地。

天同這福星，與它星對吉煞的要求與別不同，此星最忌三方四正吉星雲習，如左輔、右弼、天魁、天鉞、祿存、化祿、天福等尤忌，天同遇上眾多吉星反主享受太過，便會過分倚賴，變得沒有上進心，變為一個廢人。古云：「天同會吉壽元長」，當中長壽的主要原因，很大可能是享受夠好，為人夠「懶」。有這麼多福星，可能鞋帶都要別人綁，你認為好嗎？

天同感情豐富，年少天真無知，容易相信別人，特別容易被騙，尤其是遇上桃花星曜，便容易性質走歪。根據星曜組合，天同與太陰、巨門、天梁三星十分投緣，在不同盤局分別構成不同之星組，當中以子、午、卯、酉宮位天同、太陰的組合，桃花味最重，古云：「天同太陰同宮，女命雖美必淫。」「必淫」的意思是當事人好練精學懶，愛悅愉逸樂，不多不少還帶有色情成份，男命好尋花問柳，熱忱溫柔鄉。

天同本身是福星，若無喜忌，已主安樂和享受，若再加吉，便無憂無慮。如國家太平得太耐，軍隊自會腐化，如在家中飼養的貓狗，它們根本沒有回歸自然的生存能力，這個道理跟紫微權星化權，太陽亮星化科有異曲同功的道理。

試舉一個極端例子，天同化祿在命宮，再會上吉星雲集的命例便要小心，事關丙干的天同化祿，廉貞必然化忌，假如廉貞在福德宮化忌，簡單而言就是不開心，若然福德宮再見過多的傷心雜曜，如天哭、天虛，更會有自悲的想法。在此情況下，命宮的過多吉星反為不喜，原因是這些吉星的主要作用就是反映命主自身的先天不足，或可理解為行動不便或者是身體有殘障缺憾Physical Disability，才需要輔弼作為醫護人員或維生工具的協助，需要長期受人照顧，凡事都須要別人的幫助。

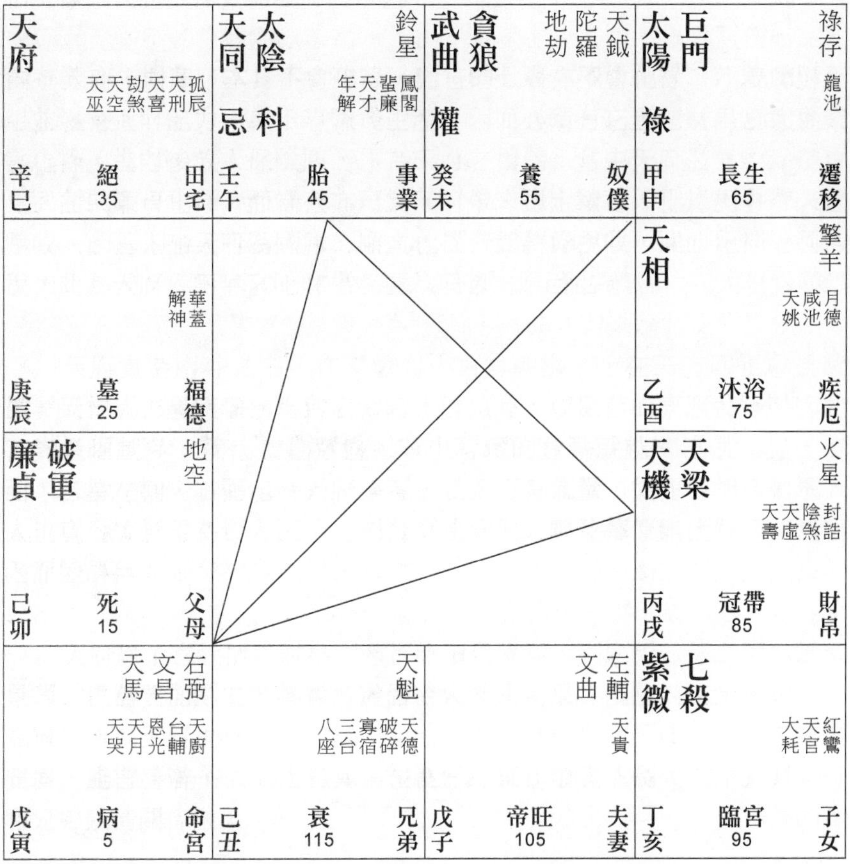

天府 孤辰 天刑 天喜 劫煞 天空 天巫 辛巳 絕 35 田宅	太陰科 天同忌 鈴星 鳳閣 蜚廉 天才 年解 壬午 胎 45 事業	貪狼 武曲權 天鉞 陀羅 地劫 癸未 養 55 奴僕	巨門 太陽祿 祿存 龍池 甲申 長生 65 遷移
華蓋 解神 庚辰 墓 25 福德			天相 擎羊 月德 咸池 天姚 乙酉 沐浴 75 疾厄
破軍 廉貞 地空 己卯 死 15 父母			天梁 天機 火星 封誥 陰煞 天虛 天壽 丙戌 冠帶 85 財帛
右弼 文昌 天馬 天廚 台輔 恩光 天月 天哭 戊寅 病 5 命宮	天魁 天德 破碎 寡宿 三台 八座 己丑 衰 115 兄弟	左輔 文曲 天貴 戊子 帝旺 105 夫妻	七殺 紫微 紅鸞 天官 大耗 丁亥 臨官 95 子女

上面的例子在《八字編》已有談過，命主因腦部問題，五歲而亡。讓我們從天同的位置出發，其三方四正見齊左輔、右弼、文昌、文曲，的而且確很多人對他十分關心。從星象可見，此人並不開心，一來天同化忌沒有福樂可言，加上火星、鈴星、天哭、天虛、陰煞三合太陰化科，這些都是情緒不穩，心情憂鬱的星曜。特別是天同位置見貴星極

多，例如恩光、天貴、台輔、封誥、天福、天壽，據說由於命主的疾病非常罕有，被醫學界列為須要特別關注的病例。由此引伸，命宮見齊祿存化祿和天廚，這些都可視為免費醫療的星象。

而天魁、天鉞、文昌、文曲亦可理解為親人對事主的特別關愛。再者，福德宮化忌，則有可能是身不由己，常常想像着自身不幸，是心態卑觀的表示。因此天同化祿入命，必須仔細參考其心理狀態，有些時候反而壞處多於好處。

當中尤其是辰、戌、丑、未宮的天同、巨門最多機會見齊四煞，皆因天羅地網之地是煞星的熱門聚腳地，古云：「墓庫應嫌陷巨門。」所指的就是天同、巨門之組合，擁有此組合便常有情困苦戀及悶悶不樂等事，嚴重者有情緒憂鬱等問題。

據說美國有一位星球大戰迷患了末期癌症，他臨死前的心願便是觀看《星球大戰七部曲》，但是其生命只剩下數個月，恐怕趕不上電影正式開畫，他的事情在網上廣泛流傳，結果星戰制作團隊破例特別為他舉辦私影，還邀請了眾多演藝界人士為其送上祝福。這就是現實版的吉星雲集加上天同化祿，從例子再作深入觀察，天同的願望確實天真，很多時並非是以金錢和物質來衡量。

如組合不是過份偏差，天同會吉也有些好處，如左輔、右弼與天同同宮或對拱，反主自己親力親為，亦可以加強天同的處事能力，有利自主創業或單獨的個人工作，假如輔弼夾命或三合反而不美，則變成常常要依賴他人。

比較之下，文昌、文曲與天同的性質較為相投，兩者皆為精神性星曜，性質柔和安靜，昌曲與天同配合，有利讀書考試，雖然沒有構成「陽梁同祿」的科名格局，但天同始終與太陽、太陰同屬「機月同梁」系，不多不少也有加強文學及藝術天份的作用。嚴格來說，天同感性，傾向抽象的藝術創作，因此與活潑的文曲相配，較與一板一眼的文昌更加理想。

天同如遇上天魁、天鉞亦主有良好際遇，但好運全因他人而來，完全不是自己能力所能掌握，況且魁鉞的貴人提攜，多數出於雙方感情的好壞，或天同聽教聽話，容易控制，好運來得易得又易失，並非由自身能力可以掌握。

以上的六吉星，天同只喜有一兩顆相配，絕不喜歡同時會照太多輔佐吉曜，事關有大多吉星幫助，倒容易使天同產生依賴，每每因為得到小成就便即耽於安樂，為人太易滿足，太過中庸，成就不了大事。

相反的是，天同喜見煞曜及化忌來激發，這個與八字陰陽平衡有相同的道理。太柔的天同，需要訓練，需要激發，有一兩點煞星，便有激發天同的作用，令天同不會安於逸樂，驅使天同坐而起行，才能有所成就。

煞星有如父母給小孩入伍軍訓，小肥仔從鍛鍊中變得勇敢堅強，成功減肥而變成小鋼炮，身體強壯，能力增強，建立自信，能夠獨立處事。適當的煞星能為天同提供衝擊力，在平凡的人生激起波濤，產生發奮圖強的上進心。

要留意的是，天同屬於「機月同梁」星系，此星系全是文人雅士，再講文星是怕煞的，身為小孩的天同也不無例外，天同如遇上輕微煞曜還可，遇上嚴重煞忌則大大不可，甚至有機會破壞天同的福氣，從而變為沒有希望的不幸者，古云：「天同擎羊同宮，身體遭傷。」從文句中可見，天同是很容易受傷的。

假如天同經歷的人生過份痛苦，天同便會喪失所有奮鬥心，變為不作抵制，任人魚肉，逆來順受的失敗者，而且天同遇上重煞，除了主精神困擾之外，亦會因過度受壓而生重病。天同的受煞能力十分有限，和破軍屢敗屢戰，和七殺的越戰越強實在不能相提並論。

最理想的情況下，就是在見諸吉或化祿，才宜見煞曜加以激發，主事經歷辛苦的奮發過程，最終得到豐富收獲，當中最具象徵性，就是天同、太陰在午的「馬頭帶箭」格局。煞星及化忌只要配合得宜，便能把挫折及困擾變為自我鍛鍊，天同的成就反而更高，這方面和八字上的「殺印相生」屬同一道理。

如果天同會上擎羊、陀羅，主經歷某段辛苦時期，或得到啟發，或得到激勵，從中自我鞭策，才有所成。天同不喜遇上火星、鈴星，火鈴比羊陀的傷害性更大，火鈴會刺激天同情緒，或主因有突發事件出現，把天同本來良好的生活破壞，突然進入困境，從而需要逆境自強，被形勢所迫，不得不硬着頭皮頂硬上。

補充一提，天同遇天刑，主自我戒律和鞭策，與此同時，亦都是教育的星組，可以想像，天同作為一班小孩，天刑為訓導教誨，基礎教育的意味便呼之欲出。

天同是精神性星曜，喜歡無所事事，有不務正業的特性，假如再遇上天空、地空、截空、旬空等空曜，便會理想多多而不切實際，經常獨自發白日夢，多煞加上空曜容易令人想法空虛和失落。

儘管天同生活無憂，精神上也會自覺空虛，加上天同感性，易有情緒憂鬱，每每有悲觀念頭。可惜的是，天同沒有宗教信仰，若然是女命或天同、太陰者尤甚，如星系組合不良，便會有精神問題或自殺傾向，他們不是生活上發生什麼嚴重問題，只不過是想得太多無謂事情，從而導致情緒失落而已。

從另一角度，天同的創意和想像力十足，見天空為異想天開之表示，假如是天同化權，便能將創意變成真實，說不定能夠帶領潮流，發明某些獨特產品。說實在，天同命者十分適合開些特色小店，攪攪特別小品。

天同乃福德宮主，在福德宮主精神享受，其人喜歡思考、有藝術天份、有品味，命主做事不忙不燥，喜歡享受人生，生活愜意，悠然自得。天同亦喜落入六親宮位，主感情良好、有溫和相投的兄弟姐妹。天同亦喜入遷移宮，如有吉化，主外地創業，白手興家。天同與偉大事業臭味不相投，入事業宮主工作性質悠閒，或任職社會福利等非謀利組織，不適合有強烈競爭之職務。

在其他宮位方面，每當在天同大運或流年的初段，必然會出現破敗而需要從新開始的情況，因此如入財帛宮皆會引起錢財起落，凡天同所處宮位多數由無到有，初段差而中後段好，因此落入田宅主不得祖業，需要以自身努力置業。天同屬水，如入疾厄宮，多與腎臟及排尿系統有關。另外，天同的外形是一個小點或類似波子形狀的物體，假如天同在疾厄宮化忌，便有生息肉或良性腫瘤之可能。

不難發現，凡浮盪和動星皆有利外出發展，尤其是本身沒有家底，沒有田產祖業，更適合在他方白手興家。因此天同在斗數有一大格局，名為「馬頭帶箭」，天同受到午宮擎羊之激發，在遷移地打出自己的名堂，建設自己的事業，古書喻此為「鎮御邊疆」。

根據排星法，天同的福德宮為太陽，受太陽影響，天同內心善良、光明開朗，不計較，且樂於助人，此方面絕對乎合天同的天真個性。此外，太陽落於福德宮，更是非一般的大想頭，天同可以由無到有，由不被好看而變成大勢所趨，便是由於天同的字典裡並沒有什麼是不可想像的。

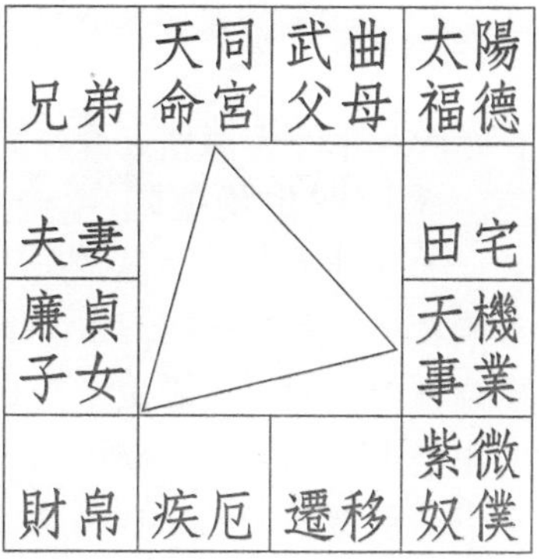

兄弟	天同 命宮	武曲 父母	太陽 福德
夫妻			田宅
廉貞 子女			天機 事業
財帛	疾厄	遷移	紫微 奴僕

天同之父母宮為武曲，命主便多有寡言、謹慎和不好開懷的上司或父母，他們對天同管教非常嚴呵，要求絕對服從。然而天同的奴僕宮就是紫微，代表

下屬皆比自己領導有才，因此，天同命做生意，絕對不適宜管人。此星先天的田宅為空宮，正好說明在本身沒有根基的情況下，下屬又比自己強，因此才要自力更生，經營個人事業。

況且，天同之事業宮為天機，泛指工作經常轉變，亦多以從事小生意為主。無論男命女命的天同，都非常喜歡小朋友，因此代表親情的廉貞星永遠守護在其子女宮中。

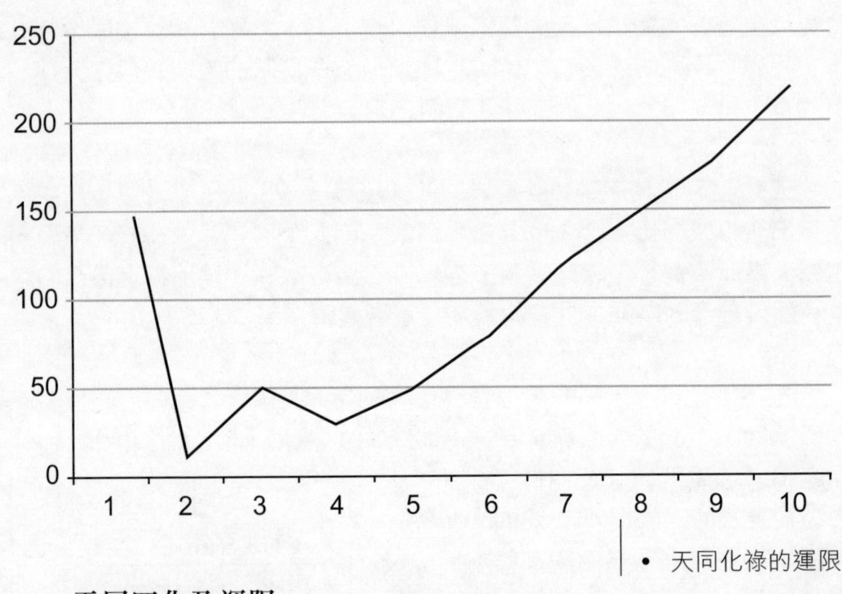

• 天同化祿的運限

天同四化及運限

在十干四化中，天同只有化祿、化權、化忌，沒有化科。天同化祿主順利，經歷由無到有，加上感情豐富，便可因感情而得利。如化祿入命宮反而代表易於滿足，太過中庸，成就因而不會太大。另外，天同六合化祿則較為理想，原因為貪狼為之六合星，貪狼化祿主貪心，較有利在世俗社會對名利追逐。天同化祿如落在遷移宮或田宅宮主白手興家，在外地發展反為大利。

化權會削弱了天同的福份，令天同多些進取，多些負責，多些做事。但過猶不及，天同為福，福份減少了，還要小孩當家，間接反映問題的嚴重性，正如紫微化權用在多事之秋，反映有重大事情令天同徹底改變，不得不堅強支持下去，見煞曜者情況更甚。

天同化忌主失去，可以想像孩子最怕就是失去心愛的東西或玩具，與此同時帶有感情或情緒方面的困擾，化忌沒有悠閒雅緻可言，或者是有福不得享。而庚干的太陽化祿，天同化忌，太陽是天同之福德宮，因太陽的消耗過度，想法太多或想頭過大，但非自身能力可以勝任，從而導致天同化忌，如何努力也完成不了，非常忙碌不特止，還會把原來良的好東西一一破壞。

簡單而言，天同化祿為「由無到有」，天同化權為「由虛變實」，天同化忌則「由有到無」。

在運限方面，天同大運如早段有破敗，先有大起落，到中段之後才會一帆風順，必先經過破敗然後東山再起，此仍天同為白手興家的特色。假如在天同大限先得到甜頭，甚至不勞而獲，在往後時間便有可能突然完全失去，此為先福後勞及先甜後苦的分別。

天同面相與星座

在十字型面相方面，天同為「圓字面」，《形性賦》曰：「天同肥滿，目秀清奇。天同化忌，肥滿目眇。」「圓字面」則取其字義，面形圓而體態豐滿，肉多骨少，眼神仁慈，此面相的五行屬水，如同西方分類法的享受形。擁有此面型的人性格圓滑，外表隨和，喜享受，做事不計較，但缺乏主見，同情心重，樂於助人，因此朋友眾多。

有利的是，「圓字面」的人適應力很強，思想靈活多變通，具有極

強的創富能力，善於面對群眾，交際手腕甚佳。不但如此，他們的理財能力亦特別高，特別精於以智力生財。特別要留意，此面相的人全憑喜好行事，假如對事情很感興趣，便會做得很好，且能夠長期保持，否則便幹得不好，還會隨時放棄。

在西洋星座方面，天同是雙魚座，先天宮位為亥宮，廿四節氣為雨水，守護星是海王星。雙魚座和天同坐命的人性格一樣，擁有小孩的天真善良，感情豐富，具同情心，容易相信他人，為人感性浪漫，喜愛夢想，熱愛全無約束的自由。

雙魚座享往悠閒生活，人也隨緣，對金錢和權力沒有多大的興趣，對他們來說，能夠舒舒服服地幻想就已心滿意足。

雙魚是一個容易受傷的星座，他們很懶散，沒有恆心，做事總是拖拖拉拉，它們的靈感豐富，常常過分幻想，顯得不設實際，此星座的人真的沒有要求，也沒有所謂，雙魚容易受騙，也喜歡自欺欺人。天王星主分離，每事清清楚楚；海王星主混合，事情混淆不清，這就是雙魚和天同的共通點。

杰赫星命

筆者有一次脫智慧齒的經驗，當時流日的命宮主星化祿，福德宮的天同化權，正對巨門化忌。在脫牙之前，明知是脫掉爛牙是對身體有益的，但是對於未體驗過的治療而心感緊張，甚至有些恐懼，不得不動用天同在福德宮化權，鼓起勇氣，當時並有「要死就死」的堅持。

事後回想，整個過程非常順利，沒有感到痛楚不適，而且很快就完成，離開診所才深深體會到天同化權在福德宮的意義。

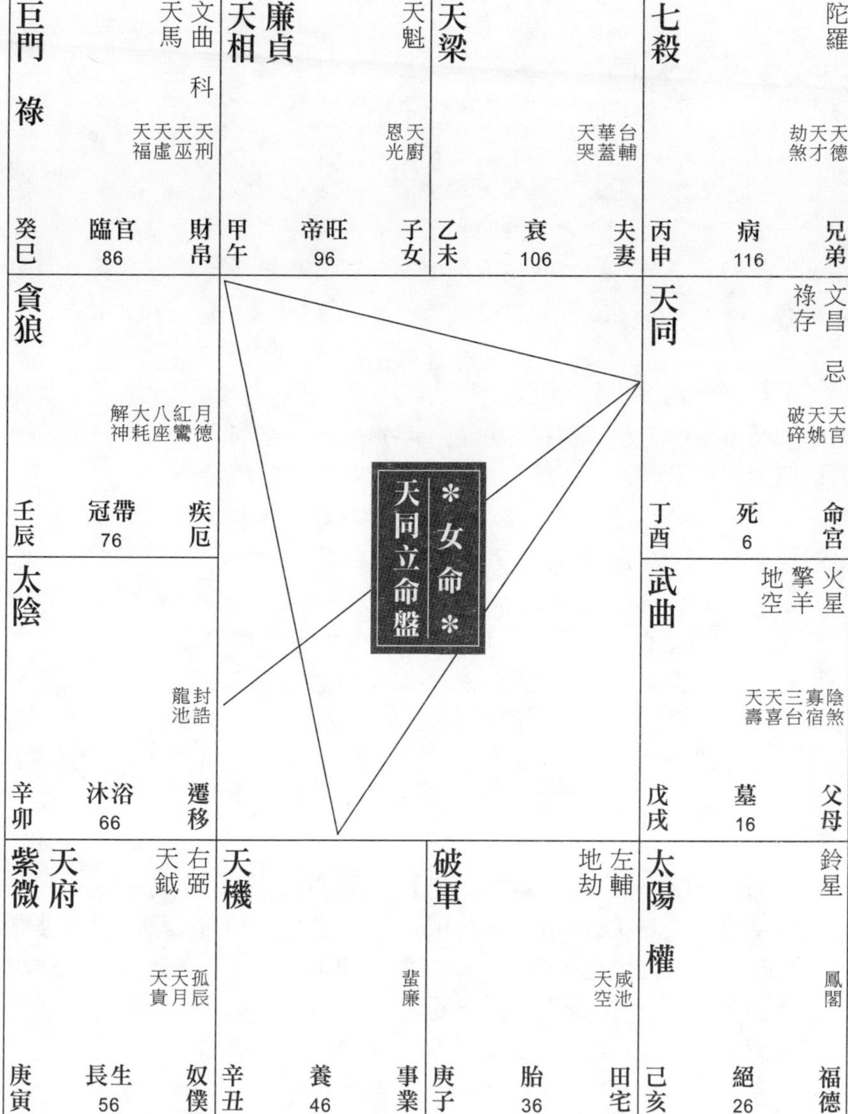

巨門 祿 文曲 科 天馬 天刑 天巫 天虛 天福
癸巳 臨官 86 財帛
廉貞 天相 天魁 天廚 恩光
甲午 帝旺 96 子女
天梁 台輔 華蓋 天哭
乙未 衰 106 夫妻
七殺 陀羅 天德 天才 劫煞
丙申 病 116 兄弟
貪狼 月德 紅鸞 八座 大耗 解神
壬辰 冠帶 76 疾厄
女命 天同立命盤
天同 文昌 忌 祿存 天官 天姚 破碎
丁酉 死 6 命宮
太陰 封誥 龍池
辛卯 沐浴 66 遷移
武曲 火星 擎羊 地空 陰煞 寡宿 三台 天喜 天壽
戊戌 墓 16 父母
紫微 天府 右弼 天鉞 孤辰 天月 天貴
庚寅 長生 56 奴僕
天機 蜚廉
辛丑 養 46 事業
破軍 左輔 地劫 咸池 天空
庚子 胎 36 田宅
太陽 權 鈴星 鳳閣
己亥 絕 26 福德

【天同立命】：此造是酉宮天同獨坐的命盤，盤中的天同全不見煞，加上同宮坐入祿存並三合巨門化祿，巨門化祿即是所謂的「財蔭夾印」。可以想像假如沒有讀畢本文，非杰赫Fans單憑表象，便會以為是一個十分理想的格局。事實上，盤中人是一位家庭主婦，此人早婚，婚後便再沒有工作，專心一意安在家中照顧子女而已。

天同、太陰之組合，母子意義極濃，命主與母親及子女關係極之良好，但是，擁有此組合的人情緒易不穩，很容易因小事而大發脾氣。此外，天同的人充滿愛心，盤中天同位置在三方四正多見愛心星曜，例如同宮的天姚，三合文昌、文曲和天福，可以想像此人實在愛心爆棚。

從任何的角度出發，此盤不能構成「機月同梁」的吏人格局，而且本命文昌化忌，沒有讀書科名可言。事實上，命主的學歷頗低，未婚前的任何工作都只是初級文員，但是我們卻不能就此而看低別人。凡文昌化忌的干化，必然是文曲化科，假如從她的身宮（福德宮）出發，便是一個典型的「陽梁曲祿」大利異路功名的格局。

命主充滿愛心，最適合就是從事照料的工作，現在正式透露，盤中人現在從事寵物生意。其實此人之子女宮是頗強的，見齊天魁、天鉞、左輔、右弼、恩光、天貴，再加上廉貞、天相有血緣品種的不斷複製意象。作為配種的寵物，交配這麼舒服，代表主人的天同，見齊福祿而不見煞星是合理的。

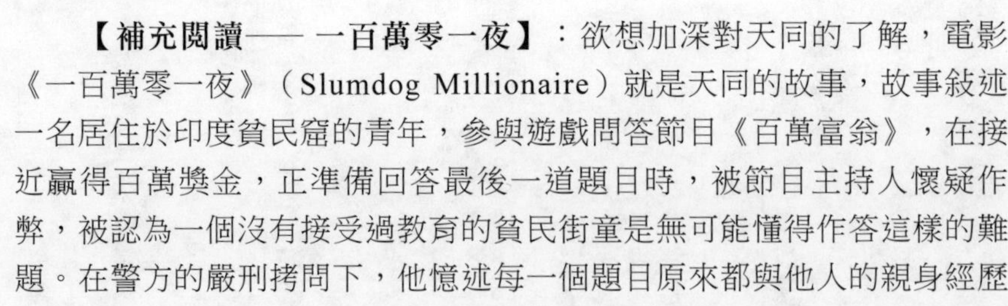

【補充閱讀── 一百萬零一夜】：欲想加深對天同的了解，電影《一百萬零一夜》（Slumdog Millionaire）就是天同的故事，故事敍述一名居住於印度貧民窟的青年，參與遊戲問答節目《百萬富翁》，在接近贏得百萬獎金，正準備回答最後一道題目時，被節目主持人懷疑作弊，被認為一個沒有接受過教育的貧民街童是無可能懂得作答這樣的難題。在警方的嚴刑拷問下，他憶述每一個題目原來都與他人的親身經歷有關。

主角青年的母親在印度教與穆斯林的騷亂期間死去，兄弟二人便開始到處流浪，認識到貧民窟的女孩拉蒂卡。其間穿州過省，為了謀生，曾經行乞、當過小偷、茶水工人、洗碗工、冒充導遊，後來女孩被黑幫捉走，主角設法營救，其間發生過許多大大小小的驚險事情，幾經千辛萬苦，在錯中複雜，敵強我弱的情況下，兩個少年如何戰勝黑幫。

這個故事的男主角就好像遇上煞星的天同化祿，假如天同遇煞太重，便有可能成為電影中被黑幫弄盲，利用來行乞的小孩，終身成為乞丐，任人魚肉而沒有反抗能力。故事最終，青年把女朋友救出，並最終答中最後問題，黑幫首領被捉，贏得終極獎金，大團圓結局。

縱使天同外表好像給人很脆弱的感覺，然而我們卻不能忽視天同的創造力，天同有小孩豐富的想像力，更重要的是初生之犢不畏虎，很多成就都是在適當的壓力下被引發出來，相信天同絕對明白人生所追求的「逸樂」並不是無條件的。

第七章・廉貞星

廉貞星

廉貞貪狼	廉貞天相	廉貞七殺	廉貞
廉貞天府			廉貞破軍
廉貞破軍			廉貞天府
廉貞	廉貞七殺	廉貞天相	廉貞貪狼

廉貞性格特質

廉貞五行屬陰火，化氣為囚，是一顆感性星曜，此星的性格主觀、堅毅、有恆久耐性，由於星曜先天落在紫微之事業宮，因掌管權祿，也視為官祿主，並是斗數中的次桃花星。

紫微斗數有兩顆桃花星，分別是貪狼和廉貞，以斗數的傳統分類，貪狼為正桃花，次桃花則為廉貞。如果以性質劃分，廉貞屬於正桃花，貪狼屬於偏桃花。貪狼的星性外向、風流，好交際結識新朋友，偏向男女間的情慾互動，廉貞的感情比較內斂、自省，着重家庭和親友關係，此星是顆親情之星，切勿對它有半點非份之想。說實在，廉貞的性格堅持硬頸，脾氣不好，不易與人相處，此星應該改名為「沒有桃花的星曜」，或者叫「親情星」卻較為合理。

貪狼的桃花主要在物質欲望方面，此星追求詩酒風流，鍾愛活色生香、多姿多彩的生活，廉貞的桃花則着重於精神上，近似柏拉圖式的愛情，其人追求高雅、端莊、守禮，並受到約束的情感關係。

廉貞的正桃花在感情上的表現是含蓄和婉轉的，其人總是把心事收藏，喜歡模模糊糊，或含沙射影，指東打西，往往不會明刀明槍把事情明確表達，凡事只說三分，其他的就留給別人自己猜度。廉貞為陰性，「囚」者為暗晦，因而充滿神秘感，此星喜歡曖昧，喜歡被估，恐怕被人掌透，因而星性難猜，怪不得古人喻之為「廉貞星性性難明」。

很多人都會誤解，以為桃花指的只是愛情，這是狹義，是歧見，只是偏面的理解。桃花在命理上的真正理解是泛指所有個人愛好及情懷，這方面可以包括人，可以包括物，亦可以是嗜好和理念，而斗數能夠看到的「情」涉及面極廣，譬如說天同、太陰為母子之情；天同、天梁為父子之情，或師徒關係；太陽、太陰為男女之情；廉貞、貪狼為藝術物情，假如再度引伸，甚至對待寵物及歪情也可以牽涉其中。其實，廉貞之情已經包含以上所述，唯不獨於男女間的感情事。

對於了解廉貞，我們應該集中於「貞」字，而廉貞為「囚」星，亦和「貞」字貫通，貞即是貞節、忠貞，是守護某些信念，守護某些情操，堅持並貫徹始終為之一輩子，此為廉貞極度長情，性格極度固執之主因，他們所守護的是一生一世，才配稱得上「貞」。

廉貞為化氣為囚，應與「貞」字一同理解，「囚」即是被困、有動彈不得、失去活動力的意思。廉貞的囚性，會抑壓內心感情，不易表露內心思想及真面目，此星喜怒不形於色，令人難以掌握。

說個故事，假如電影《鐵達尼號》的女主角Rose因深深愛著為她而犧牲的男主角Jack，從而決定終身不再愛別人，這就是因「貞」而「囚」的例子。可是，當某一天Rose遇上其他心儀男子，被他打動，從而決定放下當日之承諾，將多年抑壓的加鎖打開，給自己多一次再被愛的機會時，此情感便有如山洪暴發，不單只不受約束，嚴重的甚至會失去控制和理智，直至愛得死去活來。

一般而言，廉貞的星性固守不變，古云：「廉貞七殺，反為積富之人」就是取其封閉和穩定性，在財帛宮有利積富。相反一面，就是惡魔力量的釋放，有云：「廉貞七殺，流蕩天涯。」所指不受約束的廉貞加上獨斷獨行的七殺，便是浪跡天涯，自己想點就點的星組。

廉貞的陰火，就有如八字上之「丁火」日元，丁為柴火或燈火，本身火性柔和，不猛不烈，給人照明溫暖，但星星之火可以燎原。不能看小丁火，小小的陰火仍然能夠產生巨大的破壞性。正常狀態下的廉貞是自我約束，一旦遇上刺激，其耐燃力卻不可小覷，不正常的廉貞代表事態失控，有一發不可收拾之勢。再加上丁火之主要用途為「煉金」，火勢生生不息，不忙不燥地堅持，如像溫水煮蛙，水溫慢慢地加熱，青蛙不知不覺地便被煮熟了，像這樣柔和而帶暗勁的堅持，丁火不會覺得辛苦，也是廉貞的主要能耐。

在法治社會用來約束大家的行為，一就是文化，二就是法律，古代稱之為「禮法」，在各行各業也有行規操守，因此廉貞一星與法律、準則多有連帶關係。

根據安星法，紫微之事業宮是廉貞，歷代帝皇皆以法為治國根本，誰人最懂得利用法律？當然就是政治人物，因此廉貞一星同時代表法律和政治，體制中的制度和規矩，在人命方面主管的就是個人原則。

嚴格來說，天梁是「國法」，是大道理，是真真正正公開、公平、公正的法理條文；廉貞則是「家規」，是法理以外的潛規則，並沒有白紙黑字的背書，帶有豐富的人治色彩。此外，廉貞是「血星」，主血緣，和家族、親人的血脈關係，因此廉貞極具小圈子和局內人色彩，廉貞的情就是法理外的情，或可解作私情。很多時候，清官難審家庭事，很多的私事，或人與人之間的是是非非，確實很難從理性和客觀作出判斷。

廉貞的另一大重點，就是與血有關，假如廉貞在疾厄宮化忌，嚴重時主有血光之災。若然不是化忌，見「紅」亦代表見「喜」，如在女命身上見到紅鸞、天喜等喜慶星，並與昌曲在田宅宮化祿、化科，便有可能是女性生育之時。

此外，廉貞代表血，「血」離不開「肉」，此為廉貞帶有血肉性質，此星若然如與擎羊、天廚同在事業宮，便有屠宰的職業意味，假如與天姚同度，主個人有很強的職業技術性，例如工程師、外科手術醫生或牙醫亦可。

一個良好的廉貞，優點確實很多，在星盤上除了掌管個人的耐力和紀律之外，還代表高尚人格和道德情操。在工作上的約束代表管理，能服從並跟從守則指引辦事，他們做事有原則分寸，由此可見，不難得到上司委以重任，此為廉貞為官祿主的原因。

廉貞的不顯情懷也會令人充滿幽默感，星曜能夠從他人的角度着想，行事保守圓滑，而且話只說三分，必留有餘地，絕不咄咄逼人，少會讓人覺得難堪。

補充一談，坊間有人認為廉貞喜歡行俠仗義，富正義感，喜歡幫助別人，事實上廉貞是顆自私自利的星曜，《形性賦》曰：「文曲暗合廉貞，為貪婪曹吏。」此星的幫助只屬小圈子性質，保護的只是身邊的親人，或者是利益相關人士，廉貞擁有的是母性，是親內排外的。

在吉星方面，廉貞本身為桃花星，星曜感性，如再見文昌、文曲只會加強廉貞的桃花性質，假如情深的廉貞一旦遇上其他桃花，如天姚、咸池、沐浴、紅鸞、天喜等雜曜，便會令廉貞變得輕浮，因而出現更多的感情問題。基於廉貞又有長期固執之意，因而星曜遇上的感情問題也特別難攪，特別痴纏，此人一旦遇上感情困擾，廉貞的執着更是經年累月的，絕對稱得上是個痴情漢子。

還有，廉貞常有機會遇上貪狼，當廉貞與貪狼同在一起的時候，便是一組對情慾、物欲皆有強烈渴求的組合，更有加深廉貞的暗戀和苦戀意味。和眾多星曜一樣，如有良好配搭，桃花性質便能夠轉化成為藝術才華，此星喜歡浪漫優雅，是個有藝術家氣質，懂得享受和富有生活品味之人。廉貞好文教禮樂，本身具藝術細胞，加上廉貞、貪狼之星組，藝術色彩十分濃厚，若然不見煞忌，見祿反為「清白格」，不可以淫穢論之，畢竟色情與藝術只是一線之差。

廉貞這星十分原始性，性格固執強頑，假如沒有昌曲的幫助，便會缺乏文化修養，若果再見煞忌，甚至顯得粗魯愚昧，橫蠻無理。在五大星系當中，廉貞屬於「紫廉武」的管理層星系，會上昌曲也不主科名，但廉貞須要增進知識，才能擇善固執，合理地堅持。

沒有智慧的廉貞，就有如地方的偏激反對派，理念狹窄和偏頗，只為圈子利益圖謀，只為意識形態反對，加上為反而反，全無公信道理可言，筆者喻之為「廉貞式的固執」，根本沒有可能與之合作。假如遇上火星、鈴星、擎羊、陀羅等煞星刺激，廉貞的脾氣更壞，情緒更易激動，非常火爆暴躁，更是一發不可收拾。

如廉貞在六親宮位遇上火星，便容易和家人產生衝突，因廉貞式的固執，難有冷靜相談之餘地，此星容易與人勢成水火，反目成仇。

杰赫星命 風水學上有一種山形名為「廉貞山」，其形態四四正正，山形猙獰，山石嶙峋，植物稀疏，給人荒涼、破敗之感。這種山是石山之一，因為山形險峻，正好比喻為沒有文昌、文曲，沒有水木滋養的「廉貞山」，山頭草木稀疏，不能結穴之餘，更不適宜生命的生長，主凶。

• 位於香港九龍的獅子山是屬於「廉貞山」，以前的山下地帶是貧民區，村民過着長期艱苦的生活卻不言氣餒，他們逆景自強，同舟共濟的奮鬥精神，從而成就眾多獅子山下的感人故事。

廉貞和血、囚、感情、凶、暗藏有關，尤其不喜遇煞，如遇上擎羊等刀刃之星，恐受金屬利器所傷，遇火星則有一觸即發，把一直約束在心底或隱瞞多年之事情，如數並加倍釋放出來。廉貞化忌遇煞，便會流於作奸犯科，古云：「廉羊左右，鼠竊狗偷。」即是一個不良的廉貞，與一班同黨，利用刀械去做一些犯法行為，而且行動和手段非常野蠻殘忍，坊間喻「廉羊左右」為葉繼歡等人物。

廉貞身為囚星，並是三大刑星之首，的確容易與官非扯上關係，《太微賦》云：「刑煞廉會官祿，枷杻同流。」廉貞如遇上天刑及四煞，恐官非不絕，尤其是「刑囚會鈴」的格局，刑獄之災的意味甚重。

廉貞的脾氣沿自丁火，陰火人每多有情緒化問題，火象元素本身並沒有好壞之分，視乎以什麼方式來助燃。假如廉貞遇上暗煞，如鈴星、陀羅、陰煞等，主有陰謀私隱之事，此人喜歡把自己收埋，作繭自綁。古云：「廉貞七殺同，路上埋屍。」便是取其陰暗和無助性質，此星組有如臥底細作，因為身份和工作隱蔽，如遇上惡煞化忌，真的死了都無人知。在感情方面，不利的話便會有深深受困之苦，因為感情被不斷累積、拖延，自己又不能決絕，從而有深陷苦戀卻不能自拔的情況。

廉貞對於吉星並沒有特別要求，無論吉星或雜曜均會加強廉貞的感性，作為助力的左輔、右弼，亦對解決廉貞的感情問題沒有多大幫助，更因為廉貞的情不單獨是男女之間，連兄弟、朋友、子女或寵物之情也涉及其中，輔弼之加入，即代表關係人士眾多，當中關係尤其錯中複雜。假如從正面的角度出發，輔弼可以增強廉貞的管理能力，對於人際關係的管理尤其特出。

象徵機遇的吉星魁鉞，本身已帶有桃花，此星如與廉貞相遇，絕對會加強廉貞的桃花性，廉貞之情主要屬於私人關係，如個人圈子、家族社群、同門好友等等。魁鉞的作用，就是在社交圈中發展出大家共同的利益關係，主事業建基於感情的友好之上，生意多於飯局或聯誼地方達成，並不用經過公開競爭而獲得。此外，廉貞的性質自我封閉，魁鉞有助打開心扉，減少與外人隔膜，因而個人的關係網絡可以擴展得更闊更廣。

一個優良的廉貞能夠自我約束，做事不會過分，知道什麼是界線，會遵守文明法規。假如是一個惡劣的廉貞，便代表放縱，不理文明規範，缺乏公民意識，只重視私利，作事無法無天。然而，有怎樣的規格才能釐定廉貞是否文明，是否自律自省？

答覆就是文昌、文曲，《形性賦》曰：「文曲旺宮，聞一知十。」假若廉貞能得助昌曲之才，便是一個通情達理，有文化教養，才情橫溢之人。此外，昌曲配上廉貞主實用技能，是異路功名之星組。

古人一向視廉貞為不吉，認為廉貞帶有邪氣，一個化忌的廉貞，便有如《蜀山奇俠傳》的血魔，一旦破了封印，便會十分瘋狂和殘酷。同樣的是，中華文化喜歡分善惡正邪，斗數也有同樣思量，廉貞作為邪派代表，其六合星曜便是代表正派的天梁，天梁正直清高，被喻為「壽星」，此星給人的印象，卻有點像《魔戒小說》的人物甘道夫。

在心理學上，每個人的潛意識總是存有點魔性，或者是任性，假如個人沒有自律地把這股邪氣約束，便容易入魔，為什麼廉貞能夠「化氣為囚」？正正就是此方面的反映，稍後看埋天梁的部分，便會明白，其實正邪之道只是一線之差。

至於廉貞具不具魔性，最主要看是有沒有被惡煞所纏，廉貞這星絕對不喜見煞，一點煞星對它也沒有好處。由於廉貞既可成「佛」，亦可成「魔」，因此吉凶的變化可謂相當極端，在感情而言，便有「愛之欲其生，惡之欲其死」的極端心態，因此廉貞的桃花性絕非一定是痛愛，痛恨也並無不可。

在事業而言，廉貞好弄權術，好耍陰謀手段，此星時而嚴肅，時而幽默，不易令人掌握，常令人摸不着頭腦。此星建基於感情，可以盡「幫」，假如一旦交惡，卻會盡「害」。此星亦正亦邪，「神」又係佢，「鬼」又係佢，不可不察不防。安星法上，廉貞乃紫微之事業宮，因而惡攪權鬥、攪政治鬥爭卻特別出色。

廉貞無論落入什麼宮位皆易有感情困擾，尤其在六親宮位，而且涉及陰私層面，多是不希望別人知道的事情。無論廉貞坐命或坐入田宅宮，均代表非常重視家庭，在田宅宮主生活環境安定，或內部家居佈置精巧。在事業宮之廉貞代表管理，或泛指須要遵守程序的工作，又或者和法律及政治相關的職務。

廉貞在福德宮為人主觀，而且多私隱，能守秘密，其觸角敏銳，細心多疑，為人感性，喜歡以感覺行事。廉貞入財帛宮會因內幕圈子而得財，而且財帛穩定，不用費力勞心，然其財富主管是因關係和感情而得來。廉貞一星亦與敏感有關，在疾厄宮則是血、婦科、炎症、過敏症、遺傳病或長期累積的病患。

廉貞主約束，星性固執守舊，適應力弱，此星絕對不適宜在遠方謀生，廉貞一般越近親人，越近圈子及內幕便越加有利。當然，假如打算投靠遠方貴親，則另作別論。

根據安星法，廉貞永遠三合武曲和紫微，受紫微、武曲帶動，因此廉貞性格異常剛烈，此星為人務實，不事空想，每每能坐言起行。又因武曲是廉貞的事業宮，因此廉貞有如中層管理，根據上頭命令及已定程序如實執行。加上廉貞的財帛宮為紫微，因此為人非常實際，非常重視財富管理，紫微入於財帛宮是擁有財權之表示。

筆者稍後便會介紹，廉貞是十二星座中的金牛座，金牛是感情之星，其理財能力是十二星座中最首屈一指。由於這個星座的人非常執着於財富，只要是與錢財有關，都會努力去鑽研。

有趣的是，為什麼廉貞對親情這樣着緊？這個可能和它的先天六親宮位的安排有關，在排星訣「天同隔二廉貞位，空三復見紫微池」，可以發現其父母宮、兄弟宮、夫妻宮和子女宮都是空宮，原來廉貞先天是沒有親人的！若然廉貞入命，其田宅宮為天同，天同主精神食量，便可知道其人生之樂都寄託在家庭或所屬的圈子裡。廉貞之疾厄宮為天機，怪不得有這麼多古怪毛病都與廉貞相關。

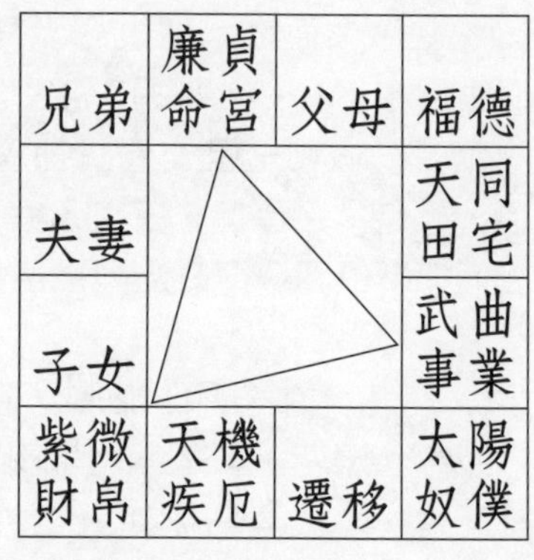

廉貞四化及運限

在十干四化，廉貞有化祿和化忌，沒有化權和化科，由此可見，廉貞的狀態只有分好與壞，此星愛之欲其生，惡之欲其死，星性可「福」可「禍」，甚是一顆亦正亦邪的星。

甲干的廉貞化祿代表開心，大利感情，同時亦代表由感情而帶來得益，例如經營家族生意，利益主要和圈內人有關。廉貞的財氣不大，但財源穩定，而且舒服，不用勞心費力便可獲得。受廉貞的囚性影響，加上星性偏暗，主事不喜張揚，再者廉貞有政治性，亦有可能與不義之財有關，如政治獻金、黑錢或賄款。以廉貞的含蓄，多以聲東擊西的方法，以別的名義進財而達到避稅及隱藏真正財源的效果。加上甲年廉貞化祿，太陽則化忌，有可能是非君子或不公義行為，假如被人發現，便恐生非議壞名。

丙干廉貞化忌，以廉貞的多樣性，則需要參考所在之宮位性質，才可作出定論。一般情況，有以下多個可能，在命宮及疾厄宮主血光之災、或意外災禍、或濃血等病症。在感情方面則是暗戀、苦戀，從而導致精神抑鬱。廉貞為精神性星曜，化忌則不開心，如心情憂鬱，悶悶不樂等。假如再加上刑忌等星，或有觸犯官非及入獄被囚之事。此外，假如沒有自由或有太多自由，都與廉貞化忌有關，事關廉貞化忌，天同同時化祿，心態便易於滿足。宏觀地說，廉貞化忌有內部腐爛之意。

在運限方面，廉貞帶有隱性而長期的意味，沒有大波幅，穩定平靜呈線性地進行，有如丁火的陰柔，長期不剛不烈地燃燒。

廉貞面相與星座

在十字型面相方面，廉貞屬於「由字面」，《形性賦》曰：「廉貞眉闊，口寬面橫。」廉貞的相型為額頭窄小，眉骨露，眼神露，鼻孔露，顴高有稜角，下巴肥大肉厚，腮骨橫向，整個面形恍如一個三角形般，此為五行屬火之相格，亦多見下巴肥厚者，故也為火土之局，此相形在拳壇上多見。古云：「廉貞眉寬面橫，為人性暴，好忿好爭。」說實在，廉貞的外表完全稱不上貌美，此星具有原始人的骨相特徵，這種面相反映命主特別頑愚倔強，死牛一面頸，不聽人意見，故在十字面相中屬脾氣較大的一類。但「由字面」的優點是做事實際，事事親力親為，不會卸膊，此人的家庭觀念極重，對家人、子女呵護備至，就算自己不吃，也會顧及妻兒子女。故此，此人沒有高深思想或偉論，但卻極為重視物質和現實生活。

由於「由字面」的上庭較差，代表早年運氣欠佳，間接反映有刑剋父母的成份，而斗數中的廉貞、天府和廉貞、天相之組合，不約而同都有早年坎坷的遲發性，甚不利父母、或早孤、或早年離家，總之就難以寄望能夠得到父母的福蔭。

在西洋星座方面，廉貞是金牛座，先天宮位為酉宮，廿四節氣為穀雨，守護星是金星。金星在占星方面代表愛情，化身為愛神邱比特，金星和廉貞同樣都是桃花星，他們有品味及內涵，為人浪漫，着重心靈修養。金牛座男性成熟穩重，可靠踏實，忠誠勤奮。

Taurus

但此星座的缺點就是固執，金牛座是十二星座當中被喻為最牛脾氣的星座，同時它們敏感，極需要安全感，財富對金牛座來說，就是能夠滿足安全感的唯一東西。金牛座善於理財，其愛情觀是傾向心靈上的神聖純潔，與廉貞堅持的貞潔可謂有莫大相似。

最後，廉貞所追求的便是一輩子「親情」，親情沒有激情可言，亦不需要刻意追求，只有不斷堅持和維護，與紅酒一樣，年份越久，酒味越醇。

杰赫星命

在古希臘和古羅馬，雖然都視金星為愛情之星，可是在瑪雅文化及古代中國而言，金星卻與戰爭和爭奪有關，可能在古代原始人的眼裡，女人是屬於戰利品，而廉貞卻毫無情趣，毫無羅曼蒂克可言，它們的婚姻態度多是出於形式和責任，而不是相互的愛慕依戀。

<table>
<tr>
<td>天同
祿
祿存
孤辰 天官 天喜 劫煞
田宅 病 癸巳
33</td>
<td>天府 武曲
左輔 文曲 擎羊
鳳閣 蜚廉 天才
事業 死 甲午
43</td>
<td>太陰 太陽
奴僕 墓 乙未
53</td>
<td>貪狼
文昌 科
右弼
台輔 龍池
遷移 絕 丙申
63</td>
</tr>
<tr>
<td>破軍
火星 陀羅
封誥 華蓋 八座 天月
福德 衰 壬辰
23</td>
<td colspan="2" rowspan="2">＊男命＊
廉貞立命盤</td>
<td>巨門 天機
權
天鉞 地空
月德 咸池 天貴
疾厄 胎 丁酉
73</td>
</tr>
<tr>
<td>天姚
父母 帝旺 辛卯
13</td>
<td>天相 紫微
陰煞 解神 三台 天虛 天壽
財帛 養 戊戌
83</td>
</tr>
<tr>
<td>廉貞
忌
天馬
天巫 天哭
命宮 臨官 庚寅
3</td>
<td>地劫
天德 破碎 寡宿
兄弟 冠帶 辛丑
113</td>
<td>七殺
鈴星
天廚 天福
夫妻 沐浴 庚子
103</td>
<td>天梁
天魁
紅鸞 恩光 天刑 大耗
子女 長生 己亥
93</td>
</tr>
</table>

【廉貞立命】：此盤是廉貞獨坐在寅宮，一般廉貞、貪狼的桃花組合，感情色彩特別濃厚。此外，紫微、天相之星組被認為是最沒有霸氣，為人最親切和藹。因此，以初步推算，盤中人在事業前途上，便多有因人成事的意味。

先說盤中廉貞見到文昌、文曲，此人絕對是一個文明人，不是沒有教化的野蠻人，而昌曲的位置正好落入「殺破狼」和「紫廉武」星系，加上遷移宮的文昌化科，代表當時人的學歷頗高，是為大學工程系出身。

有趣的是，廉貞主親人或舊有圈子，而盤中的廉貞化忌，再加上其兄弟宮和父母宮是個空宮，便喻意此人並不容易獲得親人或圈內好友的幫助。再細心一看，命宮六合子女宮，其子女宮更是對拱祿存和化祿，與之有共鳴的是，此奴僕宮之日月被文昌、文曲、左輔、右弼所夾，筆者稱之為「百官朝拱」之日月版，當中日月代表四方關係人仕，即意味此人的交際網路甚廣，認識外人眾多，而且與命主關係極之良好。

話說命主本身從事工程，但後來轉職保險經紀，從他的兄弟宮出發，三方四正盡見空星孤曜，包括地空、地劫、天空、孤辰、寡宿、破碎，有理由相信，原有在他身旁的朋友經已走得八八九九。假如了解保險從業員的佣金收入模式，便可以從盤中的子女宮和財帛宮找出答案。紫微、天相入於財帛本身就有基金管理的意義，此宮又被貴人星曜天魁、天鉞所夾，便有賺取四方財富的資格，令筆者更覺趣味的是，原來財帛宮會上三台、八座，就是層壓式的分紅模式。

【補充閱讀——黑金風雲】：筆者多年前看過一套電影名為《黑金風雲》（There will be blood），故事以美國19世紀末的石油開採大潮為背景，由於當時石油開採法並不完善，在這樣混亂的年代，講述野心家如何以各式各樣的明爭暗鬥的去爭奪石油資源，講述主角如何成為石油大亨的一生。

但故事精彩的是，不是看主角得到什麼，而是看主角窮得只剩下金錢，不是看他如何經營事業，而是看他的親情如何經營，戲中導演把很多時間都放在描述父子兩人的親情關係上。

主角本身是一位潦倒的採金工人，因同伴的一次意外身亡，便代為收養其初生兒子，並視之為自己的親生骨肉。孩子一日一日的成長，與此同時，父親的事業不斷壯大，父親帶同兒子到各處開採石油，視之為親人、視之為拍擋，是主角一生中最信任的人。

可是，兒子在石油工地遇上一次偶然的意外，導致失聰，自此之後，兒子的性情便變得古怪冷淡，與父親多有隔膜、懷疑、不信任、怪責，其後不斷發展下去，更與父親反目成仇。

故事中的男主角並沒有結婚，完全沒有講及男女感情之事，片中的孩子便是他一生中的唯一親人，亦視之為家族及自己的事業繼承者。個人認為，戲中男主角對兒子的失聰並沒有必然責任，只是一次意外，破壞了父子的關係，父親想盡方法補救，但卻於是無補，得不到兒子的體諒，兒子要求分家，獲得家產，最後父親沒有應承，孤獨一人。

從電影中男主角的性格描繪，我們可以看到廉貞為了事業而表現出來的勤奮和頑強。為了得到油田，不惜運用權術暗謀，不擇手段，進行內幕交易。主角對兒子的關愛，對其仍然充滿希望，另一方面，卻表現出父親般的含蓄和堅持。戲中主角對欲望、家庭、信念的決擇，都表現出很多和廉貞相似之處。

最後，廉貞主血，為陰火，不知和石油能否拉上關係。

第八章・天府星

天府星

天府	武曲天府	天府	紫微天府
廉貞天府			天府
天府			廉貞天府
紫微天府	天府	武曲天府	天府

天府性格特質

天府是南斗諸星之首，五行屬陽土，象徵富足，是順佈星曜的帶領者，此星的性格慎重穩健，保守祥和，司財帛府庫，為財帛宮主，是紫微斗數三大財星之一，別名為「天庫」。天府的形狀有如布袋口，同時被喻為「天府之國」的四川皆為盤地，盤地是凹入形地勢，凹者屬陰，有利收儲。

十干之中，戊己居中，天府、紫微各為南北斗之主，兩者天地南北，各據一方，土性陰陽並濟，性情各異。紫微重事業，天府重財帛，此星又為倉庫，主積儲，其本質穩建，善於累積及保存，天府亦可視為田宅宮庫主，守田宅更勝過財帛宮。

北斗之主為紫微，主死；南斗之主為天府，主生。南北斗之分別為，紫微用霸，性好外揚霸道，喜用強勢凌人；天府手段軟性，喜歡攬內政，攬內務，善用攏絡手段，以利益討人，懂得收買人心。

天府在道家喻為南極仙翁，為福壽星公，可以為人延壽解厄，又為財祿之星。先說一個有趣神話，古代神魔小說《搜神記》中記載了一則天府星為凡人添壽的故事，據說三國時期魏人管輅見顏超貌主早亡，逐教顏超備酒肉招待南、北斗星君，酒後顏超向之求助，以紫微之個性，當然沒有這麼容易，但是天府見受了人家的好處，也理應回禮，遂把生死冊上的壽止「十九」改為「九十九」，由此可見，天府的性情是容易話為的。

假如把紫微比喻為帝，天府則可視為被分封各地的王族諸侯。皇帝給予領地，諸侯的義務便是進貢納稅，當國家有戰事發生，各地諸侯便要負責交納糧草，提供兵馬，支持戰事需要。每當地方有天災人禍，皇帝下令，天府便要開倉賑災，支援地方百姓。由此可見，天府之積儲，既要支付日常所需，也要應付突發情況，因此天府需要不斷吸納，然後不斷地儲存，要好天斬埋落雨柴，累積就是它的本性。

天府本質保守穩健，為人小心謹慎，看事情細緻入微，是防守型性格，因而善於守成事業。假如各位認為天府善守，理應不善進攻，便大錯特錯。「善守者，敵不知其所攻；善攻者，敵不知其所守。」如要了解天府必先加上七殺，七殺永遠和天府相對，是守的反面。七殺善戰獨行，開創力強，與天府的保守性格截然不同。

杰赫星命

被喻為「天府之國」的四川為盤地，盤地的特色是四面環山，在古代軍事上，此種地形易守難攻，因此保障力十足，在風水學上被視之為吉地，可收藏風聚氣的作用。加上盤地屬陰，陰性有利積富，世界上眾多內陸的商業城市，都是建設在川流交錯的盤地上。

天府對宮加上七殺，便是穩守突擊型，七殺的作風強勢凌厲，善於開創，此星有尖銳和盡博的心態，有強勁的衝擊力，就好像南美足球和歐洲足球的風格。天府在守成中尋求突破，在悶局中尋找機會，當時機一到，七殺便義無反顧瞬間突圍。亦即是說，天府為歐洲波，七殺為南美波，南美波只懂強攻而不善防守，此為府殺坐命者的攻防特色。

有這樣穩守突擊的特性，天府的人生常常在靜中求動，人生之中段必然遇上突變，又或者每隔一段時間就會遇上難關，或遇上低潮，總是累積了豐碩成果之後，不甘寂寞，又想衝過。天府之累積，不單只是財富，還包括智慧、經驗、學識、人際關係等多方面資源，且屢敗屢戰，越戰越勇，正因為此，天府人生常有歷盡艱辛之感。

天府主管理，傾向理財；七殺主開創，傾向發展事業，兩者配合便是成功企業家的必備條件。其領導能力不下於紫微，此為穩中求勝的作風，甚有後發先至之利。話說清朝「三藩之亂」的平西王吳三桂，康熙迫令其裁兵撤藩，吳三桂從六萬兵員撤減到兩萬，故中汰弱留強，留下的全是精銳之師。吳三桂二話不說，一係不反，反則義無反顧，吳軍早段勢如破竹，大佔清庭半壁江山，令康熙頭痛萬分，直到吳三桂一死，清兵才得以扭轉局面。

天府身為財星，最重要就是得祿，得祿者名「盈庫」，「盈庫」者為人踏實，自信心強，因為庫房豐盈，有足夠安全感，便能穩打穩紮、決不妄進衝動，進取欲也隨之而大大減低。有利的是，此人會非常隨和謙厚、慈悲祥和，容易與人相處。可是「盈庫」亦不是沒有缺點，天府得祿，怕氣少而盈，從壞處可見，天府會過度小心謹慎，做事細眉細眼，安於現狀而不敢冒險。加上財星之特性，皆重視安全感，天府見祿感到安心，坐命者便會十分保守，心態消極被動，事事以不變應萬變，寧願錯失機會也不會敢於嘗試。

不見祿的天府為「空庫」，見祿的天府又怕冒險，最理想的情況就是三合祿存或暗合化祿。天府屬於「府相殺」星系，此星系的一大特色，就是三者均皆沒有四化，一切引化皆要由伴星作為主導，正因為此，天府尤其重視所會照星曜的狀態，稱之為「逢府看相」。在解釋上，天相是天府之事業宮，永遠在三合方會見，如天相得祿便等如天府見祿，天府見祿才得以安定，又不會因為過份滿足而失去進取，此為天相坐祿比天府坐祿更為理想之原因。

天府主財庫，本身不會化祿，對宮的七殺亦不會化祿，代表此對星組並沒有進財能力，或不事賺錢生產，因而必須有它星在財帛宮或事業宮化祿，進財後放入保險庫，作為天府之積儲。當中天府最喜的就是會見武曲或廉貞化祿，而祿存亦可為天府帶來穩定積蓄，化祿更會帶來豐厚收入。古人喻天府為國庫，廉貞化祿有如薪俸稅收，武曲化祿為利得稅，此為天府入田宅宮比財帛宮更為理想之原因也。

天府貴為南斗之主，亦喜歡有「百官朝拱」，在三方四正會見紫微、天相或吉星諸曜，均代表當時人所擁有，或保存的東西甚多，因此吉貴星曜越多，就代表越豐盛，庫中珍藏的寶藏就越有格值。另一方面，吉星左輔、右弼能令天府擴容，變得更有氣量，從而增加積儲量，人也寬容，意象為食客三千，間接反映管理人數及幕僚能仕眾多，格局因而變得巨大。

天府除了喜歡積累財帛，還喜歡積累學識，到底天府都是顆物質型星曜，也需要加點文學修養，從而令人多些文采，多些內涵，多些王爺氣質。所以天府也喜會上文昌、文曲，尤其昌曲夾命更佳，一來主見識廣博，能言善辯，二來代表其人在良好的家庭環境下長大，命主與父母和兄弟感情關係融洽。

要補充的是，天府縱使有昌曲同宮，也不主科甲功名，昌曲的確是有利學習，但對於天府來說，對於考取功名佳績卻沒有太大幫助。不難想像，王族後裔絕對不需要用學歷來建立他們的事業，更多的是，天府以昌曲才華作為交際媒介，以文會友，以此來寵絡文人雅士，從中建立關係網絡。

天府更喜歡遇上天魁、天鉞等貴人星，不要忘記七殺之存在是為了天府的突破，天府能在已有基礎下穩步發展，尋求新機會，為七殺提供突破缺口。假如沒有魁鉞的機遇，天府只能一直等候，而七殺到了若干時候就想妄動，不是最佳時機就想出擊。此外，基於魁鉞有擴充性，均有能擴大府庫的存量。

補充一談，坊間一直流傳，紫微帝星假如沒有左輔、右弼的「百官朝拱」，但只要見到天府見祿，或天相得祿，已經是有力的「府相垣朝」。得到「府相垣朝」的紫微便有如得到各方諸侯鼎力相助，皇帝又何懼沒有足夠資本去成就大業。以上所說並非虛言，但是紫微既然對各方有所求，諸侯必然附帶條件，不多不少也要受其約束，府相身為保守型星曜，要求紫微保險謹慎，為大眾利害着想，絕對不可冒險，只能投資低風險項目。因此「府相垣朝」的紫微便少了傲氣霸性，對事情小心奕奕，對金錢格外吝嗇，完全不如書中所述的氣慨萬千，更顯得「府相垣朝」的紫微有點兒「婆婆媽媽」。

得祿的天府為「盈庫」，如不見祿的天府便是「空庫」，空庫由於無財可用，此人便會想盡辦法搵錢，見煞者更會不擇手段，無所不用其技。「空庫」就有如八字上的「財多身弱」，身弱者不能任財，表面好看，實不中用。天府沒有安全感，便會貪得無厭，對錢財有無限欲求，而且為人吝嗇孤寒，自私自利，天府原有的寬宏變得妒嫉，為了利益不擇手段，甚不介意利用陰謀權術來達到目的。古云：「天府天姚多奸險」以及「天府守命忌空亡」就是說明「空庫」的壞處。

從心理方面，「空庫」的天府可能是由於早年貧窮，因命宮不見祿，出身條件並不理想，早年缺乏物質生活，導致人生終以賺錢為目標。但是，「空庫」也不一定不好，不見祿的天府，時刻都有強烈的飢餓感，此飢餓感如用於事業或求財方面，便是一個十分勤力好學而且主動積極之人。「空庫」位置落於什麼宮位，盤中人對此方面都充滿渴求，很多的富商巨賈，其人對欲慾財富的貪得無厭，正正就是由「空庫」的飢餓感而得來。

天府得祿如見煞為「露庫」，「露庫」比空庫的壞處更加嚴重，情況就有如庫穿洞，有如米缸有老鼠，煞星把原來所得到的「祿」都會消耗始盡。天府貴為財庫，即現今庫務司或銀行行長，銀行需要穩定，不喜見煞，煞星會衝擊壞名，令天府不穩，間接反映人生際遇坎坷波折。

但「露庫」的人亦可以好富有，鑑於仍然有財祿的關係，不過此人性格奸巧，事事小心，處處提防，恐他人謀財，加上怕蝕底心態，因此處處鑽營，無寶不落，古人認為是商賈的命格。煞星能令到天府性質改變，情況就有如天同見煞一樣，人會變得極度進取，欲慾無窮，不安於現狀。

在程度而言，天府見煞比天同見煞性格更壞，人更顯奸詐狡猾，命主計較吝嗇、城府深、防人防事。假如同時見煞、忌、刑、耗等惡曜，更會徹底破壞原有天府的忠厚和誠信，變得不誠實，是個為利是圖的小人，他們會以陰謀詭計以求財，星曜的不知足程度，甚至去到「人心不足蛇吞象」的地步。

筆者認為「空庫」的天府並沒有不妥，事關投胎沒有選擇權，不是每一個人都能夠出生在富裕之家。但他們可憑藉自身努力，加上對財富的飢餓感和觸角，從正途中賺取金錢。然而君子愛財，取之有道，「露庫」的情況更令人討厭，此星為了賺錢，可以違背良心，利用誇張失實的手法欺騙客人，如今實行的《商品及說明條例》正正就是用來監管「露庫」的天府。

天府不是桃花星，但是他的姻緣可謂不少，皆因天府的夫妻宮永遠是破軍，是為多妻之命。命運往往十分緣妙，追求保守的天府卻要面對無數次的感情變化。破軍主先破後立，此星落於天府之妻宮，一生必定有多段情緣，感情起起落落之時，重複又重複，一段終止，隨之而來又有另一段的感情事。天府的敢愛敢恨與對宮七殺的感性可不無關係，天府的隨和保守只是表面，在他的骨子裏，還是那個愛恨分明，越戰越勇的七殺。

天府不是花心的星曜，他有責任感，是個肯承擔的老實好先生，可能是富有責任感，便需要及承擔更多的責任。可能，成熟女性更喜歡的是實用型和有安全感的穩定男士。私底下再說，天相和天府為同一星系，也習染上天府的多妻慣性，而且更有過之而無不及，此點在《天相編》再述。此外，天府的事業宮為天相，天相的對宮為破軍，因此天府在事業上也會同樣地受到影響，經常出現反反覆覆，新舊交替的事情不斷出現。正如天同喜歡福樂而不一定有福多樂，天府喜歡安定而不一定得安定，天意就是如此弄人。

天府除了受到破軍和七殺之影響，還有貪狼，即是整個「殺破狼」星系皆能左右天府的決策。根據安星法編佈，天府的福德宮必然是貪狼，貪狼是斗數第一桃花星，此星喜歡詩酒風流，聲色犬馬，善於交際，有偏財特質。再者，貪狼進取，充滿狼性，對於美好的東西都想擁有。

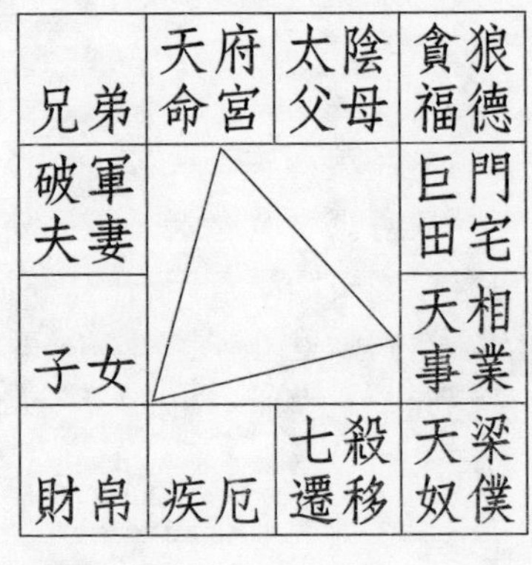

如立命天府，最喜就是貪狼化祿，因為貪狼的對宮便是財帛宮，主有財謀，有利投資以財生利，此方面亦都是天府傾向理財的主要原因。進一步地說，貪狼是善算之星，在天府的福德見煞，可以想像成一個老謀心算，終日都朝思暮想取待紫微成為皇帝的諸侯王爺。

基於貪狼星性務多，因此天府的想法也十分多元，色彩繽紛，不局限於單一黑白，加上貪狼必三合破軍，此乃天府之多妻格的另一原因也。

在己干四化中，天府亦喜會上武曲化祿，加上貪狼化權，代表有生意頭腦，有生意觸角。貪狼對物欲有強烈追求，如天府「露庫」或「空庫」，再加上貪狼化忌，其貪念往往令天府流於奸刁和虛偽，同時影響對宮七殺，以七殺之膽量和衝擊力，往往便會一反保守常態，兵行險着，從而作出不理性的冒險行為。

天府性質內斂、保守、容量大、吸引力和吸收力都極強，假如此是一顆實星，我會用「黑洞」來代表它。而黑洞的反面是「白洞」（白洞是廣義相對論所預言的一種特殊星體，行為與黑洞相反。）剛好，天府的六合星為太陽，太陽光明、外向、不斷發放，性質有如白洞，太陽與天府的黑洞一吸一放，原理特性完全相反。天府六合太陽，太陽喜施予，亦即是天府的暗貴人，因此天府命必須多與太陽合作，太陽所在宮位的相關人士對天府特別有助。

天府先天之田宅宮為巨門，巨門乃暗曜，主收藏，是收藏財富的寶洞，天府的積儲就是放入巨門內。其積儲的東西不局限於錢財，還有知識，甚至古董、錢幣、郵票、有價值的記念品均是天府喜歡收集的目標，正因為此，天府性喜懷舊，對歷史及古物均感興趣。

假如天府是黑洞，巨門便是黑洞之邊界，天文學稱之為視界（Event Horizon）。天府最喜安定，置業及物業投資絕對就是天府之投資首選，其積儲及收集品也會在田宅宮表示。巨門一星能影響天相，天相影響天府，天府亦影響巨門，成為一組橫跨星系的媒介，巨門有多「深」，天府就有多「廣」。物質由太陽散發，由黑洞吸收，存於視界，三者存在於兩個不同的星系遊走，各有方法穿梭其中。

逢天府命皆重視巨門化祿，巨門化祿又名為「財蔭夾印」，大利天府，當中的最主要原因在於巨門是天府之田宅宮，化祿主先天已有田產祖業，間接代表出生在富裕家境。古云：「逢府看相，逢相看府。」因天相乃天府之事業宮，天相是一個沒有個性，沒有個人喜好，只會跟隨的星曜，它深受外界巨門的影響，被動地改變。事實上，天府不喜歡主動地變，很多時候，都是因外圍環境的改變而改變，很少由自己作出主動，天相作為天府之事業宮，因而也代表服務或支援行業，支援性行業包括，公司的會計部、人事部、行政部或資訊科技部門等等，這些部門都不是面對前線，都不是負責盈利的。又或者是從商者，便有類似諸侯性質的代理商身份，這就是筆者之所以認為，天府不宜作為財星的主要原因。

題外一談，香港地小人多，樓價及租金高企，居住的確是一個很大問題，對於港人來說，是世界上數一數二居住空間最狹少的族群。因此在網上的討論多見「往好D還是租好D？」話題是假如閣下手上有兩個物業，分別為一大一細，請問你會往大屋，租出細屋，還是把大屋出租，自往細屋？這個問題就要看天府的狀況，假如天府坐祿，必定以大屋自往，細屋出租，若然是天相坐祿，情況剛好相反。同樣道理，買樓是儲蓄還是消費，亦都和天府和天相的心態有關。

言歸正傳，天府的事業宮為天相，加上對宮為七殺，這就是構成五大星系之「府相殺」星系，天府和天相的關係就有如金庫夾萬與鎖匙，要動用財庫必須有憑證，天相是印星，印星就是憑證，天相是天府的事業宮，是執行打開庫存的官員。天府得祿為資源豐富，對宮七殺便可為穩中開創，但開創必須動用資源，而天相角色就是負責調配資源，情況就有如三軍未動，糧草先行，天相得祿則代表有資本可用，有條件支援行動所須。

基於天府的遷移宮為七殺，對於外地發展，天府命就顯得十分彈性，一般而言，假如天府命者本身家有恆產，便不適宜外地發展，可以專注本地守成事業。否則，便需要利用七殺對外的開創力，七殺有「將在外，軍令有所不受」的特性，十分有利他方創業。況且，天府身為藩王，在外擁有封地，同樣亦適合割據一方，長期駐在外地。

區區一顆天府，就與太陽、天相、七殺、破軍、巨門五顆正曜相關，可見天府的先天網絡關係複雜，天府之所以成功就是建基於複雜的人事關係上。府庫本身不化祿，必須與別人合作，支持紫微打江山，天府在背後守成，作為有力後援，成功後得皇帝封地，作為一方諸侯土皇帝。

對於六親宮位來說，天府是顆吉曜，感情趨於平淡，入事業宮主安於一職一位，工作穩定。在田宅宮主居於盤地或低窪地帶，同時也主性好集資積儲；在福德宮主性格慎重保守、古板、懷舊、不太靈活。有趣的是，七殺對感情極之專一，反之天府卻是多情種子。

紫微與天府雖為星主，但是在處理衰敗的時候卻有十分不同的表現，假如兩星同處壞運，以紫微傲氣，必定寧死不屈，最後一定如它所願壯烈犧牲。反之，天府沒有紫微的剛烈，卻懂得過剛則折的中庸之道，知道時不及我，便會作出迴避和修持，以柔制剛，避重就輕，待雨過天晴。說個比喻，假如給紫微和天府委派工作，限令它們十天時間完成，紫微會一氣呵成，五天時間便把事情完結，而天府卻喜歡做半天，休半天，直至用盡所有時間才把任務完成為止。

天府四化及運限

在十干四化方面，坊間普遍認為天府只有化科，不會化祿、化權、化忌，天府化科主有信用、信譽、現代社會則多用於信貸、信託等用途。化科也會消耗天府的積蓄，令天府變得多重面子，更大方豪爽，又因為不想被人看低，便喜歡誇大老作，喜沖大頭鬼也。

以筆者見解，天府是不會化科的，天府不好科名，不好表現，此星喜歡持盈保泰，加上化科的性質就有如「空庫」。不難想像，銀行只要平平穩穩，完全不用賣廣告，便能有效經營，過多的花招優惠，反而易招失實，有如雷曼銀行的高息低風險債券，原來卻是包著糖衣的毒藥。筆者對天府這星有極度深入的個人體會，在坊間眾多的斗數家來說，相信杰赫說天府是最具公信力的，為什麼筆者如此自信，在《斗數中編》的四化部分，自有分曉。

在運限方面，天府與廉貞同樣代表長期，但由於天府沒有四化關係，仍需視乎伴星的四化狀態。一般而言，天府見祿則有長期平穩向上，或長期累積之勢，反之卻主長期消耗，沒有儲蓄可言，而且時間愈長，累積成果隨之而變得豐實。

天府面相與星座

十字型面相方面，天府星為「目字面」，「目字面」的面形狹長，或帶略圓的匾方臉，其天庭高狹，地閣厚長，五行為金木之局，由於此面相的木、金比重相若，故很有機會發生相剋交戰，即是權力支配欲與仁慈之心產生矛盾，故有此面相之人經常徘徊在理智與感性之間。

天府的面相，五官端正，目光慈良溫和，滿有威儀。《形性賦》曰：「天府尊星，也作純和之體。紫微肥滿，天府精神。」據說女命天府有朱膽鼻，或者鼻梁不高，多為幫夫相的類型，亦由於「目字面」的相形平穩，代表一生沒有巨大波折變化。

性格方面，擁有「目字面」的人疑心較重，主觀極強，有自大心理，不易輕信別人，他們心思細密，顧慮周詳。缺點便是個性倔強，應變能力差，不懂靈活變通，做事死板。

天府沒有與某西洋星座產生相配組合，然其對宮七殺便是代表神秘的天蠍座，天蠍座可作為天府之反面理解，右方代表天府的占星符號便是土星Saturn。

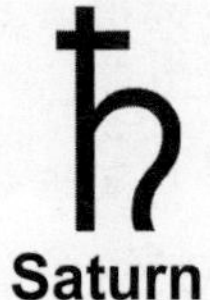

縱觀以上各點，天府的人生就是追求「豐富」，在尚未得到填滿之前，每多經歷短暫而強烈的不滿。

西洋星座也有四大皇者星座，第一是紫微山羊座，第二是獅子座太陽，第三是白羊座武曲，第四位就是以天府、七殺為代表的天蠍座。

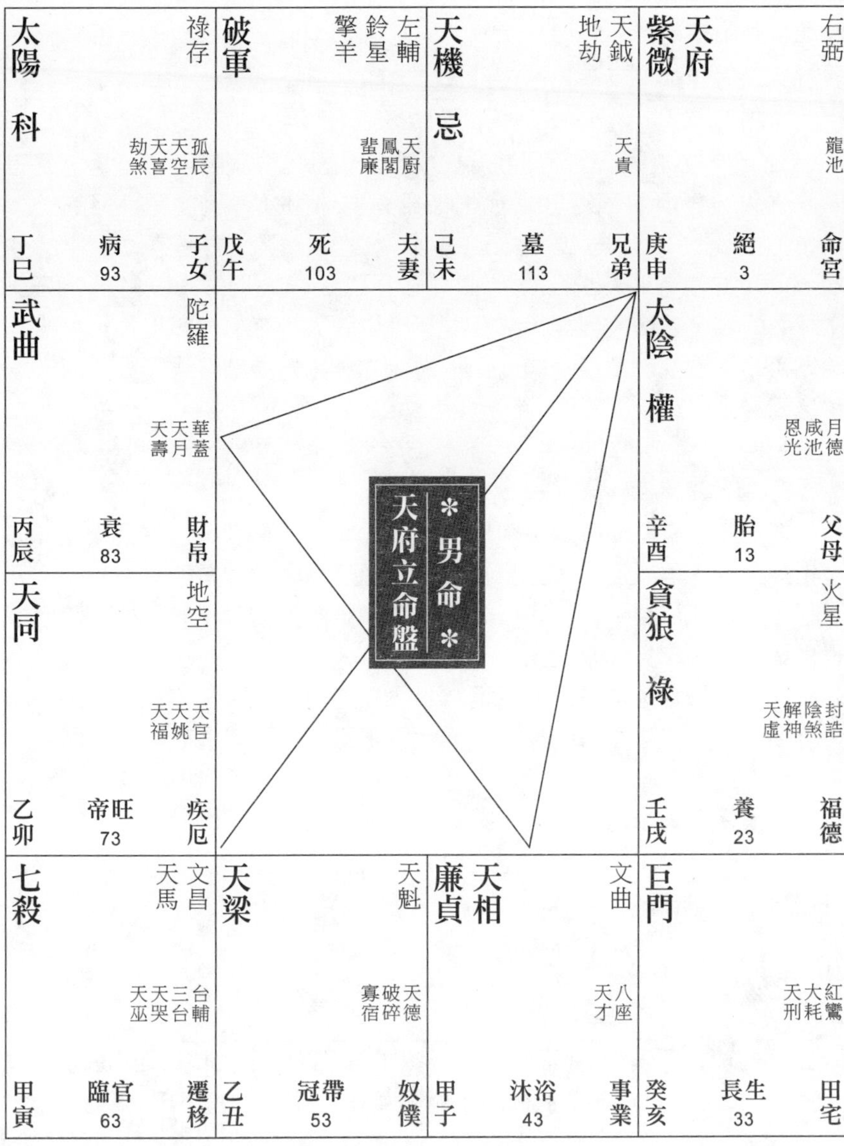

男命
天府立命盤
太陽 科 祿存 孤辰 天空 天喜 劫煞
丁巳 病 93 子女
破軍 左輔 鈴星 擎羊 天廚 鳳閣 蜚廉
戊午 死 103 夫妻
天機 忌 天鉞 地劫 天貴
己未 墓 113 兄弟
紫微 天府 右弼 龍池
庚申 絕 3 命宮
武曲 陀羅 華蓋 天月 天壽
丙辰 衰 83 財帛
太陰 權 月德 咸池 恩光
辛酉 胎 13 父母
天同 地空 天官 天姚 天福
乙卯 帝旺 73 疾厄
貪狼 祿 火星 封誥 陰煞 解神 天虛
壬戌 養 23 福德
七殺 文昌 天馬 台輔 三台 天哭 天巫
甲寅 臨官 63 遷移
天梁 天魁 天德 破碎 寡宿
乙丑 冠帶 53 奴僕
廉貞 天相 文曲 八座 天才
甲子 沐浴 43 事業
巨門 紅鸞 大耗 天刑
癸亥 長生 33 田宅

【天府立命】：這個是申宮立命，紫微、天府同宮的組合，今次我們先不理紫微，把重點都放在天府星系的身上。盤中的天府六合巳宮祿存，其田宅宮巨門正好對照祿存，是屬於天府被動得祿的情況，加上天府在三方四正不見空曜，可以以「盈庫」來論之。

凡天府立命，假如田宅宮見祿存或化祿，均代表家有田產，為有家底之人。再看看福德宮貪狼化祿見火星，這是一組性質良好的火貪格，加上此火貪對照財帛宮，主有意外之財，假如看看宮位主事的運限，便可知道何時得財。在這個運限，因雙親離世，命主得了一筆遺產，並成為了有樓收租之人。反之，盤中的天相不但只不得祿，更見煞星滿盈，命主進財及用錢態度便相當保守，因此論積聚能力，全因天府和巨門得祿之故。

亦由於「盈庫」關係，命主性格穩定，耐性非凡，加上三方見文昌、陀羅，便有助其不急不躁地推展人生大計。再者，盤中貪狼在福德宮化祿，主人理想宏大，目光長遠，理想建立一番大業。為了成就個人理想，命主不惜放棄舊有良好工作，全職修讀中醫六年，對於一個已擁有良好前途的年青人來看，其理想可謂偉大，甚至奢侈，一個天府得祿的命格，不知道應該是羨慕還是嫉妒。在此補充一點，有些格局，天府和巨門是永遠不可能有祿存坐入，我所指的正是「紫貪盤」。這個盤的府、門皆落入墓庫之中，根據安星法規定，祿存永不走進墓地，但隨之而來，天相、破軍的位置便多有遇上祿存的機會。天府坐祿善於守財，天相坐祿則善於用財，假如能夠理解貪狼有偏財性，便能意會為什麼紫貪盤有這樣的安排。

杰赫星命

在面相學上，人的面相有五座山峰，最高的一峰是額頭，中峰是鼻子，下方的是下巴，另外左右臉頰各一峰，男性如五嶽豐隆，名為「五嶽朝拱」，是一種十分優良的面相。

最後，用紫微、天府盤的人極渴望可以自據一方，擁有自己的地盤，不希望寄人籬下，因此就業或受薪工作，只是在自身沒有條件之下的選擇，天府的俯身蹲下，就是為了將來的躍起，此星上半生謙讓，從而成就下半生的架勢。

【補充閱讀《一》——德川家康】：紫微為帝不許有敗，天府為藩則能屈能伸，失敗能從頭再來。天府星內藏七殺，代表有外表柔韌，內裡藏針之性。就正如日本戰國時代的德川家康，家康小年時被送到織田家作為人質，從小便與織田信長為友，從而奠定德川與織田家日後成為堅實盟友。德川就好像天府，一直尊信長為領導，德川軍多次擔任織田家的前鋒，並多次以小勝多，首戰便勝了今川義元。

及後甲斐國的武田信玄上洛，進軍京都，逐鹿中原，進迫德川領地，此戰德川軍差不多全軍盡墨，幸而得上天眷顧，武田在軍中離奇病逝，才解家康之危。

另一方面，織田信長一生打過無數次大戰，對外從未輸過，瓦解多國三次對信長的包圍網，但家臣明智光秀的一次謀反，信長在「本能寺之變」被殺，結束傳奇一生。信長的一生就好像紫微，無論其成就多高，只要一次失敗便永無返身之日，如在不良的紫微運限，便要有心裡準確承受下半段的嚴重打擊。

在「本能寺之變」，伊賀忍者頭目服部半藏得知信長被害消息，和明智光秀軍隊部署等重要情報，成功安全地護送家康脫離險景，此服部半藏正正就是七殺的角色。及後信長之重臣豐臣秀吉組成聯軍把明智光秀打敗，並承繼了信長的事業，家康又再一次歸順一個身份地位比他更為低級的秀吉。

在豐臣時代，家康為五大老首席，在戰線上立下大功，直接幫助秀吉統一日本。秀吉死後，因為利益衝突，家康察覺到對自己的暗殺計劃，便正式開始和支持豐臣系的家老進行生死之戰。家康由信長時代到秀吉統一全國，此人老謀心算加上用兵謀略皆在眾人之上，其後經過關原之戰及大坂城之戰，打敗豐臣秀賴，掌握了全國軍政大權，建立幕府時代。

德川的一生，經歷戰國混亂，建立幕府，進入江戶時期，終其一生都以保守為原則，屢敗屢戰，越戰越勇，歷盡艱辛而最終有成，與天府的成功模式絕對相似。因此天府運限，無論有多麼險阻，難關重重，堅持到最後便能成功，天府一星主大器晚成。

【補充閱讀《二》——黑洞】：黑洞（Black Hole）是天文星體之一，此星並非是一個「洞」，黑洞是一種質量相當巨大的行星天體，因為質量極其巨大，其引力力場也是相當巨大，以致任何物質和光線等輻射粒子都無法逃出，當物體被吸入便有入無出，故名「黑洞」。

而事件視界（Event Horizon），則是一種時空的曲隔界線，視界中任何的事件均無法被視界外觀察，在黑洞周圍的便是事件視界。

霍金表示掉到黑洞也不要驚慌：「如果你跌進黑洞裡，不要放棄，總有辦法出得來。但是，你可能還可以跑到另一個宇宙。」

杰赫星命 手相學上分有八大掌丘，分別是日、月、金、木、水、火、土，當中火星丘又分為積極火星丘和消極火星丘，分管着性格的進取和耐性，掌中心的便是名為火星平原，假如手掌的所有掌丘都隆起，中央看似天府的凹陷盤地，便是一隻善於理財的手掌。

第九章・太陰星

太陰星

太陰	天同 太陰	太陽 太陰	天機 太陰
太陰			太陰
太陰			太陰
天機 太陰	太陽 太陰	天同 太陰	太陰

太陰性格特質

太陰五行屬陰水，為財帛宮主，是一顆情緒主導的星曜，代表女性，人物如母親、妻子或女兒。太陽、太陰為中天星曜，既不屬北斗，也不屬南斗，凡是對星者，皆有完全相反特性，就屬性而言，太陽屬火，太陰屬水，已有水火不容之理。此為，太陰主富，太陽主貴，一陰一陽，各為名利。

太陽為強大的發光體，太陰則為吸光體，此光源均來自太陽，反射後發出柔光。太陽的性格外揚發放，太陰則安靜內斂，星性喜歡吸納，散發及外揚性較少，光度柔和舒適，光華目光聚斂。

太陽主男，男主外，熱衷名譽地位；太陰主女，女主內，卻不務虛名，只重財利。

太陰代表所有的女性氣質，此星柔和、心思細密、溫柔體貼、端莊賢淑、婉轉包容，有如善於持家侍夫的女卷。由於太陰是屬於女性的星曜，太陰立命的男性便會顯得不夠剛強，不夠男人味，太純的太陰男外表更會有些娘娘腔，此星具有強烈的依賴性，女性便是其依附對象，若果情況過分，便容易給人「裙腳仔」的印象。

從另一面看，其實太陰男也有優點，太陰本身文質彬彬、斯斯文文，很容易吸引女性，因為溫柔的男性容易令女性沒有介心，加上命主帶有女性心思，能夠了解女人心事，甚不難得到女生的歡迎。據知台灣的馬總統是太陰命宮，其人說話陰聲細氣，對女性權益尤其重視，怪不得深受眾多女性選民的愛戴。因此太陰命的男性十分適合從事和女性有關的工作，例如銷售女性用品、化妝、髮型及形象設計師皆可，除此之外，亦能勝任需要極度專注和細心的工作。太陰溫和柔弱，實在不喜煞星，但礙於能增加吸引力，如遇一點煞曜，男命柔中帶點剛強，女命則多有一份迷人魅力，顯得格外美艷。

正如太陽有刑剋男性的性質一樣，太陰同樣都有刑剋女性的意味，吉凶遇事都以女性為主體。具體上，反映在母親及妻子方面的事情亦最多，古云：「太陰落陷傷妻母。」便說明對女親尤其不利。在命理上，不難發現有很多男性都有刑妻、剋母的命格，這方面可能和他們本身性格、或宿世緣份有關，與母不投緣，與妻子不咬弦，總是相方性格不合，正所謂「相見好，同住難」，刑剋正正就是「相處難」的意思。但是，男命如何刑剋，卻少有刑剋少女之事，可能一般父親對女兒都萬般寵愛，每事都能遷就包容，假如不是太陰化忌入子女宮，不利事情甚少會涉及女兒的。反之，一物治一物，長江後浪推前浪，父不刑女，卻不代表女兒不刑父，有趣的是，女兒只刑父而不剋母，世間上總是存在某種奇妙的關係，怪不得前人這樣說：「兒女是來討債的。」

太陰五行屬陰水，在紫微斗數屬於三大財星之一，星性與八字十神的正財相似，同時又與占星學之月亮為共同類象。太陰和月亮皆為精神性星曜，在斗數上與個人情緒尤其關係密切。從月球對人們的影響可見，月球引力能夠影響潮汐漲退，潮汐令大海產生波浪起伏。在人體內，月亮能影響人體的生理機能，最明顯是婦女的28天生理周期。加上人體內約有八成以上都是液體，月球引力也能像潮汐漲退那樣影我們的身體，醫學稱之為「生物潮」。尤其是滿月時，月亮對人情緒的影響較大，因為頭部和胸部的電位差較以往增大，使人容易亢奮、激動、情緒走向極端。此外，月亮還與某些病理相關，據說外國經已有聚集月「光」來調理疾病的研究。

基於太陰的五行為陰水，即是十干之癸水，癸水為陰中至陰，此干元喜歡以直覺及感覺行事，易有第六感，並與宿世命運多有連繫。對於女性來說，太陰除了對情緒的影響，還會幫助追憶傷痛往事，當黑夜到來，那種怕黑、傷痛感容易在腦海出現，甚至大時大節或喜慶紀念日均會觸發情緒波動，感覺憂鬱難受。

在斗數的推算法則中，特別注重太陰和太陽兩星光度，太陰以申宮至丑宮為廟旺分界，申宮代表傍晚，太陰漸亮，至亥、子、丑為完全發亮，寅宮開始日出，太陽漸放光而太陰開始落陷。以星性而言，廟旺與落陷的太陰確實分別明顯，有光的太陰安寧，顯得身心平靜、情緒穩定、生活悠閒，在際遇上間接反映遇事順利，少有挫折是非。如太陰無光，除了代表本身安全感不足之外，也容易引起情緒不穩，加上星曜性格優柔，每事多疑，想法悲觀，間接反映人生際遇波折，在事途上亦較為辛勞忙碌。理論上，太陰代表心思和物質生活，可見太陰落陷比太陽落陷的缺點還要多，名譽乃身外之物，只可錦上添花，但不能雪中送炭，假如太陰落陷，凡事都要擔驚受怕、憂心忡忡，無事多憂反不為福。

但話須如此，落陷的太陰並非沒有好處，此情況就有如天同見煞帶來激發一樣，便會激發太陰的潛能。太陰在斗數上的兩大特點，一是財性，二是計劃能力，不難想像，太陰愈不安，就愈是吞而不吐，只管未雨綢繆，積穀防饑，財源有入無出，大大加強了財富的積累能力。此外，因多疑不安才會對事情多作參酌，事前必須有周詳計畫和充分準備，況且，事事緊張就顯得份外謹慎細心，落陷的太陰人生多勞，則源自於此。

有關太陰的「廟旺利陷」另有專題討論，並會在稍後的《日月光度》，加上《恆星光度》一同詳細解述。

太陰若然再見一點煞曜，以上情況便會更加嚴重，太陰、天機和天同都是文曜，文星柔弱，不喜見煞，煞星一來刺激太陰情緒，古人云：「太陰落陷遇羊陀，主肢體傷殘。」便有可能因情緒問題而自殘身體。二來更會觸發其貪得無厭，太陰的心思便會流於奸詐狠毒，充滿心計和陰謀，此人為了私利可以不擇手段，而君子愛財，取之有道，此話卻全不適用。再說，太陰為什麼會情緒化？以斗數的安星法作解釋，太陰先天福德宮就是巨門，巨門是一顆深度思考的星曜，此星黑暗，存有隔膜，性隱而不揚，如今巨門落在福德宮則令人多思多想，自尋煩惱。況且，太陰喜歡積儲和吸納的主要原因，完完全全是由安全感所帶動，假如盤中的太陽無光，太陰所得到的光和熱便會大打折扣，更覺孤單失落，從而加劇其情緒波動和愛財想法。

太陰在斗數被視為三大財星，其實十四正曜當中，每星皆有財性，唯財星不獨太陰、武曲和天府。為什麼斗數喻以上三星為財帛宮主？可以發現太陰與天府都喜歡積儲，都善於收藏，天府是「收而儲」，是入而不出，因此喻為庫存，太陰收斂後作出回饋，是「多入少出」，為吐秀，兩者都是為滿足安全感，從而作出不斷累積的行為。

太陰和武曲都是財星，兩者皆有十干化祿，武曲為主動積極地進財，太陰主被動和暗中生財，並以計畫經濟為主導，兩者成星曜六合，是一動一靜的表現。事實上，武曲的短慮，太着重實際，太着重眼前利益，都是由於太陰欠缺安全感所致，對於武曲來說，此星愛化祿，也喜遇上太陽化祿及紫微化科，武曲得上頭信賴，便安全感十足，此點正好說明，武曲為財仍其次，為事業、為上頭服務才是首選。

論財星之喜愛，非祿存莫屬，祿存為固定及實物資產，能給天府、太陰穩定。除此之外，廟旺太陽也能給予太陰安全感，就像一般女性，有了銀紙，再加上男人，便能穩定情緒。其實廟旺的太陰，已經代表富足安康，如加上祿存，更是禾稈冚珍珠，其豐富積存卻不易為人所知。因此太陰不須要再刻意化祿，化祿反而多加疑慮，反主不安和不滿足。同樣道理，太陰愈陷，武曲就愈急；太陰愈廟，武曲就愈閒，假如斗數只有一粒財星，筆者只會選擇太陰。

單論財性，太陰主有計劃，有步驟地進行，因此其財務路線每每都在預期之內，加上太陰的暗動及柔和性質，便是屬於正財格局，又或者是息利、定存等收入，藉此以息養利。況且，太陰可得利於太陽的給予，有如女方得獲丈夫的給養，因此對於女命來說，擁有廟旺太陽比誰都有利。此外，假如太陰化祿，能夠把累積的私己投資於定息保本產品，此星不求有大幅增長，只求細水長流，穩定至上。

古人普遍認為，太陰屬於斗數的四大領導型主星，因而也喜歡「百官朝拱」，太陰如會得吉星諸曜，主為人心思熟慮，有能力統籌大項目、大計劃。如遇上左輔、左弼，主其人有強大的策劃能力，想法宏觀，能兼顧多方，做事面面俱全等等。當中又最喜夾宮或在三合方拱照，代表溝通及協調能力強，夾宮易得上司及同伴的支持。

唯太陰雖有領導力，但畢竟都是文星，腦力強而體力不足是必然的，如輔弼與之同宮或對拱，便有獨力親為的特色，但唯恐過於勞慮，與太陰的小女人形像頗為不合。在某情況下，太陰的微觀甚至與輔弼的宏觀相悖，便有可能出現應該仔細的不仔細，應該專注的不專注，顯得事事都想兼顧，但事事都是粗枝大葉。故此，個人認為「百官朝拱」都是留給紫微較為適合。

吉星天魁、天鉞主機遇，太陰會上魁鉞代表女性貴人，亦可因感情關係而帶來好處，但此機會來得慢，又或者彼此的關係需要長時間經營。若然明白太陰主自私小利，假如有得選擇，魁鉞的大方都是留給豪爽的太陽較佳。以上所見，太陰得遇「百官朝拱」，吉星眾多也非一定理想。

在吉星之中，太陰最喜的就是「科文諸曜」，由於太陰始終都是文星，文星最喜文昌、文曲，太陰也不無例外，相比之下，比會上輔弼、魁鉞更為優勝。有昌曲的太陰能增強個人的內涵修養，人多聰明優雅，外表端莊有氣質。女命溫文爾雅，溫柔體貼，善解人意，與六親關係感情良好。加上昌曲大利讀書考試，能豐富文學才華，太陰雖有才學但不搶光，星曜不急於表現自我，博學多才卻不會令人反感。再講，看昌曲配搭，便知其學識出身，假如再要作細分，太陽、天梁最喜文昌配，皆因兩星都是公義及理性的表現，主循正途學院出身，講大道理，寫大文章。太陰為人感性，與文曲的技藝性質投緣，而太陰、文曲的組合，實用色彩更濃，在命理上為異路功名，代表技術性職務。

古人記述：「太陰文曲，為九流術士。」此組合加上天巫，被認為是學習術數的最佳組合，由於太陰、文曲傾向冷門知識，天巫主由上而下的傳承方式，而九流術士在古代有陰陽家之稱號，經過訛傳之後，便變成術數家所傾慕的術士命格。正確來說，太陰、文曲主技藝、主實用知識及技能，在春秋戰國之時，術士則為學者，而九流術士即是第九門學問的學者，如今或可理解為專門學問及技能才對。

天府 兄弟	太陰 命宮	貪狼 父母	巨門 福德
夫妻			天相 田宅
破軍 子女			天梁 事業
財帛	疾厄	遷移	七殺 奴僕

古人認為太陰、文昌、天巫是九流術士的組合，是學習術數的極品，事實上，此組合應理解為專門學問及技能。

太陰身為女性的代表星曜，代表優雅、賢慧、端莊，因此更喜歡龍池、鳳閣、天貴等優美的星曜照入，以增儒雅和恬靜內涵。但是，太陰喜亮不喜暗，尤其不喜有暗曜滋擾，暗曜包括孤辰、寡宿、陰煞、破碎，這些星曜能夠破壞太陰的感情和雅緻，從而變得憂愁，變得孤獨陰森。

煞星方面，火星、鈴星對太陰的情緒刺激尤其嚴重，煞星容易令太陰的脾氣大增，從而導致情緒不穩，肝火大盛，性情大起大落。鈴星還有過分約束的作用，此星將不滿情緒過度累積，當水火激盪時，便如火山爆發，脾氣一發不可收拾。如女命太陰與擎羊同宮，則有優美性感身段，如遇陀羅，反主身材碩大，不太靈巧，或者性格冷艷。綜合太陰會煞，不多不少也會增加人生的的艱苦和挫折。

太陰既為精神性星曜，假如遇上天空、地空、地劫等不設實際的雜曜，便會令人有過多的虛空幻想，思潮起伏及精神空虛，並有機會破壞感情關係，從而導致盤中人感情多變，若然再加上其他暗曜，便容易出現精神問題。

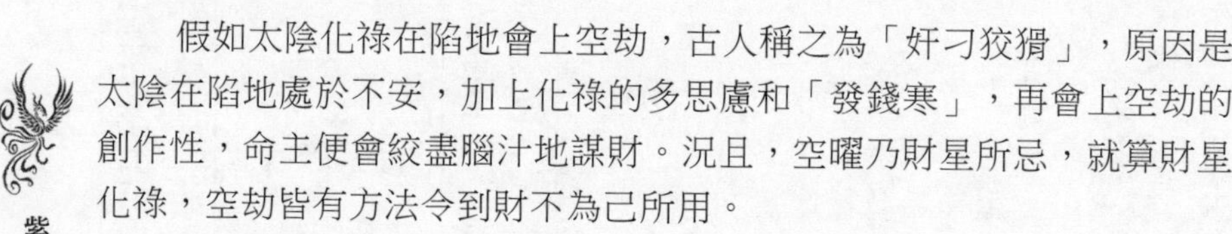

假如太陰化祿在陷地會上空劫，古人稱之為「奸刁狡猾」，原因是太陰在陷地處於不安，加上化祿的多思慮和「發錢寒」，再會上空劫的創作性，命主便會絞盡腦汁地謀財。況且，空曜乃財星所忌，就算財星化祿，空劫皆有方法令到財不為己所用。

從安星法所見，太陰坐命者，兄弟宮必為天府，代表有感情良好的兄弟姊妹，甚不難獲得同輩好友的幫助。有趣的是，太陰的子女宮為破軍，因此往往多有任性反叛，不守祖業，喜歡自力更生的兒子，化忌當然慈母多敗兒。因太陰之父母宮為貪狼，代表父親及上司皆不嚴肅，反而是個通情達理之人，並且與命主的關係親密，相方相處和洽，常有共同話題。

上文已述太陰的福德宮為巨門，因此喜歡深思，喜歡仔細，喜歡尋根究底正正就是太陰的特質。而天相身為太陰之田宅宮，主居住或工作環境穩定，並且代表生活習慣規律。同樣都是以穩定長情見稱的天梁為太陰之事業宮，主工作穩定，以文書為主要職務，又或者主管工作細心，還帶有負責監督核實的特性。凡太陰命身為上司，管理下屬必須以柔制剛，皆因太陰的奴僕宮為七殺，主得有能下屬，但下屬的性情獨立剛烈。從毛澤東指揮各大元帥為例，武職的最高職位往往都是由文官擔任，此方面與美國的編制亦都如是，可見命理與道理確實相通。

後天宮位方面，如太陰落入六親宮位，皆以女性的驗徵最為明顯，均代表相方感情關係良好，但情緒容易受到相關宮的位人士所帶動。古傳：「太陰文曲於妻宮，蟾宮折桂。」說明如夫妻宮的星曜配搭良好，男方便有機會獲得岳家提攜，因女方關係而獲得社會地位。假如在事業宮，如今或可得利於女性上司，或任職於以女性為主要客戶的行業。太陰入福德宮主人喜歡思考，性格文靜內斂，喜歡幻想，容易情緒化。太陰如落入事業宮為事業型主導，工作性質靜態，以文職或策劃性工作為主。宜在此強調，其情緒亦容易受到工作上的壓所帶動。

太陰落入田宅宮主居住環境清幽，多為僻靜地帶，附近有草叢樹林。如太陰自坐財帛宮，則代表財源穩定，或暗中得財，或從事金融投資等工作，當中以定息金融產品居多。補充一點，月亮在占星學主不穩定，落入什麼宮位都有經常變化的情況，這點和斗數的太陰星性剛好完全相反。對於遷移宮來說，太陰好靜好平穩，因此留在本地發展比遠方方更為有利，況且，太陰需要受到保護，愈是靜態舒適的環境，便愈有安全感，因而發揮也更好，可以設想在家中工作，也不妨是個不錯的選擇。

太陰四化及運限

十干四化中，太陰可以化祿、化權、化科、化忌，是四化皆有之星曜，因此星曜的變化頗大。

很多人都認為太陰是財星，化祿當然最好，此星除了在財帛宮化祿有利進財得益之外，同時亦會引起緊張和擔心。太陰本身主管思慮和感情，因此化祿還有多思多慮和情感豐富的意味，若然再加上落陷的太陰，甚至有杞人憂天和多愁善感的狀況。從丁干四化可見，太陰化祿，福德宮的巨門必然化忌，福德宮對照財帛宮，喻意在計畫生財之同時，仍多有粗心憂慮，因此更須心思細密，事事勞心，有過度緊張的可能。因此太陰化祿，卻不及會上天機化祿、天同化祿和太陽化祿來得安心泰然。

太陰與天機經常存在必然的四化關係，天機主改變，太陰主思慮，可以發現每每發生任何改變，都會觸動到太陰的神經。而戊干的太陰化權，天機便會化忌，代表改動愈多，變化愈大，或成效不如預期，太陰便更需要集中精神，想盡辦法去解決。而且，戊干四化皆有越變越差之意，反而太陰化權的不動，以不變應萬變就最為理想。

癸干的太陰化科主增輝，太陽的光輝和太陰的光輝很不一樣，太陽的光輝是用來照亮普羅大眾，而太陰則屬於小眾，因此太陰化科代表在小圈子或冷門的行業內知名。但是太陰不為名，不喜發放，太陰增輝反而稍帶消耗，現實情況便是為了搏取表現而承受壓力，或勉強擔任與本性相違之事，此為太陰化科的同時，天同便會化忌，便有無福消受之感，此時工作十分忙碌，亦有入不敷支的可能。

乙干的太陰化忌則天機化祿，又因「機月同梁」為同一星系，便多有機會形成「祿忌同宮」或「祿逢沖破」的格局。即是表像好似很好，又或者有眾多的選擇和機會，但實際上卻是吉中藏凶，或眾裡尋他千百度，不知如何選擇入手。基於天機在頭段化祿，太陰在尾段化忌，便容易有先好後壞的情況，又或者，多變和多選擇從而帶來相應的煩腦和耗損。補充一提，太陰在疾厄宮化忌，便有可能失眠。

在運限方面，太陰代表長時期，屬於尾段，一般在晚運或夜間時間較優。事情則有暗中改變，為靜態潛伏，表面看不出端倪，但內裡卻波濤激盪。

太陰面相與星座

在十字面相方面，太陰的面相與天機都是「甲字面」，《形性賦》曰：「日月曲相，與天機皆為美俊之姿，乃是清奇之格。」然其不同之處主要在於下庭，即下巴部位。一般來說，天機的下巴較尖，整個面型呈倒三角形態，而太陰的下巴較圓，整個面型呈鵝蛋圓形態。此外，古云：「金烏（太陽）圓滿，玉兔（太陰）清奇。」意旨太陰的面色青白，皮膚較薄，目秀眉清，性情聰明靈巧，心性溫和，福至心靈。假如太陰遇上桃花，眼神便有彷彿迷茫之感，常眼帶淚光，此眼神亦即是相學所說的「桃花眼」。若然是天機、太陰的組合，或會有大細眼、高低眉之可能。

太陰的「甲字面」為人思想敏捷、計劃多，感情比理智豐富，此類型的人感覺敏銳，善於捉摸別人心思，待人接物相當得體。但此面相之人有一大缺點，就是意志力不夠堅定，做事容易灰心，而且生性多疑，主意常常動搖，如下巴尖削者情況更為嚴重。

在西洋占星方面，太陰就是巨蟹座，先天宮位為未宮，廿四節氣為夏至，守護星是月亮。占星學之月亮和斗數之太陰性質根本原全相同，兩者都是以母性為代表，她們充滿愛心，感情豐富，性格文靜，傾向傳統忍讓，且顧家內向，重防守多於進攻，喜逃逸而不進取。但是太陰很需要安全感，因此自我保護意識強烈，情緒化容易激動，多愁善感，也容易灰心氣餒。月亮和金牛座的人一樣善於理財儲蓄，田宅多珍貴收藏，這都與太陰善於收納不無關係。

縱觀太陰的人生，追求的並不只是財富，財富只是基本面，太陰真正追求的便是「安全感」。然而，安全感除了食物，還要包括有穩定和安樂的心靈。

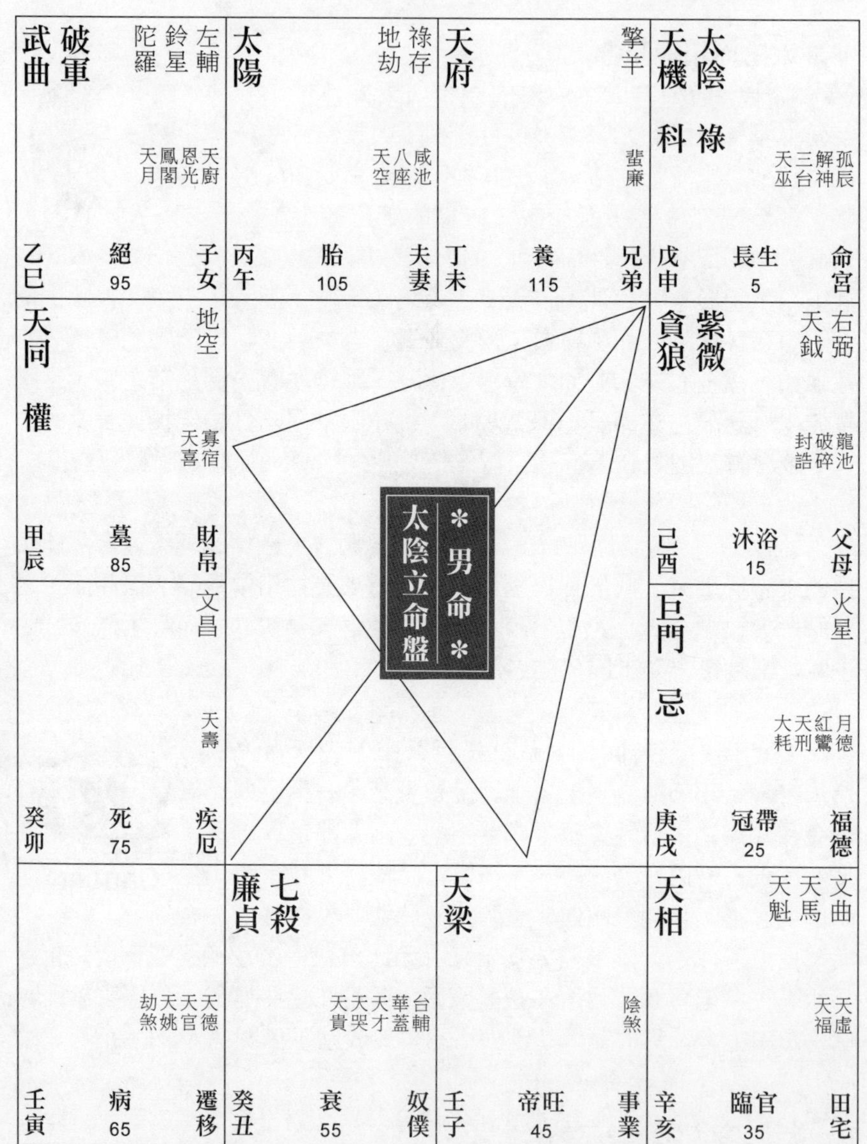

＊男命＊
太陰立命盤
破軍 武曲
左輔 鈴星 陀羅
天廚 恩光 鳳閣 天月
子女 絕 乙巳 95
太陽
祿存 地劫
咸池 八座 天空
夫妻 胎 丙午 105
天府
擎羊
蜚廉
兄弟 養 丁未 115
太陰 祿 天機 科
孤辰 解神 三台 天巫
命宮 長生 戊申 5
紫微 貪狼
右弼 天鉞
龍池 破碎 封誥
父母 沐浴 己酉 15
巨門 忌
火星
月德 紅鸞 天刑 大耗
福德 冠帶 庚戌 25
天相
文曲 天馬 天魁
天虛 天福
田宅 臨官 辛亥 35
天梁
陰煞
事業 帝旺 壬子 45
七殺 廉貞
台輔 華蓋 天才 天哭 天貴
奴僕 衰 癸丑 55
天德 天官 天姚 劫煞
遷移 病 壬寅 65
文昌
天壽
疾厄 死 癸卯 75
天同 權
地空
寡宿 天喜
財帛 墓 甲辰 85

【太陰立命】：此盤以申宮立命，為天機、太陰的對星組合，機陰的人心思細密、事事着緊，加上盤中的太陰化祿，命主真的可以以「緊張大師」來形容。有些人認為，太陰乃財星，化祿有利進財，可惜，此盤是太陰立命，並非太陰立財。因此機陰的科祿，更特顯出盤中人的多思多慮和謹慎小心的個性，與財富的關係並不密切。

凡太陰化祿，巨門必然化忌，如今巨門在福德宮化忌，形成「刑忌夾印」間接影響田宅宮的天相，巨門化忌主煩惱是非，而「刑忌夾印」主周遭環境不甚理想。可能由於此，命主常恐事情做得不周，因而便有事事小心，步步為營的心性。此外，機陰位置被兩大主星紫府所夾，代表上下的兄弟朋友皆比己強，命主卻苦無示強呈勇的機會，甘於成為背後及二線角色。

此例的「機月同梁」星系優良，命主的細心和耐悶性格，極之適合在大公司上班，從事朝九晚五的刻板工作。事實上，命主曾在某地產大集團工作，並已晉升至分區經理，看似前途一片光明。可是紫貪盤本身就有濃厚的做生意欲望，加上盤中的太陽極廟，常常都想展示個人才華，假如一直從事受薪工作，恐怕一輩子都沒有顯揚的機會。

命主在某一運限，毅然辭去原有工作，決心自己創業，自己做老闆，從他的事業宮天梁可見，會見化祿、化權、化科的三吉會照，加上三台、八座和祿存，如今已是地產代理商會的主席。筆者常常在Facebook見到他的台上合照，據他所說，做小舖的老闆也勝過做大公司的經理。

月亮即是太陰，此星不論在占星還是斗數都與母親有關，太陰代表衣食父母，此與財富關係密切的原因之一。

Penumbral Lunar Eclipse of 2016 Sep 16

Ecliptic Conjunction = 19:06:14.1 TD (= 19:05:04.2 UT)
Greatest Eclipse = 18:55:26.6 TD (= 18:54:16.8 UT)

Penumbral Magnitude = 0.9080 P. Radius = 1.2795° Gamma = -1.0548
Umbral Magnitude = -0.0635 U. Radius = 0.7491° Axis = 1.0568°

Saros Series = 147 Member = 9 of 71

Sun at Greatest Eclipse
(Geocentric Coordinates)

R.A. = 11h39m09.7s
Dec. = +02°15'14.1"
S.D. = 00°15'54.8"
H.P. = 00°00'08.7"

Moon at Greatest Eclipse
(Geocentric Coordinates)

R.A. = 23h40m27.3s
Dec. = -03°15'36.6"
S.D. = 00°16'22.7"
H.P. = 01°00'06.7"

N
Earth's Penumbra
Earth's Umbra
Ecliptic
E — — W
P4
Greatest
S
P1

0 15 30 45 60
Arc-Minutes

Eclipse Durations

Penumbral = 03h59m16s

Eclipse Contacts

P1 = 16:54:40 UT
P4 = 20:53:57 UT

ΔT = 70 s
Rule = CdT (Danjon)
Eph. = VSOP87/ELP2000-85

F. Espenak, NASA's GSFC
eclipse.gsfc.nasa.gov/eclipse.html

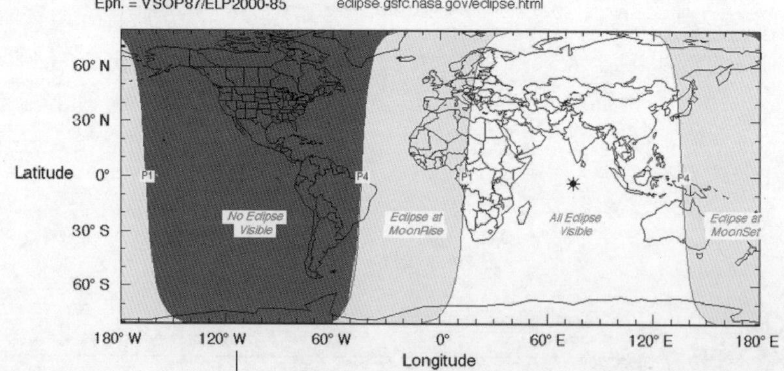

- 在金融占星學上，月蝕與金融動盪有密切的關係，尤其是在月全蝕帶的地區，經濟及股市動盪明顯激烈。

第十章·貪狼星

貪狼星

廉貞 貪狼	貪狼	武曲 貪狼	貪狼
貪狼			紫微 貪狼
紫微 貪狼			貪狼
貪狼	武曲 貪狼	貪狼	廉貞 貪狼

貪狼性格特質

貪狼五行屬木，是為欲望之神，主管人類的貪念、色慾和物欲，是紫微斗數的第一大桃花星。

貪狼的重點在於「貪」，假如單以桃花來理解貪狼，便流於狹義，桃花只是貪狼星性的冰山一角，貪狼可以是智慧星、幸運星、交際星、偏財星、善算星、藝術星、宗教星。總之，此星星性非常多元，每當搭上不同之組合，性質便會完全改變，繼而進化成另一形態。

古人認為貪狼五行屬陽木，亦有派別認為貪狼五行屬陽水，筆者認為貪狼的確與八字「壬水」日元的豪邁奔放、自由率性、大方豪爽的性格有較多相近似之處，反之與甲木並不洽配。不管陽水還是陽木，貪狼又與八字上的「偏財」星絕對吻合。個人甚至認為，斗數的三大財星應該要加入貪狼，把天府除下。

廉貞和貪狼都被喻為斗數的桃花星，然兩者又有什麼不同之處呢？

讓我們先從五行的陰火和陽水作出分析，廉貞的星性柔和、性暗；貪狼星性開陽、性光，干元「丁壬」相合，是一廉潔一貪婪之表示。既然稱得上是桃花星，自自然然要從色情方面去解讀，假如廉貪兩星都去夜店玩樂，貪狼的表現就是明刀明槍，擺明車馬的去尋歡作樂，反之廉貞因有隱蔽性，便會是偷雞摸狗，鬼鬼祟祟地進行。亦因為此，假如兩星同時遇難，貪狼的死因卻較為正常，此星的凶格有遭刑、水厄及劫掠，反之廉貞的死狀卻甚為古怪另類，如遭蛇咬、被雷劈、甚至被綁架或自殺等。

古人思想比較保守，對於性事充滿禁忌，貪狼常被古人打壓，常以不盡不實的惡名來喻之，例如：「貪狼廉貞同度，男多浪蕩女多淫。」或「貪遇羊陀居亥子，名為泛水桃花。」

從正面來看，一個良好的貪狼，反而是個正人君子，是風流不下流之士，命主就算是個小人，都是真小人，不是偽君子。反之，不良廉貞的桃花，卻可以是個痴漢或癮君子，帶有不正貞操的桃花，卻可以十分淫邪，亦因為此，「浪蕩多淫」並非一定是貪狼專利。

貪狼是屬於「殺破狼」星系，此星系為行動型星系，主變動，主開創，主創造，是人生變動樞紐。為什麼貪狼與七殺、破軍這些將星看似格格不入，但斗數卻刻意安排它們作為同一星系？

在角色分配上，七殺與破軍都是打手，負責執行武力行動，貪狼的角色就有如文宣統戰部，負責外交及宣傳事務。外交是戰鬥爭奪或擴充利益的伸延，是文鬥不是武鬥，因此貪狼與七殺、破軍可以說是本質相同但手法各異。更何況，貪狼的性質多元，不獨是外交事務，就有如今時今日的超限戰，講的並不只是明刀明槍式的攻堅血戰，更有網絡戰、資訊戰、太空戰、電子戰、傳媒戰、輿論戰及金融戰在背後支持，貪狼在中間協調，可以說是戰爭的大腦。

戰鬥爭奪最理想的結果，就是「不戰而屈人之兵」，因此貪狼的腦筋很靈活，懂得被重就輕，能夠以柔制剛把能力放大。否則，尋求合作共贏也是個理想的結局。可見貪狼是三者之中性質最為柔和，最為軟性，最喜合作，最少破壞的。而貪狼的外交文鬥，今時今日如用於商業，便十分有利公關策劃及市場推廣。

補充一提，貪狼的形狀為一條曲線，與武曲一條直線的行事作風完全相反，此星有曲線化解危機的能力，兼可化敵為友，其解決問題的能力確有一手。

貪狼是一顆偏財星，此星具有強烈的物質主意，人生方向以賺錢及擁有財富為目標，星曜的價值觀亦必然以物質實物來衡量。亦因為此，貪狼很懂得計算，每時每刻皆在計算得失。有些時候，貪狼表現得很大方，沒有計較，其實都只是表面，貪狼做什麼事情都已經過精密計算，不求即時回報，豪爽只是長線策略，其真正所想，是為了得到順利，為了討得人心而已。

做生意的首要條件就是懂得計算，計算不等如計數，世間上很多事物沒有實質報價，如一隻雞蛋換10個“Like”，誰較着數？像這樣抽象的利益計算，正正就是貪狼的強項。

天機與貪狼同樣聰明，天機的聰明在於隨機應變，貪狼則有快速計算及解決問題的能力，因此貪狼又被喻為「善算之星」。

此外，貪狼的六合星為天同，兩者同樣貪心，天同本性天真率直，是未經過美化和修飾的，是赤裸裸的貪得無厭。而貪狼就是天同貪婪的成年版，是比較成熟而且具有技巧，因此貪狼需要更多的智慧和經驗，不斷衡量和評估事態發展，從中估計時機得失，因此貪狼一星對外圍環境極度敏感。

貪狼應以「貪」字為重點，此星有無窮無盡的欲望，有強烈野心，有遠大理想，和紫微一樣都是謀大而不謀小，凡不好小便宜者，其野心必大。

古書提出貪狼好施小惠，不拘小節，其實小惠只是貪狼外交謀略的一部分，其背後所想，可能並不是喜歡幫助別人這樣簡單，此星喜人附己，發揮軟性影響力。說白了，貪狼付出小利，只是為了放長線釣大魚，況且，貪狼有偏財性，絕對明白小財不出大財不入的道理，此好施小惠實在與它的社交手腕可謂不無關係。

貪狼除了夠「貪」，還有「狼」性，此星很有鬥心，相當進取，加上其人喜追求新鮮刺激，喜歡嚐試不同挑戰，因此星曜喜歡競爭，富冒險精神。

貪狼善於計算，對局勢有敏銳觸角，便有利在競爭複雜的環境下生存。貪狼喜歡謀大，更具體說是喜歡「以小博大」，星性喜投機博弈，是機會主義者，亦因為此，貪狼懂得四兩撥千斤，善長借力打力之術。

貪狼有偏財特性，如星曜優良者，主其人善於投資理財，古云：「貪狼火鈴四墓宮，豪富家資侯伯貴。」說實在，此星與物質財富甚有淵源，其賺錢能力高強，進財快捷容易又不用粗勞擔心，筆者將之列入新財星，絕對不無原因。

貪狼愛美，有強烈的審美觀，對美感很有觸覺，有特殊的藝術品味，此星懂得門面包裝，為人亦較為表面，和巨門講求深度正好形成強烈反比。又因星曜較為表面，貪狼的原則性少，人較通融，此桃花星可以用隨意來形容，但並不一定隨便。

貪狼沒有高深偉論，此星喜歡談天說地，說些無傷大雅的話題，而且傾向大眾潮流，因此容易融入群體，不難令人接受。

貪狼的手腕圓滑，懂得攪人事關係，加上其活躍外向的性格，便有利人際溝通，此星喜歡聲色犬馬奇趣之事，不介意以酒色財氣作為交際手段，此人的興趣涉獵甚廣，多有長期嗜好。還有，此星懂得欣賞藝術，熱衷色彩生人，生活形態多姿多彩。有利的是，貪狼有這樣多的嗜好和交際活動，便有利在商業及人群關係中發展，能夠從各個方面的聯誼活動而建立廣闊的人脈網絡。

貪狼的桃花，除了發揮在男女感情關係之外，也正好利用來增加人緣。喜歡交際應酬的貪狼，充滿藝術細胞，對聲色娛樂敏感，懂得表現，並有些表演欲，容易受人歡迎。其表演欲與太陽不同，太陽的表演欲是為了滿足自我，而貪狼的表演欲則傾向滿足大眾，因此貪狼大利與人交往的事業，例如公關或娛樂業等。

事實上，貪狼坐命者極喜人多熱鬧，此星不甘寂寞，不喜閒寂，若然靜處一角，不能成為眾人焦點，便會覺得內心孤單。所以貪狼之所以成功，「人和」佔絕大關鍵。

貪狼與其他星曜不同，吉星對它來說幫助實在有限，一般只是加強它的能力、學識和機遇。

不同的是，貪狼更喜煞星，尤其會上火星、鈴星而成為「火貪格」，由於貪狼富有投機取巧性，有以少博大的心態，當遇上火鈴，便會加強命主對物欲的追求。火星的急速表現和爆炸性，主突然奇來而且超乎想像的特殊際遇。假如發生在財帛宮，便有意外突發之財，亦即是偏財或橫財運。如落在其他宮位，也主突然獲得一時良好際遇，例如在事業上橫立功名，或抽獎連中三元等等。

火鈴貪的爆發力很強，可以在很短時間內發生多倍升幅，但為時短暫，而且用完即棄，只屬一次性有效，不會再次發生相同類似的際遇。

鈴星也主發越，火貪和鈴貪之分別在於時間性，火貪主頭段發力，鈴貪主尾段發力，鈴星需要累積能量，要達到力量的最大飽和點才會爆發，有如火山爆發式的出現，因此力量非同少可，絕對不比火星輸蝕。

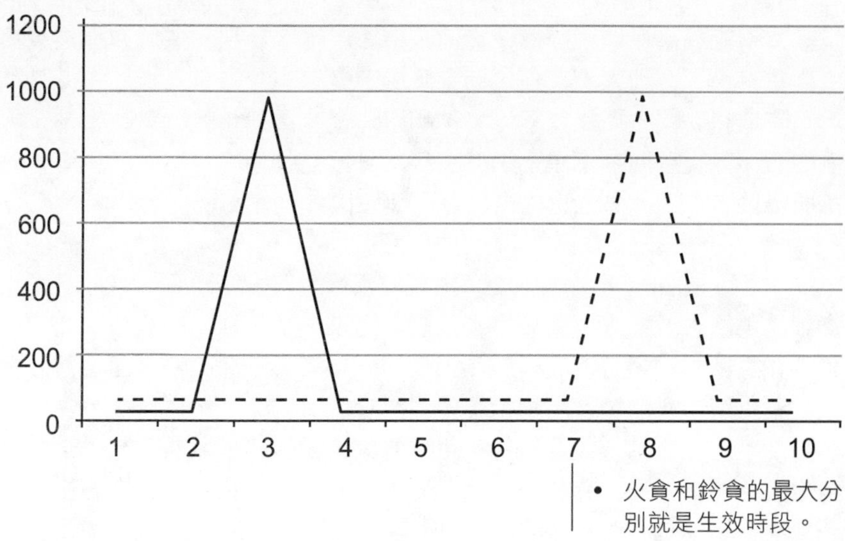

• 火貪和鈴貪的最大分別就是生效時段。

經驗上，鈴貪未必主橫財暴發，更多時候與定期存款，或儲蓄保險供款到期，或與累積資金被解凍之時有關。但是，火貪之突發性，仍然必須有吉星的支援，始主吉發，否則，如忌星惡煞雲集，只主劇烈波動及暴敗而已。其實，斗數理論，貪狼算是輕浮之星，古云：「火貪昌曲同度，多虛少實。」此星不夠踏實，成功不多不少也有僥倖成份。私底下說，火貪的真正解釋是嚴重分歧，因此火鈴貪不喜入六親宮垣，代表分離。

除了火鈴，貪狼對擎羊、陀羅也不忌，兩煞對貪狼亦都有共同合作的空間，擎羊與貪狼都是爭奪之星，只不過有了擎羊的參與，貪狼的手法更為直接和尖銳，較具攻擊性而已。而貪狼與陀羅則主猶疑和拖延，此方面卻能彌補貪狼耐性和細心不足的缺點。

在吉星方面，貪狼遇上左輔、右弼，會增加其貪欲，貪性可表現在務多、貪廣、更多元化的一面。貪狼是橫向發展的星曜，有能同步進行多樣不同性質之項目，如有輔弼之助，主能協調多方人事及工作，所涉及的範圍更廣、組織力更強。

貪狼一向都是機會主義者，喜歡遇上天魁、天鉞等代表機遇的吉星，貪狼能夠掌握環境變遷，從而在機會中謀取暴利。魁鉞亦都是貪狼的桃花貴人，甚利人際交往、商業應酬。貪狼本身很有人緣，如得魁鉞的天時地利之便，更是如魚得水。順帶一提，貪狼和魁鉞臭味相投，兩者的西洋守護星同為木星，因此貪狼本身已是一顆幸運星，就算沒有魁鉞所提供的吉遇，命主也懂得為自己製造機會。

文昌、文曲對於貪狼來說，主要有兩重意義。第一點，昌曲會強化貪狼之色慾，增加命主對感官及情感之渴求，增其桃花風韻事，此方面如站在道德立場，可以說是較為不良影響；第二點卻比較正面，昌曲會貪狼不主讀書科名，卻是藝術才華之組合，古云：「貪遇昌曲，為風流名士。」此風流名士並非是指夜生活專家，如今即是名嘴及才子，喻意盤中人好琴棋書畫，有精湛技藝。此外，此星組大利異路功名，主人有一技之長，或有其他方面的才華。

貪狼之對星組合分別有，子、午宮的貪狼獨坐對紫微，卯、酉宮的紫微、貪狼同坐，寅、申宮的貪狼獨坐對廉貞，巳、亥宮的廉貞、貪狼同坐，辰、戌宮的貪狼獨坐對武曲，丑、未宮的武曲、貪狼同坐等，由此可見，貪狼與紫微、武曲、廉貞三星關係最為密切。尤其是武貪和紫貪之組合，技術含量非常豐富，現代則可以成為工程界人士。

貪狼的多元性，實在千變萬化，除了可以做大商賈、公關、和尚之外，還可以做教書先生。貪狼和巨門本身都有傳播性質，兩者都喜歡施加影響力，都喜歡影響別人，都想改變別人的想法。

在傳播方面，基於巨門的星性沉潛，多以文字方式作靜態傳播，而貪狼則特別着重溝通。以貪狼星性，多是以遊說宣傳或軟銷方式，並以親身體驗，以行為去影響別人。加上貪狼見吉的技巧才華，再配合天刑，便是教育或訓練的代表星組。補充一提，天刑不論遇上的是貪狼還是天同，都有教育意味，只不過是教授的科目不同而已。

貪狼的貪，有分感情與物欲之「貪」，甚至可以是一點也「不貪」，又或者是不貪世俗，而在精神及出世上的貪。貪狼此色慾之星，在正常情況下主多情，假如一旦在六親宮位為成「羊陀夾忌」，則主孤獨無情。有趣的是，貪狼既是物欲又是宗教之星，此星對宗教玄學非常感興趣，或可成為僧道之命。

命理常常告訴我們，凡事不可過猶不及，紫微代表的權力欲和貪狼的情物欲，當去到極端的時候，便會變得心無所欲，變得無欲無求，兩者皆對宗教有緣，某些組合更是出家脫俗者之命例。

如要判斷貪狼的欲望究竟有多大，狼性夠不夠強，還須要參看天府的狀況，天府一星乃南斗之主，可影響整個命盤的穩定性，影響命主對物質財富的胃納。如天府見祿享安定，天相便流於安定，加上天相之對宮為破軍，與及天府的對宮是七殺，然而破軍、七殺也安定，整個「殺破狼」星系也隨之而穩定，此貪狼易於滿足，便能自我剋制，不會過分追求。

若然貪狼多遇煞忌刑耗，則人為財死，鳥為食亡，主其人可以為求目的不擇手段，以不正當途徑來滿足自己私欲。桃花多遇凶曜則流於放縱、縱慾，加上天貴則喜歡濫藥、吸毒。貪狼遇上擎羊，一般主爭奪，有強烈競爭性，至於爭奪什麼，則要視乎原局貪狼的欲念趨向，但大抵都離不分「情」與「慾」。

貪狼沒有耐性，不喜會上陀羅，然而貪狼很多時候都和色慾相關，如果再加上多些感性星曜，例如亥宮的廉貞、貪狼為「泛水桃花」，便容易色迷心竅，陀羅使之沉溺在慾海之中，在情感方面陷入苦戀，難以自拔和抽離。而貪狼和陀羅的組合，在寅宮還有「風流彩杖」的格局，都離不開與情慾淪陷的事情有關。

貪狼如遇上地空、地劫，可加強貪狼的創意，並減卻貪狼色慾，或代表有宗教及出世念頭。假如會上空劫和忌星，則代表此人有特殊癖好，喜歡重口味，或價值觀和審美觀都異於常人。

貪狼表面多欲，性好多元，都和天相有關，根據安星法之編佈，天相必然落在貪狼的福德宮，天相喜歡不斷複製，重複又重複，因此貪狼的務多，實在和天相有兼行、兼職、兼業不無關係。另一方面，表面輕泛的貪狼，其實內心非常保守，天相傾向保守，慎重細心，做事一板一眼，很有規律。

貪狼喻為斗數的第一桃花之星，箇中原因，不難從貪狼之兄弟宮為太陰作出解釋，太陰落在兄弟宮主女性朋友眾多，加上太陰為情緒之星，女性皆易觸動其情感弱點，令貪狼變得感性多情。同時天府又是貪狼的夫妻宮，天府保守，入夫妻宮主感情良好、守舊、長情，就算有嚴重分歧卻不會離婚。

貪狼的父母宮為巨門，巨門在六親宮位皆不為善曜，主其人嚴肅沉默。貪狼與巨門，兩者同樣都具有傳播性，喜歡影響別人，希望別人接受自己的想法。可是，一者為物質性，一者為精神性，話不相投是肯定的，此星與父母的感情較為冷漠，同時因巨門為暗曜，遇上忌星，便有家醜不出外傳的憾事。有利的是，貪狼的田宅宮為天梁，便多有機會繼承田產和祖業。

從貪狼左右的宮垣可見，巨門低調居於父母宮，太陰收斂地居兄弟宮，左右皆是暗淡之星，兩星皆不喜高調張揚，貪狼身在其中，便有如「萬綠叢中一點紅」，不放光也顯得分外奪目，此為貪狼不難成為眾人焦點之主因。此外，貪狼如欲發揮表現時，便容易獲得巨門智者長輩的提點，和太陰女性的細心關懷，並以柔性地作出規勸及訓導，從而減少了狼性的不理智，這一方面卻是貪狼比天同較為理性成熟的地方。

貪狼屬於「殺破狼」星系，此星的財帛宮為破軍，因而在錢財上往往都會有明顯的上落波動。而貪狼的事業宮為七殺，七殺的能力和決斷力都極強，能夠單打獨鬥，做事獨立果斷，在事業宮主有認真投入的工作態度。加上七殺主中途打擊及挫折，因此貪狼做事，多數為短期操作或插花性質的生意，每事多有中斷而重新再起之勢，看來貪狼的務多傾向，實在非不得而已，有誰不想一針到尾，由始至終從事一門一業。

太陰 兄弟	貪狼 命宮	巨門 父母	又相 福德
天府 夫妻			天梁 田宅
子女			七殺 事業
破軍 財帛	疾厄	遷移	奴僕

貪狼入命者性格活躍，除了多遇桃花，還常有特殊際遇，此星還與運動、娛樂，以及長期嗜好有關。星曜如入於六親宮位主感情良好，而且相關宮位還會給命主帶來關心和助力。貪狼入夫妻宮除了代表雙方感情和洽之外，還有機會遇上第三者。此外，據說貪狼守夫妻宮有一現象，就是此對象在初相識時並無感情，但日子有功，慢慢便會日久生情，最終結為夫婦。說白了，無非都是和貪狼的慢性、婉轉及柔和性質相關。

貪狼入財帛宮和福德宮皆理想，代表財源多樣化，並以偏財為主。此星善於投資投機，如運限良好，主進財豐富而不須操勞。如貪狼落入福德宮，除了花心，見吉者還有突如奇來的靈感，而且此靈感非常有用，也主有大謀。如事業宮為貪狼，因星性輕浮務多，便喜歡經常轉工轉業，或事業以交際、藝術或裝飾為主，在裝飾方面如包裝、美容、裝修亦可。此外，公司醫生等帶有業務重組性質都與貪狼的粉飾相關。補充一提，廉貞主血，貪狼主肉，因此貪狼也有皮肉特性，古云：「貪狼會煞無吉曜，屠宰之人」，可見事業宮遇之，也可經營肉類生意。

貪狼入疾厄宮，主泌尿系統、生殖器官、性病、皮膚病或色斑等問題。在遷移宮而言，貪狼星性多元化，屬於變動的「殺破狼」星系，加上此星與父母宮巨門一向不咬弦，外出發展的確好像是比較有利。可是貪狼在變動星系中屬於穩定性較高者，然其有雙頭蛇特性，內外皆能夠兼顧。實際上，貪狼入得廚房出得廳堂，其人在本地發展或在外地皆有良好表現，本質較為中性。

貪狼四化及運限

傳統認為，貪狼在十干四化中，有化祿、化權、化忌，不化科。

貪狼在戊干化祿，一方面強化貪狼的欲望，對色彩物欲和情感皆有渴求，此化令貪狼變得更貪，更多元化，更務多。另一方面則加強了貪狼的狼性，導致命主變得更積極，心態更進取，野心更巨大。

貪狼化祿易得意料之外的助力和幸運，但要留意，此時天機必然化忌，便會因過度追求而帶來更多損失及無謂開銷。

貪狼化權的原理有如天機化權，把焦點和專注力集中，將圓潤變得尖銳，把貪狼從務多貪廣變成重點出擊，有助專心一意去達成目的。而己干的貪狼化權，同時武曲化祿，代表不用轉彎抹角，不用玩花巧、耍手段，凡事以最簡單直接方式便可成功。

貪狼不化科之原因，古人認為貪狼星性外向活躍，喜歡結識新朋友，能夠在社交圈子長袖善舞，此星色彩奪目，本身已是焦點所在，不化科也容易吸引別人注意，令人留下深刻印象，因而沒有化科的必要。可是筆者卻持相反意見，基於貪狼有「吸引眼球」的特點，因而更加有化科之理，此星十分多元化，若然四化不齊，又何來多元可言？

貪狼化科亦都是本書的特色，此部分將會在《中編》的十干四化部分，再和大家詳盡分析。

古人認為貪狼化忌能減少情慾色慾，是化忌之中破壞力最低，最無傷大雅，甚至認為是好事。假如對貪狼的認知只是男女桃花之事，如能減少情慾，道德上的確好像是較好，可是貪狼的本性並非單單只和感情有關。現在想問一問大家，你認為性無能好？還是破產較好？好明顯兩者都不是理想選項。

貪狼在減少情慾上的幫助，並非如古人想像的這樣天真。貪狼主欲，主個人喜好，代表本能、野心，假如做人沒有欲望，那麼做人又有何意義？況且貪狼化忌不是代表沒有，正確來說是變了質的欲望，然而這些欲望卻多為普世所不能接受，例如變種的感情問題、特殊癖好、同性戀、同性婚姻、三角戀、多性戀等，加上貪狼是嗜好沉醉之星，假如再見藥星，便會有濫藥習慣，或染上毒癮等問題。

貪狼化忌，破軍便同時化祿，破軍代表義無反顧的改變，兩者一起便會衍生出十分古怪的事情。

在運限方面，「火鈴貪」的變動來得突然，有意料之外，預期之外的特性。假如沒有火鈴因素之貪狼，代表潛移默化，緩慢地改變，因為貪狼着重外表，喜歡修飾，很多時變動只是新瓶舊酒，改動一下包裝便是，變完之後，大抵還認得出都是昔日的貪狼。

貪狼面相與星座

十字型面相方面，貪狼和天同都是屬於「圓字面」，然兩者不同之處，就是貪狼為長圓臉或圓中帶方。《形性賦》曰：「貪狼為善惡之星，入廟必應長聳，出垣必定頑嚚。貪星入於馬垣，易善易惡。」「圓字面」的特色是面圓而肥大，五行屬水，如同西方分類法屬享受型，但與「由字面」不同，「圓字面」具有極強的創富能力，理財能力特別高強，善於以智力生財，加上人性格圓滑過人，交際手腕了得，可以從良好的人士關係中獲得利益。

水主智，「圓字面」的人足智多謀，思想靈活多變，適應力特強，易有特別興趣或嗜好。從圓形臉可見，此人的一生運氣良好，沒有多大波折，屬於幸運的面相。

在西洋星座方面，貪狼是人馬座，先天宮位為寅宮，寅月為月建之首，廿四節氣為小雪，守護星為木星。木星不論在占星，在八字、六壬、太乙和紫微斗數都是第一大貴人星，古代中國人只看到貪狼的貪性，而看不到其欲望之源，卻原來是有幸福之神的眷顧，才有務多貪廣之廣泛性。事實上，木星有不斷擴張的特性，此點在《八字編》及《占星編》已經有詳盡論述，不在此贅。

人馬座和貪狼坐命的人性格率直，熱情大方，樂觀好動，有理想，興趣多，凡事好奇。此星座之人熱愛自由，喜歡熱鬧，是個樂天派。人馬座落在四驛馬宮垣，代表有極強之外在適應力，此星喜歡到處流浪多於過着安逸的生活。

人馬的缺點就是善忘、心散、粗心大意，並有今朝有酒今朝醉的心態，可能因為天生便有木星貴人之守護，凡事不用操心，認為船到橋頭自然直，人生自然順遂愉快。

總括貪狼人生所追求的就是「欲望」，欲望是本能需要，只有多與少，卻沒有好壞之分。

杰赫星命 看畢本文，假如各位現時仍然把貪狼視為愛慾之星，那麼，建議你要看多一次。對於貪狼的愛慾，我們又可以了解為愛好、喜好、嗜好、物好、甚至完全不好，絕不一定指男女間的感情事。

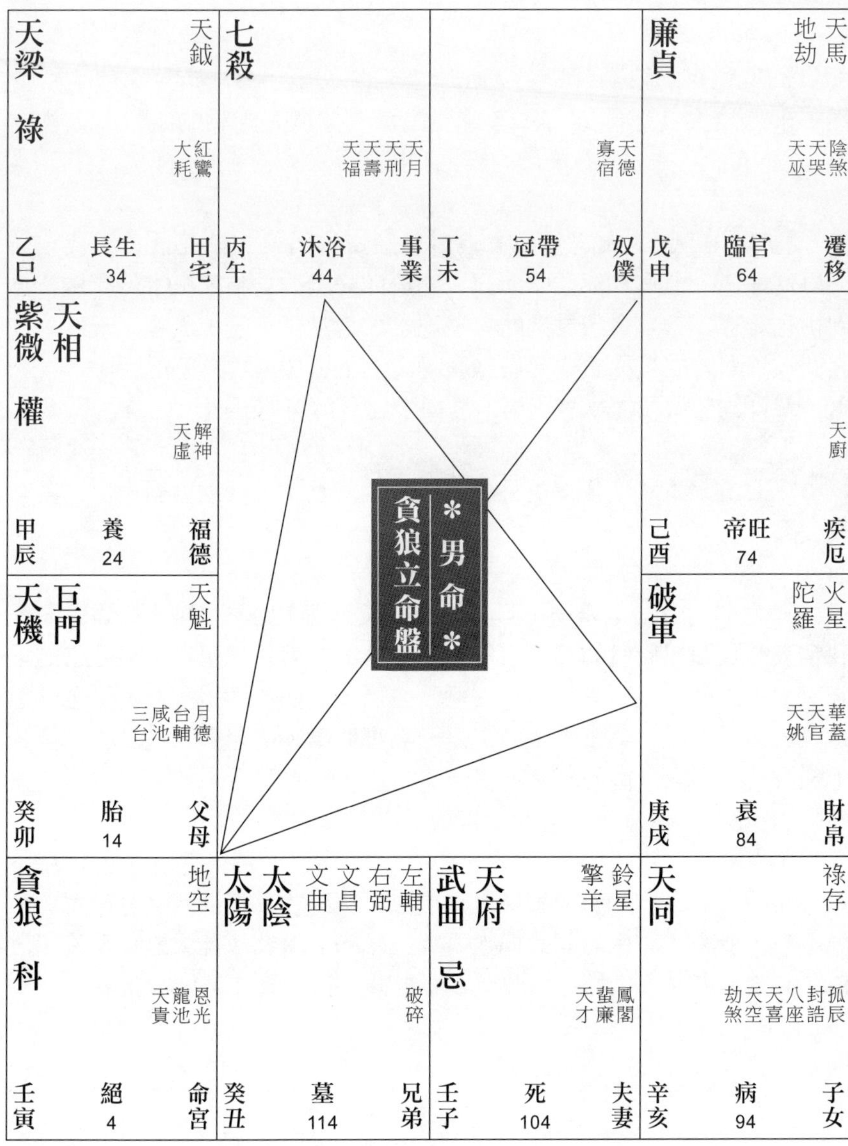

天梁 祿
天鉞
紅鸞 大耗
田宅
長生 34
乙巳
七殺
天月 天刑 天壽 天福
事業
沐浴 44
丙午
天德 寡宿
奴僕
冠帶 54
丁未
廉貞
天馬 地劫
陰煞 天哭 天巫
遷移
臨官 64
戊申
天相 紫微
權
解神 天虛
福德
養 24
甲辰
天廚
疾厄
帝旺 74
己酉
男命
貪狼立命盤
巨門 天機
天魁
月德 台輔 咸池 三台
父母
胎 14
癸卯
破軍
火星 陀羅
華蓋 天官 天姚
財帛
衰 84
庚戌
貪狼
科
地空
恩光 龍池 天貴
命宮
絕 4
壬寅
太陰 太陽
左輔 右弼 文昌 文曲
破碎
兄弟
墓 114
癸丑
天府 武曲
忌
鈴星 擎羊
鳳閣 蜚廉 天才
夫妻
死 104
壬子
天同
祿存
孤辰 封誥 八座 天喜 天空 劫煞
子女
病 94
辛亥

【貪狼立命】：此盤的貪狼立命在寅，由於筆者採用王干四化為「梁紫貪武」，因此視此人的命宮為貪狼化科。

貪狼化科的特點就是為人非常圓滑，交際手段一流，事能避重就輕，永遠給人良好印象。筆者曾經說過，紫微、天相的組合為人極友善，很NICE，完全沒有紫微的霸氣和架子。

懂少少斗數的人認為，貪狼對星廉貞的組合，桃花性重，代表為人風流好色，但事實卻並非如此。處於四驛馬的貪狼，根本沒有機會見到桃花雜曜，盤中貪狼見到的只是地空、地劫、華蓋、天官、天刑，代表此人只對哲學等抽象學問感到興趣，加上盤中嚴重落陷的太陽，見天虛、解神的紫微在福德宮化權，均與上述見解可有共鳴。

廉貪立命的人，濃厚的桃花性質所指就是，人緣助力對命主尤其有成敗關鍵。

命宮的貪狼同坐恩光、天貴見對宮天巫，主容易受到別人賞識，受到別人的關照。此盤的父母宮不差，更要命的就是兄弟宮，從丑宮的太陽、太陰立極，見到有左輔、右弼、文昌、文曲、天鉞、紅鸞，全部都是人緣和助力星。事實上，命主是一名專業事務的合夥人，其人在事業上的成功，絕對是得助於兄弟和合作拍擋的緊密關係。

假如再細心一看，太陽的宮位為「陽梁昌曲輔弼祿」，此格局不單只說明當事人的學歷成績優異，更主事其人才華橫溢、文彩出眾。私底下說，盤中人和筆者同是少數研究星學的發燒友，此人之文筆流暢淺白，立論解釋深入確切，論題有真憑實據可依，實在是無可非議。

【補充閱讀《一》── 古代占天術】：有關古代占天術，不得不提「量天尺」，量天尺的主要用途就是用來量度天體距離（光年），而作為標準的量天尺，最出名就是「造父變星」。

「變星」是指有周期光暗變化的恆星，多數恆星的亮度幾乎都是固定的。以太陽為例，太陽亮度在11年的週期中只有0.1%變化。然而有些恆星的亮度確存在周期性的明顯變化，這就是我們所說的變星。

變星大致可以分成以下兩種形態，「物理變星」是指恆星自身的體積有週期性的膨脹收縮現象，從而造成不同的光度變化。第二為「光學變星」，光學變星主要發生在伴星（雙星組合），由於兩星彼此互繞，便因週期性的互相遮掩，造成觀察時的亮度變化。科學家只要觀察出變星的光變週期與其他行星的周光關係，便能推算出恆星的大概距離。

本文的天狼星，正是這種類型，分別是便天狼星α星和天狼星β星（Bd：α CMa β）。

關於變星，古人發現天上有某些星宿經常有時光時暗的情況，欽天監就是單憑那些星曜的光暗來判斷國家大事，例如：代表戰事的「天狼」，主理囚獄的「天理」，主天下太平的「天床」，主五穀豐收的「天廚」，主管刑法的「天棓」和「天槍」，如凶星明亮則反映有災禍兵亂之事，吉星明亮則主國泰民安。

除此之外，再加上「三垣」的行政、立法、商業等星宮，和「廿八宿」的邊域戰場和分野，天上便形成內政及邊防的龐大系統，以此作為國事占卜的先決條件，怪不得古代的斗數學家均認為以星曜廟旺為吉。

【補充閱讀《二》—— 天狼星】：天狼星是地球上所能見到的最亮恆星，視星等為-1.47，亦都是太陽系最近恆星之一，距離我們大約8.6光年。它的英文名稱為Sirius，為大犬座α星。

我們可以在秋冬時份，晚上在東南偏南的方向，看到一顆明顯最光的星曜，不用猶豫，這顆就是天狼星（α CMa），再加上左上角小犬座的南河三（α CMi）和右上角獵戶座的參宿四（α Ori），把三星連上，便形成了一個等邊三角形，名為「冬季大三角」（見p203頁圖）。

中國古代星象學說中，一向視天狼星為大惡星，是「侵略之兆」的敵星。屈原在《九歌・東君》中寫到：「舉長矢兮射天狼。」以天狼星比擬位於楚國西北的秦國。蘇軾《江城子》中「會挽雕弓似滿月，西北望，射天狼。」以天狼星比擬威脅北宋西北邊境的西夏。

故此，古代中國人特設了「弧矢」星官，弧矢象徵一把弓箭，用來監視及剋制天狼星，星圖中天狼星的下方便是「弧矢」星官。

根據占星方面的研究，除了發現九大行星能影響人類的命運之外，還發現黃道附近的光亮恆星，對命運也有一定的啟示，他們所用的恆星有如中式術數的神煞，就以「冬季大三角」的三顆恆星為例：

1. 天狼（Sirius）凶，主鬥爭，與火星同樣有破壞和侵略之意；
2. 參宿四（Betelgeuse）吉，主有天福，有長遠理想和抱負；
3. 南河三（Procyon）凶，主堅持不足，如要快速成功則須此星，但成功也發不耐久，星義有如斗數的火貪格。

筆者把以上的「恆星占星法」也一同應用於於斗數上，詳情會在《斗數下編》六十星系再和大家分享。

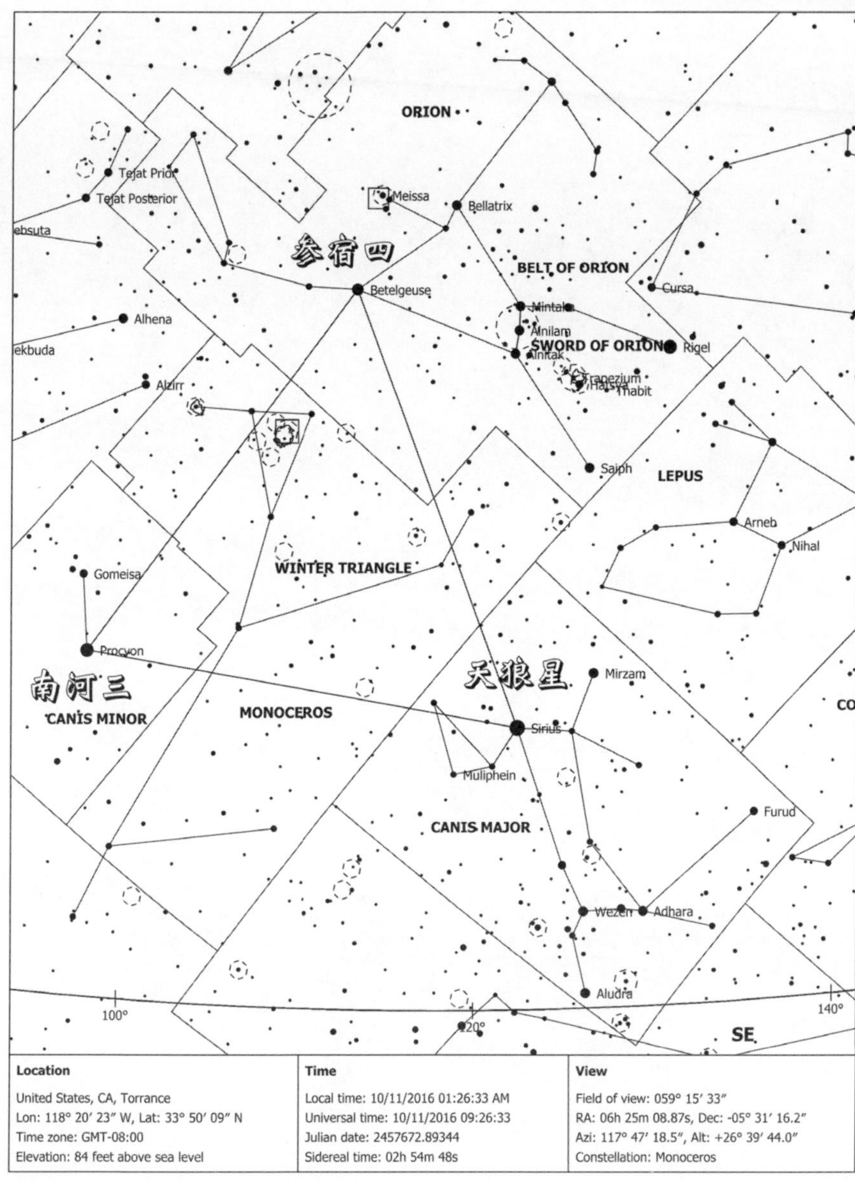
ORION
Meissa
Bellatrix
Tejat Prior
Tejat Posterior
ebsuta
参宿四
Betelgeuse
BELT OF ORION
Cursa
Alhena
Mintaka
Alnilam
SWORD OF ORION
Rigel
ekbuda
Alnitak
Alzirr
Trapezium
Hatsya
Thabit
Saiph
LEPUS
Arneb
Nihal
Gomeisa
WINTER TRIANGLE
Procyon
南河三
天狼星
Mirzam
CANIS MINOR
MONOCEROS
Sirius
CO
Muliphein
CANIS MAJOR
Furud
Wezen
Adhara
Aludra
100°
120°
140°
SE
Location
United States, CA, Torrance
Lon: 118° 20′ 23″ W, Lat: 33° 50′ 09″ N
Time zone: GMT-08:00
Elevation: 84 feet above sea level
Time
Local time: 10/11/2016 01:26:33 AM
Universal time: 10/11/2016 09:26:33
Julian date: 2457672.89344
Sidereal time: 02h 54m 48s
View
Field of view: 059° 15′ 33″
RA: 06h 25m 08.87s, Dec: -05° 31′ 16.2″
Azi: 117° 47′ 18.5″, Alt: +26° 39′ 44.0″
Constellation: Monoceros

第十一章·巨門星

巨門星

巨門	巨門	巨門 天同	巨門 太陽
巨門			巨門 天機
巨門 天機			巨門
巨門 太陽	巨門 天同	巨門	巨門

巨門性格特質

巨門是一顆暗曜，五行屬陰土，此星的性格憂鬱，有內才，與人寡合，並與口才、學問及傳播有關。

巨門生性多疑但理性，喜歡尋根究底，富研究精神，很有耐力和韌性，假如星曜配合良好，更是一顆「智者之星」。

巨門與廉貞都是陰性的精神性星曜，此星比廉貞更暗，更加內歛，更有內涵。廉貞重視親情，巨門則重視智慧；廉貞把私隱收藏，巨門則公開私隱，此星喜歡尋根究底，找出事實與真相。

巨門一曜與八字己土日元亦多有相似之處，巨門為坤土，為大地之土，土有掩蔽性質，為「土靜金埋」之象。巨門有隱性，有些人喻之為山洞，喻意深不見底。事實上，巨門為人的而且確滿有深度，此星喜歡低調，喜歡耐心地工作，會收藏自己，不輕易表露真我。坤土與田園之土一樣，有利默默耕耘，孜孜不倦的培育或研究工作。

斗數上有兩顆星曜皆主思考，分別為天機和巨門，天機的思考較為淺層，分析層面廣泛而表面，此星注重通用知識，講求實用實際。巨門的分析力比天機更強，暗曜主深層次思考，較為沉實，傾向哲理及抽象學問，研究得很尖端深入，此是戰略家的思維模式。天機與巨門，一個表，一個內，假如天機為碩士，巨門則為博士級別。假如要我找一個電影人物代表巨門，我會選擇《X戰警》的教授Professor Charles Xavier。

巨門為人個性沉默、安靜，不喜爭風，顯得有些遺世孤高，而且帶點神秘。此星的心思細密，尤其喜歡獨自沉思，巨門為人外柔內剛，本身滿有深度，充滿個人想法。此星不易信人，不易受人影響，巨門低調得來有大智慧，多有與別不凡的高見。

論影響力，巨門與貪狼本身都有自己的一套見解，也喜歡銷售自己的想法，用思想去影響他人，兩者都有傳播的意味。貪狼的傳播方式以動態展示，以互動和溝通的方式傳遞思想，偏向點對點（Point to Point）或點對多點（Point to Multipoint）的發放模式。巨門傾向靜態，主要在背後暗中支援，文星被動，主以文字書本方式傳播智慧，此星的傳聞方式為廣播（Broadcast），又因為有太陽的幅射作為傳播媒介，因此傳播面比貪狼更為廣泛。

古人認為巨門主口舌是非，其實口舌應該分為兩面，亦有好壞之分。巨門的廣義主傳播，在古代社會，最沒有成本的傳播方法便是口述，無可否認，口傳是最傳統而又最便捷的傳播方式。相比起現今社會的媒體泛濫，有各大電視電影、報章雜誌、互聯網絡、社交群組等眾多平台，比起有聲無畫，沒有互動就顯得明顯遜色。其實，聲音只是傳播媒界的一種表現而已，假如大家仍然把巨門定義為口舌傳播，便和貪狼等於「桃花」一樣流於狹義，且不合潮流。加上巨門人充滿深度氣質，如要影響別人，也未必一定要用口才，還有以上所述的多種方法。

巨門命喜歡靜態，傾向思考多於說話，此星沉默而不語，暗曜不喜站在最前線，不喜張揚出頭，更不喜拋頭露面。巨門不善交際，因此初初認識，便會覺得其人態度冷淡，要相識一段時間才有話題，明顯外冷內熱。

巨門的內涵表現出說話有重點，有深度，重質不重量，其深層次哲理思維，更傾向以文字方式來表達。反之，喜歡滔滔不絕，雄辯滔滔的有天機、太陽及貪狼的份，但絕非巨門所長。

先舉個親身體驗，筆者盤中的貪狼頗算活躍，自少到大都生性樂觀，無話不言，喜歡人多熱鬧，興趣廣泛。但當走入巨門大運，便變得沉默寡言，可以整天都不說話，喜歡獨自多於熱鬧，更是獨個兒靜靜地寫成《杰赫命星》，此親身經歷可告之大家，巨門的90%為靜態。

若然想表達個人理念或哲理思想，因為題材主觀，便容易引人非議，為成是非話題，無論是正信或迷信，只要有人提出，便會產生支持者及反對派，和應和批評同時存在。

舉個例子，巨門的是非，就有如坊間的玄學書籍或電腦程式手冊的出版，大家認為哪一方面會引起更多的非議及回響呢？因此巨門的是是非非，招人嫉忌乃迫不得已，此口舌是非其實只是傳播界的副產品而已。

斗數理論，最暗的星不是太陰，不是廉貞，卻是巨門，巨門有如地底洞穴，連陽光都不能輕易照射。反之，最光就是廟旺太陽，只有陽光能夠普照大地，便可引入洞穴來為巨門解暗，把深不見底的巨門變得通透，變得多些能見度。因此在安星法中，太陽和巨門必定在三方四正會照，兩者性質相反，兩者又互為影響。正由於此，太陽、巨門和天梁，筆者將之歸納為「日梁門」星系，此星系關乎命者的性格陰晴、開朗或沉默，在物質方面，則關乎積富和消耗的多寡。

假如命盤中的太陽為廟旺，便能大大地減少巨門的沉潛，人便變得較為開朗，外向和大眾化，並且喜歡表現自我，多些發表高見偉論，對錢財也較不着緊。

再說「日梁門」星系，巨門與太陽、天機、天同三者關係最為密切，在巨門的對星組合當中，分別有子、午宮的巨門對照天機，卯、酉宮的巨門、天機同宮，丑、未宮的巨門、天同同坐，辰、戌宮的巨門對照天同，寅、申宮的巨門、太陽同宮，以及巳、亥宮的巨門對照太陽。

然而，巨門、太陽之組合，主為人光明磊落，對星的思路大眾化，易得人理解，古人因此認為此對星組合的剋刑相對較少，說白了無非都是拜太陽的光猛而得來。

當然，巨門始終帶有暗性，所以也不一定喜歡受眾人觸目，假如盤中的太陽落陷無光，命主的行事風格便會十分低調，變得較為實際，傾向守財和逐利。究竟巨門應該在台前還是幕後發揮影響力，實在與太陽光度有直接關係，可是巨門始終都是輔佐角色，一般而言比較適合在背後策劃，提供意義，若然太過觸目卻容易招是非，受到非議。此為巨門故有的「石中隱玉」格，古云：「巨門子午科權祿，石中隱玉福興隆。」此星格以背後暗中操控，以不走向台前最高峰為有利，反之則有是非麻煩，甚至有可能身敗名裂。

杰赫星命

巨門就有如一個巨大山洞，此洞看似深不見底，其內裡別有洞天，古人認為只有廟旺太陽才能解巨門之暗，即是說明此人性格開朗，行事風格大路而已。

廉貞 貪狼 火星 辛巳 病 113 兄弟	巨門 文昌 壬午 死 3 命宮	天鉞 鈴星 陀羅 地空 癸未 墓 13 父母	天梁 天同 忌 文曲 天馬 祿存 甲申 絕 23 福德
太陰 科 庚辰 衰 103 夫妻			七殺 武曲 權 擎羊 乙酉 胎 33 田宅
天府 地劫 己卯 帝旺 93 子女			太陽 祿 丙戌 養 43 事業
戊寅 臨官 83 財帛	紫微 破軍 右弼 天魁 己丑 冠帶 73 疾厄	天機 左輔 戊子 沐浴 63 遷移	丁亥 長生 53 奴僕

- 此乃網上流轉傳前入獄總統陳水扁的命盤，此盤是巨門在午，古人稱之為「石中隱玉」，此格利暗中操作，以不走最高峰為吉。

但是針無兩頭利，廟旺太陽會令到巨門的深度大減，因為要顧及大眾需要，不宜過度太過深入和專業，故此必須深入淺出，無須動用到巨門的高深學問。假如盤中的太陽光度稍弱，巨門便偏向深入和專注，且有極強韌的耐性和毅力。

巨門是一顆文曜，本身就是「機月同梁」系的成員，因此極喜會上文昌、文曲等科文諸曜。

巨門如會上昌曲，可以加強命主的表達能力，變得內涵豐富，大利於傳播事業，同時巨門因個性關係，與人落落寡合，昌曲能加強星曜的感情色彩，富有人情味，較喜歡與人相處。再加上巨門本身滿有個人高見，內心封閉，不易信人，假如缺乏昌曲的教養，便會形於粗鄙，流於膚淺和頑蠻。

巨門亦喜有其他儒雅星曜的襯托，如龍池、鳳閣、天才等，此等氣質橫溢的雜曜能夠用來提升文化素質，把巨門變得優雅，變得更有修養，更具涵養，更有品味。

個人認為巨門最喜配上就是文昌，文昌主理性，巨門遇之代表有理性而踏實的思路。事實上，巨門能言善辯，同時易招人嫌忌，此星若然才學出眾，想法理性客觀，便能以理服人，把是非化為理性的學問討論，文昌便有化解爭執及口舌招尤的作用。此外，基於巨門沒有星曜化科，縱使有高深才學，沒有化科便意味著沒有彰表和發揮機會，所以巨門更必須藉着文昌化科，來展示個人的學問和智慧。

可以想像巨門的外形有如空洞，沒有內涵的空洞，內裡真是空如也，因此巨門極喜放入祿存，祿存能把巨門填滿，有祿存的巨門，就有如充滿寶藏的山洞，其外表為頑石，內裡卻是珍寶。同樣道理，文昌也有相同作用，然文昌和祿存的不同之處，便是財富與學問的分別。

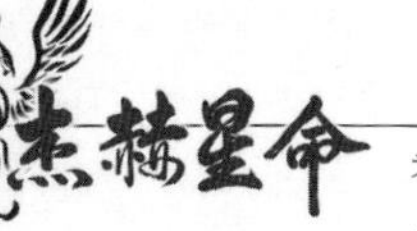

香港長洲的張保仔洞，相傳此洞穴是清朝著名海盜張保仔用來收藏寶物的山洞，巨門本身作為天府之財帛宮，是絕對適合用來收藏財祿珍寶。

• 在風水學上，有一種山型名為「巨門山」，此山型四四正正，山體不高，草木茂盛，是屬於富山之一種。

巨門與紫微、廉貞三者同屬堅強和固執的星曜，紫微的固執來自對主導權的執着，廉貞的固執在於對既得利益的守護，巨門的固執則在於對思想信仰的堅持。因此巨門亦喜遇上左輔、右弼等吉星，輔弼能增其氣量，令其擴容，能減少巨門執着，減少了挑剔，變得多加包容，形狀由尖深變成圓拱。有輔弼的巨門就有如大貨倉，其積蓄量廣，見破碎等細星就有如迷你倉，空間何其狹小，間隔重重，雙方的智慧及氣度不可相提並論。再加上輔弼本身已有優良的辨事能力，便有助巨門充分發揮個人所長，主事個人發展空間廣闊。

特別提示，坊間少有提及巨門與紫微是「暗六合」關係，斗數上的星曜六合共有五組，分別是太陽、天府；太陰、武曲；廉貞、天梁；貪狼、天同；破軍、天機，只有七殺和天相沒有六合，筆者發現巨門和紫微是屬於另類六合，個人或稱之為「借星六合」。

假如巨門的六合宮位是空宮，其空宮的借星便是紫微，因而不可輕視巨門的低調而把它看得太過脆弱。「六合關係」的解說就有如潛意識，星曜六合的對象，不多不少潛藏其力量身影，如今巨門六合的是紫微，可以想像，巨門在某個方面的操縱力卻異常強大，絕對不可小覷。

嚴格來說，紫微代表對權力和事情上的掌控，巨門就是思想及精神方面的掌控，假如有看過《聖鬥士星矢》，鳳凰座一輝的「幻魔拳」正正就是巨門的殺着。紫微的影響力，只能指揮別人的身體，指揮別人的行動，巨門的精神念力卻可影響別人的思想信念，此影響力能夠深入個人的核心部分。因此巨門化權具有說服力，代表有堅定不二的意志，一旦相信，便會一直深信不疑。

再說，不要把巨門的低調當作自卑，相反，此方面卻是極度自信的表現，有沒有聽過「無聲狗咬死人」？實際上，最有實力的人就愈是默不作聲，巨門正好為例，亦因為此，巨門的內心便時有所感「無敵是最寂寞」。此星以深度見稱，因此少有話題可以與人深入討論，同樣情況，其工作性質亦與個人和獨自性有關。

巨門為哲理星，喜歡思考和研究高深學問，因此與空曜臭味相投，空曜包括天空、地空、地刼、截空和旬空等等，空曜不論在創意上、哲理上、發明上皆對巨門的思考帶來空間，帶來更多啟發。與此同時，華蓋一星亦大利巨門，華蓋本身聰明，與宗教哲學有緣，巨門遇之主哲理及信仰的傳播，亦有潛質成為牧師或傳道人物。

關於傳道人角色，同樣可以有多種解釋，並非一定要和宗教有關。在商界也能夠好好利用，假如閣下希望要建立一盤大生意，成為成功企業家，就必須建立公司文化和信仰，打工仔需要的是技能（Skillset），而老闆或企業家需要的便是思維（Mindset）。正如Apple的喬布斯、阿里巴巴的馬雲、Microsoft的比爾蓋茨、聯想的柳傳志、Facebook的朱克伯格等人，他們都極具個人魅力，這些人本身就具有強大信念，繼而影響公司，影響他人，甚至影響世界。不難發現，歷史上眾多著名科學家都是哲學家，如果想創新，想有新發現，想成為具有影響力的人，就必須要從哲學入手。

補充一點，巨門在占星學上屬於天王星，天王星具分離獨立主義，此星喜歡事事清楚，絕不糊塗，有能力將困難問題深入剖析，天王星亦是一顆關於探索和深入研究的星曜。

巨門代表最深入的內部世界，此地方比廉貞的內部更加深入，而生命中最深入的部分就是「信仰」。然而我們這些凡人，不要把信仰看得這麼神聖，很少的觀念皆可成為信仰，例如Apple iPhone，以Apple的信徒為例，他們認為iPhone容易操作，介面簡潔，而且保值耐用，由iPhone三代開始便一直不問價格的默默支持和擁護。其他不用iPhone或反對派的人則認為，Android的用途相約，而且性價比高，卻沒有iOS的重重設限，因而再沒有使用iPhone的理由，由此可見，只要經過了解並認識，不論深入或膚淺，都可以將之成為信仰。

巨門的星性沉實而耐磨，此星不善交際，不喜在台上張揚，因此代表貴人機遇的天魁、天鉞未必對巨門有太大幫助，太多機會反而令之分心，魁鉞的機遇給了巨門，就有如走馬看花，最後樣樣都不專。最佳例子，莫過於電視台的財經分析員，他們天天都要上電視做訪問，何來時間細心分析股票呢？若果把魁鉞留給外揚性顯的星曜，如天機和貪狼反而更見理想。

巨門具有「獨自」性，獨自和獨立不同，獨自即是沒有人幫助的意思，以星性來說，巨門不需要別的幫助，更確者，別人根本幫不了什麼。由此引伸，巨門的運限如遇上挑戰，此挑戰必定是獨力面對，獨自承擔，沒有人可以援助，正正因此，「耐磨」就是巨門的特色。古云：「辰戌應嫌陷巨門」就是說明入於多煞的羅網地帶，巨門更需要能耐去克服種種困難和考驗。

正因為此，巨門、天同十分投緣，兩星作為對星組合，同樣代表獨立工作，都主個人努力，假如天同是白手興家，巨門便是默默耕耘。加上巨門有口舌的傳播性，天同遇天刑便多見於教育事務，然而這些工作都離不開個人化，較講求要有個人風格。

補充一點，雖然天同、巨門都是獨自工作，可是他們卻是兩類完全不同的人，巨門喜歡清清楚楚，天同卻喜歡迷迷糊糊，兩星一起的組合，便是一個小事糊塗，大事精明，面懵心精之人。

在煞星方面，巨門身為文星，文星不喜見煞是斗數常識，巨門也不無例外，如巨門多見煞曜，便易生口舌詞訟，多生官非壞名之事。在運限方面，更主身陷困境，進退圍谷，煩惱困擾隨之而來，此方面以巨門化忌尤確。

火星、鈴星對於巨門來說，較為不利，是給予麻煩和傷痛的星曜，此煞星對情緒的破壞性較大，如巨門遇之，不利的話便會觸發其人的感情暗陰面，刺激昔日的情感瘡疤。此外，巨門與火鈴同度，器量少，易衝動，容易與人發生口角衝突，或隔空罵戰、筆戰，被人攻擊批評，從而導致聲名受損。綜觀以上各點，巨門不能任重煞，其性雖然耐磨，如遇眾煞剋身，導致身心勞累，便有獨力難支之感，若然遇上化忌更恐有災厄。

紫微斗數上有三顆星曜均和耐力有關，分別是巨門、陀羅和鈴星，陀羅會把事情拖延，令到進展停滯，進不得亦退不得，必須等待陀羅離開，才可繼續。鈴星是一個儲存能量的氣球，它會不斷吸納直到爆發，具有很強的爆炸力。

然巨門一曜雖為文星，卻不忌陀羅和鈴星，古人喻之為「陀羅能制鈴星之惡」。此星組合有留前門後，充滿後勁，並有後發先至的意義。況且，巨門以耐磨見稱，正如孟子曰：「天將降大任於斯人也，必先苦其心志，勞其筋骨，餓其體膚，空乏其身。」由此可見，巨門會上陀羅及鈴星獨有的超凡耐力，便適宜從事需要長期研究或艱苦的建設工作。

凡精神性星曜，如巨門、廉貞、天梁皆比較難以解說，事關此類星曜涉及抽象感受及精神狀況，假如沒有一點心理學基礎，確實難以掌握。心理學認為，個人的性格發展，大多與幼年的生活環境有關，因此如欲了解巨門，就必須從星系的原始狀態出發，始能洞悉星曜本性。

貪狼 兄弟	巨門 命宮	天相 父母	天梁 福德
太陰 夫妻			七殺 田宅
天府 子女			事業
財帛	破軍 疾厄	遷移	奴僕

如巨門坐命，福德必為天梁，天梁被喻為隱士，性格清高孤傲，凡事批判，加上巨門隱性，自命清高得來更顯得內斂而堅持。再加上天梁本身刑剋孤寡，因此巨門的心思並不希望被人知悉，此星不會主動熱情，不喜交際，也不介意別人誤會，所表現出來的情感較為冷淡平靜，顯得與人落落寡合，常有君子之交淡如水之感。基於此點，巨門就算遇上桃花星曜也未必一定主男歡女愛，此組合有文藝性格，多添加了感性和人情味，只是懂得欣賞藝術而已。

巨門之兄弟宮為貪狼，貪狼入六親宮垣可謂善曜，代表有溫良主動的朋友，但是古云：「巨門交友，初善終惡」，到底又是什麼回事？

解釋如下，貪狼只是表面包裝，廣而不專，一旦和巨門的深厚功力一比，便知道是中學生和博士級數的差別。先舉個「馬雲打的」的比喻，故事中的貪狼就有如的士司機教馬雲經濟學，教他如何做生意。可笑的是，馬雲實在不知高你幾多班，在行車上路上聽你發表高見偉論，只不過是出於他本身的個人修養。事實上，貪狼有生意頭腦，很懂得賺錢，但是與巨門的教宗式企業家相比，簡直是天淵之別，這方面卻有如「暗六合」紫微和天機的手足關係。

作為巨門的兄弟宮貪狼，假如司機認為與馬雲同級，感到又多了一位聽眾支持者Fans的時候，便大錯特錯了，當到達目的地，才發現原來你所了解的他，與事實上的落差實在太大，巨門的「初善終惡」，正正就是容易被人誤會，不易被人看透。同理，此方面亦即是八字上的「土厚金埋」，斗數上「石中隱玉」的意思。

與廉貞重視親情相比，巨門天生便較廉貞幸福得多，較容易得到家庭溫暖，因為巨門的六親宮垣皆坐滿了感情良好的善曜，例如父母宮有忠厚的天相，夫妻宮有溫柔的太陰，子女宮有隨和的天府，兄弟宮有圓滑的貪狼。可能因為容易得到，巨門反而不希罕，對人因此而冷淡，有如熱面孔貼冷屁股。

加上巨門之田宅宮為七殺，代表日常生活或工作常處於獨立環境或無人地帶，不用說話而令人覺得巨門寡言冷漠。

另外，原來巨門的耐磨則源自於疾厄宮破軍，破軍事無大小皆親力親為，而且做事愈做愈精神，但缺點是容易過分粗勞，因此便要小心日子有功，有職業慢性病的可能。

在後天人事宮位方面，如命宮為巨門者，主其人有很強的表達能力，有主見，並喜歡影響別人，目的是令人接受自己的想法。加上巨門常有口舌生非之事，假如不是從事傳播界，便特別容易與政界人士產生關聯。此星熱衷於用軟實力去影響人，星曜的背後目標就是爭取群眾的支持，從而達到提升自身利益和好處。

巨門星有「隔膜」性，此隔膜就有如重重的阻礙和屏障，並不可能一步跨越，因此古人認為此星入於六親宮垣不以善曜論之。筆者認為巨門入於兄弟宮只是話題較少，少見面而已，若然是巨門化忌，卻主心病或不想提及的遺憾，並不代表有過份嚴重的刑剋，沒有生死離別之應。

杰赫星命

古云：「巨門守兄弟，骨肉參商。」「參」即是牧夫座「參宿」，「商」即是天蠍座的「心宿」。「參、商」一是冬季星座，一是夏季星座，兩宿一東一西，永遠不相見，絕不可能在天上同時出現。

如巨門落入福德宮主為人細心，喜歡深入思考，研究問題，然其生性多疑，有尋根究底的精神。落入田宅宮主居於陰暗陷地，或地庫，或密室，或沒有窗戶的房間，亦代此人表喜歡密密收藏，或獨自耕耘，全靠個人努力置業。

在遷移宮的巨門主外地事務，巨門一星與外國人有關，尤其是太陽、巨門同宮組合有對外事務的性質，此點在《六十星系》再有詳盡解說。

眾所周知，巨門主口舌和傳播，因此落入事業宮可以以口生財，或從事大眾媒體等傳播工作，或利用三寸不爛之舌做說客，用言語去說服別人，職業如政客、銷售員、教師及作家亦可。此外，如需要作長期研究或艱鉅的任務，也乎合巨門本性。

巨門入財帛宮主收入穩定而保守，進財不為人所知。巨門有內藏的意思，形狀除了正方，亦都是通道型態，在疾厄宮主內臟或腸道，以牙齒為例，最深入的牙便是智慧齒。亦據說巨門、陀羅入命，必生異志，易有胎記，醫學解說即是色素沉澱。

巨門四化及運限

在四化方面，巨門只有化祿、化權、化忌，沒有化科，巨門屬暗性，內斂而不揚，化科的浮誇不合乎巨門本性。讀者到現時為此，相信已讀畢十二粒星，不難發現，凡主管努力開創之星皆有化權，凡主管外揚交際之星均有化科，因此巨門的智慧並不是用來爭取功名，並不是用來炫耀，更多是用來生財賺錢。

巨門是一顆專注而深入的星曜，化祿對它尤其有利，一來可以充實巨門的內涵，二來可以令巨門變得寬容，有深度之餘還有一定廣度，對人際交往當然有一定的幫助。更何況，巨門的人生刻苦和孤單，化祿能減少波折，給他勞而有成，際遇亦較為順遂。

辛干的巨門化祿，有利傳播推廣，有利以口舌生財，但是是非非卻在所難免，又因同時文昌化忌，進財越多則閒言閒語相對越多。

古書云巨門化權有說服力，其實正是說明化權會令巨門變得更固執，甚至頑固，令一顆專注的星曜變得更專注，深入得來更深入。經驗上，巨門化權代表已有明確目標，並有孤注一擲，義無反顧，不達目的誓不罷休之想法。

癸干的巨門化權，同時破軍化祿，在改變面前，必須有所取捨，貪狼化忌則減少了圓滑，巨門在言語上便顯得十分強硬，甚具有命令性。

丁干的巨門化忌，不利競爭，代表多是非，多紛爭，代表勞心勞力，徒勞無功之餘，還要獨自承擔後果和責任。因此巨門化忌的困擾便顯得較其他干化嚴重。其實，丁干之太陰化祿，已有多思多慮的意境，已告之多有煩腦勞心之事。

巨門面相與星座

十字型面相方面，巨門和天相都是「田字面」，「田字面」的人臉型為圓而帶方，面型較短，或稍稍微長，下庭腮骨較方，為五行屬土之局。擁有田字面的人，個性穩重，做事實際，利己心重，但不主損人利己。《形性賦》曰：「巨門乃是非之曜，出垣必定橫囂。」巨門雖然為是非之曜，但廟旺者卻主為人敦厚溫良。由於「田字面」的格局四四正正，在運情而言，代表一生沒有多大波折，運程平穩而吉，加上為人實事求是，做事能夠貫徹始終，堅持到底，因此一生必有建樹，亦為富相之一。

在西洋星座方面，巨門是屬於水瓶座，先天宮位為子宮，廿四節氣為大寒，守護星是天王星。水瓶座喜歡獨立、創新，其思想前衛，明顯與別不同。此人性格非常冷靜，有理性的頭腦，而且超級聰明，是科學天才，並有潮流觸覺，但這都只是表面。

水瓶座和巨門一樣，他們都很重視私穩，很怕被人看穿，他們極需要有個人空間，因此經常口是心非，故弄玄虛，忽冷忽熱，容易被人覺得與眾人異常，他們好像怪怪地、傻傻地，常自相矛盾，總之就難以理解和接觸。他們生活在自己的世界裡，要來就來，要走就走，不用與人交代，不需要解釋，亦不介意被人誤解，無人可以真正了解他們，可能，這就是哲學家或科學家的脾性吧。

最後，巨門所追求的就是「信念」，這個信念不泛指宗教，是個人對各樣事物的看法和認同。因此巨門化祿，當這樣有深度，有高見的博士都認同的時候，便能影響星盤上的其他星曜一同附和，尤其在身旁和福德宮的天相與天梁，與之成為「財蔭夾印」。

杰精星命

歌手楊千嬅有一首歌，名叫「可惜我是水瓶座」，曲中有一句歌詞是完全誤導：「尤其明知水瓶座最愛是流淚」。事實上，巨門又好，水瓶座又好，此星座十分理性冷靜，完全不會因為什麼事而流淚，筆者為了應題把歌詞改一改：「尤其明知水瓶座最愛是勞累」！

<table>
<tr>
<td>太陽 權
天福 破碎
癸巳 病 63 遷移</td>
<td>破軍
天魁
天廚 台輔 紅鸞 天刑
天德 咸池 天月
甲午 死 53 疾厄</td>
<td>天機
恩光 寡宿
乙未 墓 43 財帛</td>
<td>紫微 天府
陀羅
陰煞 天才 天巫 天壽
丙申 絕 33 子女</td>
</tr>
<tr>
<td>武曲
文曲 科
解神
壬辰 衰 73 奴僕</td>
<td colspan="2" rowspan="2">巨門立命盤
男命</td>
<td>太陰
祿存
天官 天哭
己酉 胎 23 夫妻</td>
</tr>
<tr>
<td>天同
火星
八座 天虛
辛卯 帝旺 83 事業</td>
<td>貪狼
文昌 忌 鈴星 擎羊
天空 天姚
戊戌 養 13 兄弟</td>
</tr>
<tr>
<td>七殺
天鉞
月德 封誥 大耗 劫煞
庚寅 臨官 93 田宅</td>
<td>天梁
左輔 右弼
華蓋 龍池 鳳閣 天貴
辛丑 冠帶 103 福德</td>
<td>廉貞 天相
天喜
庚子 沐浴 113 父母</td>
<td>巨門 祿
天馬 地空 地劫
孤辰 蜚廉 三台
己亥 長生 3 命宮</td>
</tr>
</table>

【巨門立命】：此造是亥宮巨門獨坐的命例，一般巨門立命的人，為人十分低調和平實，此星喜歡獨自工作，默默耕耘，沒有驚天動地的意圖，例子中的主人翁，可以說是一個老實大好人。

巨門化祿可以想像成一個已填飽的肚子，此星化祿立命，代表命主容易滿足，渴求及欲望都較少。從命宮的三方四正可見，巨門多見福星空曜，例如同宮有地空、地劫，三合見天福、天虛，綜合來說，命主的氣量宏大，樂觀闊達，不甚計較，少有是非在他身上出現。再者，盤中的太陽在旺宮化權，主當事人性格開朗，無話不談。

一般太陽、巨門的組合，大利於傳播文教，可是盤中的陽梁不見昌祿，「機月同梁」又不工整，巨門的位置沒有吉星。因此這個巨門的文化水平相當有限，縱使盤中人十分善談，但其所述內容只屬表面，有量而沒有質，是屬於草根低下的一類。

另一個導致命主不思進取的原因，就是貪狼的宮位有忌星，須知道貪狼主欲，貪狼化忌主變了質的欲，是屬於異類進取。如今，此宮卻是文昌化忌，文昌化忌主停滯不順，因此便阻礙了盤中人的貪念，變得沒甚要求。還有，旺宮太陰坐入了祿存，代表此人情緒安穩，事事淡定，一生人沒有煩惱。

從財帛的角度來看，星盤中所有祿星都同時會見空星零曜，相關的宮位包括命宮、財帛宮和太陰所在的夫妻宮，反映此人進財能力有限，因此巨門化祿只是心態上的自我滿足而已。

補充一提，古人普遍認為，因巨門化祿而成為「財蔭夾印」的命例為佳造，代表容易得到別人的幫助。從以上例子可見，「財蔭夾印」反主為人太過隨遇而安，因周遭形勢四季如春，便沒有多大的戎心和進取，加上事事得遇別人之助，所得到的成就自然有限，筆者手頭上有很多成功人士的例子，都是命宮滿佈煞忌刑的。

【補充閱讀—— 視界】：

在廣義相對論中，事件視界（Event Horizon）是一種時空的曲隔界線，此現象只會發生在黑洞邊緣。事界並非是一顆星，是一種現象，因為黑洞有非常巨大的重力，任何光線皆不可能從事界內部逃脫，假如沒有光線的反射，我們便無法觀察黑洞的內部世界。

根據相對論，宇宙中應有一種天體，連最高速的光線也無法自它的重力場逃脫。黑洞的超高重力導致了空間扭曲，它的出口可能是「白洞」，而黑洞與白洞之間，便是以「蟲洞」（Wormhole）來連繫，其出口之處便可能是宇宙的另一處，也可能是另一個「子宇宙」。

• 電影《星際效應》（Interstellar）便是利用蟲洞來進行宇宙旅行。

第十二章・天相星

天相星

天相	天相 廉貞	天相	天相 武曲
天相 紫微			天相
天相			天相 紫微
天相 武曲	天相	天相 廉貞	天相

天相性格特質

古傳天相五行屬陽水，是官祿宮主，司掌印鑑，星曜的性情忠心耿耿，小心謹慎，耐心謙卑地依附帝星紫微，被視為宰相之職，是輔佐之臣，斗數被喻為「印星」。

天相是十四正曜中唯一缺乏鮮明個性的星曜，因此性質可善可惡，可吉可凶，全看執印者如何運用，可塑性甚大，此星尤其着重父母宮及兄弟宮等周遭環境影響，然而沒有個性就是天相的最大個特點。

有利的是，天相沒既定立場，個性隨風擺柳，極之適合與人合作，古云：「七殺獨行，天相合群。」從六十星系可見，天相和它星同宮組合特別多，如子、午宮為天相、廉貞的組合；卯、酉宮為天相對廉貞、破軍；寅、申宮為天相、武曲；巳、亥宮為天相對武曲、破軍；辰、戌為天相、紫微；丑、未為天相對紫微、破軍，由此可見，天相的確多有機會與眾多不同類型的人合作，假如七殺是為獨資生意，天相便是股份有限公司。

天相為人忠誠，有正義感，喜歡服務人群，有利他性，他們會因循社會守則，道德傾向大道，傾向普世價值。天相喜歡和諧，偏向安定，傾向保守，重視公平，能顧上彼下，循規蹈矩，不弄權術花巧，是個很好的管家、總管或行政經理等角色。從星性本質來看，假如把天相五行定為「壬水」，和貪狼的「陽水」相同，則完全不合適，假如代之為八字「正官」，又或者是干元「己土」，便顯得非常適合。

天相為人掌印，第一點必須忠心誠懇，第二點就是分毫不差，把上頭命令如實確切地落實執行。因此天相被喻為印章，印章的工作就是不斷重複，一板一眼，所產出與原定計劃一致吻合。正由於此，天相有利公職及受薪工作，取其無需加入任何個人創意，只需根據既定程序作業，或主行業均有固定準則。

由此引伸，天相為人拘謹，缺乏個性，沒有主見，不思進取，加上不用思考，便欠缺創意想和像力，只求按既定程序辨事，凡事一成不變，但好處便是不怕刻板沉悶，做事能一絲不苟和有超凡耐性。

天相貴為宰相，一生目標為輔佐皇上，代上頭行使權力，古語有云：「皇帝在朝我為臣，皇帝不在我為王。」可見天相的權力完全不低，權力在一人之下，萬人之上，絕對不能小覷。畢竟天相作為輔貳角色，與天機及巨門一樣，就算如何成功，無論權力多大，只會安於第二，並不會追求第一。

天相喜歡服務人群，與天機同樣都是為人謀不為己謀的角色，不同之處在於，天機為謀臣，為主人籌謀獻策，是紫微的智囊份子，直接跟隨紫微左右，可謂關係親密。而天相則有機會自據一方，遙遠地接受紫微的指示，由於天相為天府星系，與紫微的關係亦較為間接，因此天相角色便有如中介人或代理商身份，假如紫微是產品的擁有者，太陽便是品牌代言人，天機就是品牌的廣告策劃商，最後天相便是品牌代理人。

天相既然貴為皇上的代理人，權力這樣大，為何還要這麼拘謹？

如欲了解天相，必須了解其周圍的星曜分佈，天相必被巨門及天梁所夾，巨門乃其兄弟宮，天梁乃父母宮，而巨門好挑剔，喜歡在雞蛋裡挑骨頭，畢竟天相的同輩也為太學士，每當遇有機會便喜捉天相錯處，乘機奏他一品。

天相的上頭為天梁，天梁為刑法之星，其性帶批判，佔據道德高地，一旦認為你有可疑，便可斷你死罪，罪名可以「莫須有」。不難想像，天相在這樣凶險的政治環境下生存，如不步步為營，小心謹慎，便可能烏紗不保，正所謂「伴君如伴虎也」。

除了夾宮，天相這星亦容易受到三方四正所影響，前文所說的可塑性，便是受到其他星曜所帶動，從而產生善惡之別。假如天相的三方星曜分佈良好，天相便傾向表現出良好的一面。反之，天相便會習染其它惡性，尤其是天相的直屬主人天府，假如天府見「煞忌刑耗」，其慳貪吝嗇之性，絕對會影響天相的好壞，此「逢府看相，逢相看府」只是其中之一要點而已。

根據安星法則，天相的三方必然會見天府，對宮必為破軍，父母宮則為天梁，兄弟宮必為巨門。在所有主星當中，天相最重視相夾，此星沒有四化，因此天梁和巨門對天相均有重大影響，如巨門化祿或與巨門同纏的星曜化祿，便是所謂的「財蔭夾印」，「財」即是化祿，「蔭」即是天梁，這就是屬於良性的帶動。反之，如巨門或與巨門同宮的星曜化忌，便稱為「刑忌夾印」，這就是屬於不良性質。

由此可見，巨門之四化，確實影響天相非常，還不及此，巨門化祿能夠成為「財蔭夾印」，還會利及天府，繼而利及七殺和破軍，巨門化祿就有如天下太平，各方聽令，天相的行政便暢通無阻。

「刑忌夾印」可簡單喻為因外部而帶來的壓力，或間接受外人連累。《太微賦》云：「刑忌夾印，刑杖惟司。」此星格因為與天梁有刑法關係，便容易惹上官非牢獄之災，見天刑者情況尤驗，而「財蔭夾印」代表容易得到別人的恩惠和帶挈，尤其是兄弟和長輩，並容易得到身邊人士維護和擁戴，同時亦代表周遭及客觀環境舒適理想。

補充一提，紫微斗數的三大刑星，最強的是天梁，次為擎羊，第三則為天刑，亦有說天官為第四刑星。「刑忌夾印」的「忌」即是巨門化忌，「刑」即是天梁，反映天梁的正反兩面便是「蔭」和「刑」，此方面在《天梁編章》再述。

可以發現，天府、天相和七殺皆沒有四化，箇中原因都是畏懼巨門的輿論壓力，巨門一旦化忌，就有如不利流言四起，傳宰相和王爺密謀造犯，並串通城外守軍破軍、七殺。巨門的四化可同時影響六顆星曜，此情況有如宰相作犯，必牽連廣泛，甚至連誅九族。由此可見，「府相殺」星系沒有四化，沒有既定立場，絕非不無原因。

天相貴為朝廷宰相，身處在錯中複雜，充滿利益鬥爭的環境下，絕對明白名正言順的重要性，作為大總管如果不按足章程，不按本子辦事，便會有來自左右的監督和壓力，惹來麻煩。因此天相凡事必以公平態度對待，不喜表態，只為公眾利益著想，為人謀不為己謀。

很多時候，鷹派與白鴿派常有議見分歧，尤其在主戰主和的時候，天相同樣也有相近似情況。天相之三合方，除了天府較易話為，可以依靠之外，其他宮位星曜都是武將強星，例如破軍、七殺皆為猛將，巨門、天梁為公眾輿論及刑法機關，因此天相夾在中間，更必須顯得公平公正，朝中所有文武百官均要顧上彼下，個個都要比面，一個都不能得罪。

巨門 兄弟	天相 命宮	天梁 父母	七殺 福德
貪狼 夫妻			田宅
太陰 子女			事業
天府 財帛	疾厄	破軍 遷移	奴僕

天相的推算法則當中，特別注重「逢府看相，逢相看府。」如天府守命，其事業宮必為天相，如天相守命，其財帛宮必為天府。天府和天相有如「庫」和「印」的關係，庫內之金銀或糧食積儲，必須有印才能打開，天相就是代表資源運用的印鑑。話雖庫無印則不能打開，但是，有印無財則僅屬空口講白話，想做卻苦無資本可以支持，所以兩星必須兼顧，才可以將財富和善用混為一談。這個情況就有如八字上的沖墓庫，用神及財星一旦入庫，就必須有庫沖才可打開，才有好運及財祿以資使用。

天相要求穩定，此星穩定能使破軍穩定，破軍穩定能使大局穩定。破軍是爛頭卒，勇字當頭而無謀，時常都想妄動，因此破軍不穩，整個命局便不穩。天相得穩的要求，要點之一便是天相得祿，又或者天相的兄弟宮有星曜化祿。穩定的天相能令命局變得平衡，命主變得中庸，不偏激，表現出忠厚、和藹、平易近人的個性。不穩定的天相，性質偏向內向怕事，會極度拘謹，常船頭驚鬼，船尾怕賊，每事皆容易過度憂慮。更甚者，在未有危險之前，甚至會先下手為強，皆因天相的極度緊張，很容易導致破軍的擦槍走火。

一般而言，天相性質主善，可是實際上，天相是沒有任何具體性格可言，其本質是依附星系或伴星而得來，因此天相可善可惡，所謂「近朱者赤，近墨者黑」，天相作為輔貳，視乎服務的上頭為何人。因此，除了要參看兄弟宮的星曜狀態之外，也要兼看父母宮。而天相之父母宮為天梁，若然天梁多見科文諸曜及貴星，代表上頭的地位高尚，便影響天相變得清貴，可視之為天相得貴，如天梁多見祿存化祿，便可能是個庸俗好財之貪吏，但卻能有蔭祿可享，若然天梁見的是煞忌刑耗，便會帶來惡忌及壞名。

在吉星方面，天相較喜歡吉星夾宮多於同宮，如丑、未宮的天相獨坐，便有機會被輔弼、昌曲等吉星雙夾，加上巨門與天梁皆是文星，最喜科星文曜，被昌曲所夾尤其所喜，輔弼有能令巨門寬容，從而令天相變得謙厚，執行能力更佳。再者，天相貴為宰相，亦喜有貴星來提高身份地位，貴星如三台、八座、台輔、封誥、恩光、天貴皆可提高天相的貴氣。

天相自己沒有四化，祿忌皆受兄弟宮所帶動，古云：「左輔天魁為福壽，右弼天相福來臨。」文中重點是「右弼和天相」，天相身為輔佐，與第二副手的右弼相投，因此天相命格一生必然多與別人合作，並作為第二角色。假如天相如得天魁、天鉞夾命，天相便如魚得水，一生多遇貴人帶挈，而魁鉞夾相，亦只會在辰、戌才有機會發生。由於辰、戌的天相必與紫微同度，得貴之餘同時能夠面聖，則反映自己亦是別人的貴人。亦由於「右弼、天相福來臨」之故，古人傾向天相以女性立命較為合適，事實上，此段賦文的來源便是《女命骨髓賦》，一個良好天相的女性，最適宜就是相夫教子，或在事業上夫唱婦隨，一心侍奉，作為成功男人背後的女人。現代亦可以成為事業女強人，專門服務尊貴客戶或老闆，此副貳的角色，性質有些像高級秘書等職務。

天相除了喜被吉星所夾，最重要的就是「見祿」，天府見祿即是有積儲，天相才有資源可用。假如天府無祿，但天相見祿仍代表掌握財政，有資可用，但不同之處在於財帛只是運用而不是儲備，具體而言，命主便較喜歡擁有流通資產而多於固定實物，或者喜歡錢搵錢而多於定期儲蓄。

天相之對宮必為破軍，破軍是一顆猛力的開創性星曜，破軍是衝鋒敢死隊，假設破軍為恐怖份子，天相則是其背後金主，假如天相有財，破軍便有錢招兵買馬，發動襲擊，假如天相無財，破軍便講多過做。換句話說，天府得祿代表為人吝嗇，性喜儲蓄，是守財奴，天相得祿則代表善用資源，以財生財，或投資，或做生意，資金靈活運用，此乃筆者經常強調，天相得祿比天府得祿較為理想之原因。

天相的外表看似柔和溫馴，但是我們並不可以因此而沒有戒心，事關星曜的福德宮七殺是顆相當具有決斷力的星曜，七殺是突擊隊，是顆冷靜而有瞬間爆發力的星曜。如天相得財，七殺便能大刀闊斧，手起刀落，事能隨心所欲，如天相無祿，七殺便猶豫不決，終歸到底都是「錢」的問題。說個秘密，天相是個扮豬食老虎的人物，它有潛藏隱性的襲擊力，具有暗勁和野心，天相外表的善良，只是刻意地抑制本性，不會輕易流露出來而已。

破軍加上七殺，便不能不提貪狼，眾所周知「殺破狼」乃命運的變動樞紐，貪狼是天相之夫妻宮，便喻意天相鍾情外表美艷、懂得社交禮儀，喜歡能保留自我稜角兼懂得人情世故的女子。如天相入命加上貪狼的桃花性重，便是多妻之兆，便有機會享有齊人之福。此外，天相的子女宮是太陰，亦都是天相命多有女緣之原因，子女宮的太陰容易令天相產生情緒波動，宮內的事情會令天相着緊，亦有機會發生師生戀或忘年戀，有共鳴的是，貪狼為偏桃花，此星在夫妻宮主配嬌小嫩妻。

綜合以上各點，天府為「資源」，天相為「運用」，破軍為「行動」，七殺是「決策」，四者均是統一系統。如府相俱佳可視為有資源可用，而破軍有「勇」，七殺有「謀」，四者配合良好，便是有勇有謀，有財祿支持的組合，天相角色正正就是三者之間的溝通點。

天相畏煞與文星可謂不相伯仲，宰相之能，善管財而不能管兵，因此不能制煞，更不能「化殺為權」。古云：「天相廉貞羊陀夾，多招刑杖禍難逃。」此星如被火、鈴、羊、陀等四煞會照，除非有其他強星同度始可化解，否則仍恐煞氣過重，多生災劫禍害之事。假如天相被重煞相夾，如不是災劫禍害，則代表同流合污，其性與天機同，此方面亦都是筆者經常強調，天相容易受周圍環境所影響。當中最為不利就是「羊陀夾忌」，天相的位置被「羊陀夾忌」亦即是「刑忌夾印」的加強版，當中因為涉及祿存關係，便有可能因錢財糾紛而牽涉刑事問題。

天相喜化權，始能執掌權柄，但亦不喜權力過重，導致臣奪君權，妻掌夫柄。如天相權力過重，則反映君為庸君，夫為懦夫，命局受制於強臣悍婦之手，成就和格局自然有限。在女命而言，最喜有祿有權，便是幫夫之格，反之，有權無祿卻為辛苦命，女方理想鉗制丈夫，是剋夫之命。天相之道在於平衡、公平、公正，趨向儒家思想，和天府一樣，都取中庸之道。

在後天人事宮方面，天相入於六親宮垣一向主和諧，主有性情圓潤隨和之親人，加上天相有雙重意思，如落入子女宮則有雙胞胎或龍鳳胎之兆。如落入夫妻宮則有親上加親，離婚再娶，或得享齊人之福的意思。私底下說，天相的感情觀與天府大不同，天府喜去舊迎新，天相則喜歡同時擁有。

天相本身無個性，如落入事業宮則代表服務業，或支援性工作，或代理、中介者、翻譯及中間人等角色，又或者工種需要不斷重複，例如生產，開分店，不斷的買賣等，又或者是行業有特定標準必須嚴格遵守。如天相入財帛宮則代表有多項收入來源，此星的星性靜態，在財帛宮均有平穩和慢慢積累等性質。天相入福德宮主人忠厚、保守，想法守舊，不喜接受新鮮事物，思想實際等等。此外，天相有起碼兩次或以上之效應，因此入疾厄宮主舊患或舊病復發。

天相的形象是正正方方，外觀是一個盒子，風水物是財箱，入田宅宮主工作和居民環境穩定，而且家居四正，或複式單位。

天相入命者極有利外出發展，可以在他方發展個人業務，天相的對宮破軍力猛，大利開創，然天相與天府的不同之處，就是天府用七殺比較專門，天相用破軍則較為大眾。天相和武曲在遷移地的發展有些類似，大家都是開荒牛，但當中也有明顯分別，就是武曲多數是受薪式調派工作，或被總公司調派到分區，而天相則是類似拿到產品代理權，獨自到其他地區開展業務，此方面與天府有類似性質，身為諸侯當然要雄據一方，和紫微保持一定距離是比較有利。

天相四化及運限

天相一星從不四化，可是在十干四化中，差不多每干化皆對天相有影響，如甲干破軍化權，對照天相便化權，化權主天相責任重大，任重道遠，辛勞而多忙，筆者稱之為「權梁夾印」。而辛干的巨門化祿，便是天相最喜的「財蔭夾印」，主受朋友兄弟帶挈，並可得時運之便，到處都有鳥語花香之境。

癸干破軍化祿，對照天相化祿，天相見祿則穩，與上述解說雷同。

據說庚干和壬干天府化科，對照天相便化科，天相見科主受人信任。但筆者重申，天府不會化科，以上所說，只屬參考。好奇一問，假如天府不化科，到底庚干和壬干是何星化科？筆者會在《中編》用政餘星學作出論証，到時再和各位詳細解述。

丁干的巨門化忌，便成「刑忌夾印」，見煞、忌、刑者則令天相極度不安。然而天相不安，甚會影響破軍，破軍會不顧後果而作出破壞行為，此為天相與破軍，同生共死，榮祿共存，不可不察。

在運限方面，天相有不斷重複的性質，此星趨於平穩，但仍然會在區間中不斷波動，並有分久必合，合久必分，舊事重逢等特性，同時吉凶亦多與客觀形勢與合作者相關。如天相為「刑忌夾印」，主受人連累，並有禍不單行，屋漏兼逢連夜雨之苦，如為「財蔭夾印」，主得兄弟朋友帶挈，同時長輩對自己亦吉，是左右逢緣，喜事齊來之象。

天相面相與星座

在十字型面相方面，天相為「田字面」，「田字面」跟「同字面」有點相似，都是額方下巴方，臉闊而肉厚，唯一不同只是面形較短，較為四正，此為五行屬土之局。土主信，亦即是個性着重誠信，重感情之餘亦能夠理智清醒，思想行為一致，絕對不會講一套做一套。《形性賦》曰：「天相精神，相貌持重。」天相的樣貌敦厚，五官端正，面方或微圓，腮骨較方。有此面相的人個性穩重，做事實際，為行動形，實行能力相當一流，由於「田字面」的下庭比較方闊，此人且能克苦，尤其在惡劣環境下，往往能堅守信念，默默耕耘以達至最終目標，有此面相之人被喻為是最佳的創業者。

「田字面」的面形四平八穩，亦反映在運情方面比較平順，一生沒有重大波折，並屬於富相之一。

在西洋星座方面，天相屬於天秤座，先天宮位為辰宮，廿四節氣為秋分，守護星為金星。天秤座和天相的性格十分相似，其人忠厚誠信，重公義，講求和諧平衡，他們理性，客觀中肯，為人安定，懂得體諒別人，普遍都是圈子裡的和諧分子，容易得到別人喜歡和信賴。

加上有金星守護，因此天秤座的人愛心十足，富有藝術天份和審美眼光，他們的愛心表現是普世的，是世界和平式的平等關愛。天秤座和天相也有缺點，就是優柔寡斷，猶豫不決，反應太慢，欠靈活和決斷力。

最後，天相與天府都有類似特性，他們一生同樣都是追求平穩過渡，不同的是，天府較貪，胃納較大，以不斷積蓄來滿足對安定的需求，性偏自私狹利。而天相則傾向在精神上發揮「公平」性，以凡事不偏不倚，中庸合理地達到平穩效果，性質傾向眾生大道，此亦都是「天相合群」的具體精神。

在十二個星座之中，最有依賴性的第一名就是雙子座，而第二名就是天秤座。

祿存 孤辰 天才 天官 天空 天喜 劫煞 事業 絕 45 癸巳	天機 權 文昌 科 火星 擎羊 封誥 鳳閣 蜚廉 奴僕 胎 55 甲午	紫微 破軍 左輔 右弼 地空 遷移 養 65 乙未	文曲 陰煞 龍池 疾厄 長生 75 丙申
太陽 陀羅 華蓋 天姚 田宅 墓 35 壬辰	*男命* 天相立命盤		天府 天鉞 月德 咸池 財帛 沐浴 85 丁酉
武曲 七殺 地劫 福德 死 25 辛卯			太陰 台輔 恩光 解神 天虛 子女 冠帶 95 戊戌
天梁 天同 祿 鈴星 天馬 八座 天月 天哭 父母 病 15 庚寅	天相 天德 破碎 寡宿 天壽 命宮 衰 5 辛丑	巨門 天廚 天刑 天貴 天福 三台 兄弟 帝旺 115 庚子	貪狼 廉貞 忌 天魁 紅鸞 天巫 大耗 夫妻 臨官 105 己亥

【天相立命】：此盤是天相獨坐在丑宮，盤中巨門位置沒有四化，沒有構成所謂「財蔭夾印」等特別格局，因此只須要用一般的推演法則就可以了。一般天相立命的人，個性友善平和，不會刻意奉承或歧視別人，視眾生平等，對待什麼人都是同一個面孔。

此盤的天相和天府都見到祿存，府相得穩，命主情緒平靜，性格平實淡定，做事不忙不躁，有很好的耐性及情商EQ。天相的對宮為紫微、破軍，代表其人事事親力親為，就算身居高位，也不喜歡假手於人。再者，紫破位置同坐左輔、右弼，屬於有「百官朝拱」的紫微，但輔弼夾宮比同宮優，同宮輔弼反而代表沒有得力助手，身為皇帝也要事必躬親，所有事情都要由自己解決，因而工作忙碌都是自己拿來的。再說，命宮位置分別會見孤辰、寡宿，強調了此人的獨立性。假如從事業宮出發，除了會見孤寡，也對拱廉貞化忌，廉貞化忌一來主不得圈內人及好友的支持，二來對照事業宮，代表工作上沒有悠閒舒適可言。慶幸的是，命主的父母宮極之良好，此宮位構成了「機月同梁」和「梁陽曲昌祿」兩個優良格局，便容易得到上司及客戶的信任。

凡天機化權的干化，人生命途都較為坦直，沒有太多的選擇和彎路，生命歷程來得自然和從容。事實上，命主大學畢業之後，進入了一間電訊公司工作，不久之後因科網潮與同事合組公司，因經營有道，公司慢慢成長，及後與合伙人有意見分歧，便把業務分析，自己便當上了新公司的老闆。

由於受到這個廉貞化忌的影響，盤中人愈是信任的人，就愈得不到好結果，從盤中太陰六合武曲、七殺，三方並四煞會照可見，命主的心思便時常放在如何勞駕強悍下屬之用。

【補充閱讀—— 公平】：什麼是公平？世界上有沒有絕對公平？假如杰赫和你合作做生意，事成之後五五分帳，表面看似很公平、很合理，但你便會問，你負責什麼？我負責什麼？假如筆者負責出力，讀者負責出錢，賺完錢之後平均分帳，或者相反，我出錢你出力，算不算公平？

一般而言，較大得益者都會認為公平，付出較多者會認為公平但不合理。平均分配永遠都不會公平，因為世界上每個人的欲望不一，加上各人付出不一，有些人較努力，有些人較聰明，有些人較好運，有些人較知名，有些人人緣好，各人的能力不同，如何量化？

電影《黑海潛航：追擊20億》是一套關於海底奪寶的電影，因為主角執意把寶藏公平分配，從而種下禍根，全隊有十二位成員差不多死掉，最後只剩下不知情和不貪心的兩人可以活命。

故事講述一艘滿載納粹黃金的德國潛艇在二戰時期被打沉，並沉沒在黑海海床多年。前身為打撈局的祖迪羅因被公司解僱，便決意遠赴黑海尋寶。他親自挑選的十一名船員，當中一半是英國人，而另一半則是俄羅斯人，本來大家尋金目標一致，既要合作操控蘇聯舊式潛艇，又要躲避海面俄國艦隊，最後離成功只差一步之遙，終因利益分配問題而功虧一簣。

主角在奪寶之前，已定下承諾將20億黃金平均分配，看似十分公平的分配，大家應該並無異議，可是人心難測，戲中有一兩名貪婪者認為，假如越少人可以返回水面，便可分得更多黃金。奪寶之旅有驚有險但最後理應可以順利完成，但在回途過程，大家開始互相猜疑，紛爭不斷，更不惜為利益謀害他人。電影中最傻的是英國人，連懂得開潛艇的俄羅斯人也通通殺掉，最終結果可想而知，野心家和貪婪者與20億黃金全都深埋海底。

筆者認為，天相心目中的理想公平只屬主觀意願，事實上，現實世界根本是沒有絕對的客觀公平，否則共產主義早已遍佈世界各地，然而古人一早就已經看透天機，云：「夫天行不能無歲差，況鬼神乎？」蓋古人知道連天地運轉也會有差異，更可況凡人乎？

第十三章・天梁星

天梁星

天梁	天梁	天梁	天同 天梁
天機 天梁			太陽 天梁
太陽 天梁			天機 天梁
天同 天梁	天梁	天梁	天梁

天梁性格特質

天梁五行屬陽土，是益壽福蔭之神，此星為人清貴、正直、重原則，有名士風慧，可以消災解厄，是一顆長壽之星。天梁為父母宮之主，是一顆老人星，天梁星代表着監察和紀律，在斗數中被喻為「蔭」星。

天梁為蔭星，與天同被喻為福星一樣，可能與一般人的理解都存在着很大分歧，古籍描述天梁能消災解厄，能遇難呈祥，然而經過深入了解，可能天梁的蔭性並非如你我所想像的一樣，很多時候，可能沒有比有還要好。

「蔭」字表面為好事，通常與福蔭相連，並有惠及子孫之意，但是在斗數的內裡含意卻並非如此，蔭有被受保護的意思，與天同為福星一樣，一個有獨立能力，能獨自照顧自己的人，在斗數上被視為沒有福氣。同樣，假如自身沒有能力保護自己，需要別人的保護才叫「得蔭」。

讓我們想像一下，什麼時候需要被人保護？是不是得罪了黑幫大佬，需要尋求中間人作出調解！或者犯了刑事官非，必須找個有信譽的大狀打官司。或者遇上嚴重意外，需要醫療器材對身體保障；或得了嚴重病症，需要醫護人員的照顧；就算輕微者如智慧齒倒生，都必須給予牙醫處理。由此可見，天梁的蔭性，必然是超出自己的能力範圍，先天已帶有不利性，後來經過有能之手將它解決。

進一步地說，天梁之護蔭有個大前題，就是必先有困難和凶危之事發生，但到最後總是能夠化險為夷。在呈祥之前，必先遇難，在消災之前，必遇危厄，或遇上困難阻滯，最終都能捱過，死過返生。天梁一曜存在着宿世因果，災難乃天運所至，天運大於地運，地運大於人運，並非個人命運或意志所能控制，因此天梁蔭性，第一點就和苦難有關。

當有災難發生，必然有人受傷，傷者第一個想見到的便是拯救人員或醫護人員，因此天梁與救援和醫護有莫大關係。吾有一友任職消防，其命宮便是天梁，加上此人的福德宮化忌，他的一生都是救急扶危。假如他的人生不是不斷地努力救人，便可能是不斷遇危被救，鑑於其福德先天宮化忌，示意經常需要接觸厭惡性事物，例如傷者或死人屍體，如此一來，天梁便可大大發揮消災解厄之能。

舉一個例子，風水學的「五黃煞」主災病，在陽宅風水視為大凶，不利人居住，可是這些五黃舖位卻極之適合作為醫療診所，因此天梁的「化災為祥」便是另外一種「化煞為用」。

東南 九紫 右弼 大吉	南 五黃 廉貞 大凶	西南 七赤 破軍 凶
東 八白 左輔 大吉	中宮 一白 貪狼 大吉	西 三碧 祿存 凶
東北 四綠 文曲 中吉	北 六白 武曲 大吉	西北 二黑 巨門 凶

- 此為2017年之九宮飛星圖，圖中可見位於南方為五黃大煞，南方本來是九紫火的先天位置，由於火生土關係，陽宅睡於此方位之人仕便多須留意健康，會較容易患上嚴重疾病。關於國運占星而言，中國的南方地區如東南亞等地，便有機會發生大型的傳染病禍害。

雖然天梁與災難有關，假如工作不是救護人員，如有天梁之護蔭，總比沒有的要強。筆者另有一友在南亞海嘯期間任職領隊，當時正好身在布吉出團，親歷整個海嘯情景和災後慘況，據他所說，因為當時身在安全景區，完全沒有感到危險威脅，多天在酒店休息便完成了工作，但事後回想仍心感不安，知道自己離死亡只是一線之間。可笑的是，吾友回港後被香港旅遊總會封賞為最佳領隊，此因禍得福，乃天梁化祿的結果。

天梁是一顆老人星，正如家有一老，如有一寶，老人家憑着豐富的人生經驗，可以憑藉人生智慧幫助避過危險或減少麻煩。另一方面，天梁代表有大能之士，正等如上文所提及的救護員、醫生、大狀、黑幫調解人，其能力和智慧必然比當時人巨大，否則又怎能發揮保護作用？

天梁還有神靈成份，當海嘯發生期間，如處於海邊的遊客肯定凶多吉少，知道在海嘯中如何求生的人亦萬中無一。如何避過災難，真的不多不少歸於宿命。正因為此，天梁深信神秘事物，是一顆傾向思哲宗教的星曜，此星有消極被動之性，有如遇難後的指定動作，就是等待救援。

坦白地說，天梁的蔭性本質就是麻煩和波折，運限遇之必受困擾，困擾可以很嚴重，亦可以很瑣碎，但必定非自身能力可以解決。天梁的角色有些像《魔戒小說》的甘道夫，天梁這星亦神亦魔，因其本身與廉貞六合，廉貞有魔性，故此，是禍是福皆由天梁起，天梁既是「神」又是「鬼」。

天梁和廉貞的六合關係，說白了就是檯面上的道理和檯底下的潛利益關係。天梁作為神的一方，當然視作好人角色，可是，假如沒有魔鬼作為醜人，又何以顯出天梁的偉大。

天梁除了醫護，另一個重點便是刑法，斗數有三顆刑星，喻為第一大刑星便是天梁，次則為擎羊和天刑。三者可以這樣比喻，天梁可視為法律的判決者，亦即是大法官；擎羊主法律的執行者，代表刑具；天刑主被困，可解作牢獄。要理解刑星，應該要和蔭字一同理解，「蔭」是先受災，後被照顧及保護，「刑」即是先成為受害者，後來才得以平反。

中國人對這個「刑」字很避違，凡有不和諧均喜用上刑剋來形容，刑主內部壓力、不配合、關係差、格格不入、代溝成見、話不投機等等，但背後都是與原則和規矩有關。須明白，假如先天定下了規矩，違反了或沒有遵守，便須要接受懲罰。因為天梁的人太過有原則，性格便顯得固執強硬，加上本身有法可依，便更需要講求公平公正，大公無私，因此常被人覺得不近人情，幫理不幫親。天梁甚至有見義勇為，多管閒事，抱打不平的心態。

以天梁刑性的正面來看，代表嚴明、正直、光明磊落、有道德、講道理、維護公正、重視原則紀律、行俠仗義等。加上天梁的原則性強，如對事情的判斷屬實正確，便可擇善固執。筆者在此嘗試舉出兩位古人為例，這兩位古人應該深入民心，定能幫助大家作出關連聯想。

第一位是唐代的狄仁傑，古傳此人剛正廉明，執法不阿，以身護法，曾任大理寺。大理寺即是中國古代掌管刑獄的中央審理機關，狄仁傑一生判決了大量案件，史稱並無一冤訴者。另一位則是北宋人包拯，包大人為官清廉、不附權貴、公平公正、鐵面無私，敢於替百姓伸張正義，故有「包青天」之稱。在斗數的架構中，天梁是文星，星曜的職務主要和刑法和監察事務有關，因此午宮天梁便有「察察為明」的大格，主人能明察秋毫，分析明辨。

天梁命的人很重視原則，其人心中有一把尺，用來量度別人，因此星曜的性格固執，加上觀察入微，永遠可以從魔鬼中找出細節，在混亂中找出秩序。不熟悉他的人，會覺得挑剔，難以討好。天梁的固執性格與廉貞可謂不相上下，天梁本與廉貞六合，核心已擁有廉貞陰火的堅毅和恆久耐性，加上陰火生陽土，其人可以孜孜不倦地為了原則而生存。

天相 兄弟	天梁 命宮	七殺 父母	福德
巨門 夫妻			田宅
貪狼 子女			事業
太陰 財帛	天府 疾厄	遷移	破軍 奴僕

天梁在八字上是「正印」，印星主父母，主文明原則，主照顧和幫助，而且可以「殺印相生」，「化煞為權」，轉危為安。廉貞是為了守護族群，守護圈子利益；而天梁則是其反面，是為了伸張公義，此星為了守護公眾利益，不為少數權貴人士所剝削，因而顯得鐵面無私，不易妥協，不重私利，也不受影響。

「察察為明」的小心謹慎，也可以在安星法找出原因，如天梁入命，父母宮便是七殺，父母宮有如上天給予其人的天賦才能。七殺的觀察力強，善用直覺分析，而且感覺非常準確，加上對宮的天府，天府的容量極大，就有如天梁能夠在大海撈針，從很少的蛛絲馬跡亦能找出事情的關連，找出事實真相，有這樣的能力不單只適合監察，連偵探、審計、品質檢測等工作皆有利。

但話雖如此，天梁雖然被喻為判官，可是並非個個都是包大人，天梁也是個凡人，凡人必然會有私心，況且，公平準則全由自己定奪，便容易偏私。天梁喜歡批判別人，但從不批評自己，永遠認為自己的標準才是真理，認為自己的道理才是最高尚。因此，一個品質不良的天梁，為人便會非常主觀，草率地斷錯對，對人對事都有欠公允。再者，天梁喜歡護蔭別人，對自己喜歡的人便會百般包庇，替其護短。天梁本着自命清高，它是為人謀不為己謀，它喜歡幫人，但卻不喜被人幫，認為有失尊貴身分，此星能保你平安也能斷你生死，此為筆者認為天梁是神魔混合體的原因。

天梁雖然被喻為孤寡刑剋之星，可是他的六親關係並未去到太差，除了和父母宮七殺和夫妻宮巨門比較多隙餘隔膜之外，其他六親宮位也是較為柔和的。如兄弟宮便是一個沒有主見的天相，子女宮更是一個圓滑善談的貪狼，因此天梁喜歡子女，會經常和他們溝通，分享人生經驗，說說故事道理等。一個有晚運的人，此人與子女必定感情良好，在事業上會有出色得力的下屬，天梁之奴僕宮為破軍，亦正好說明此點。

天梁是一顆精神性星曜，就有如法律是國家的無形資產，不能用實物價值來量化，因此天梁的清貴，身份不比宰相低，但與財富亦沒有多大的緣份。古云：「天梁居午，官資清顯。」和「天梁月曜，女淫貧。」以上文句的重點為「清貧」，從古人的記載透露，不論天梁的官職多大，都是清顯而不富的。據知清代有位大官，此人權力震天，但卻是頗清廉的，說的就是曾國藩。

天梁的事業宮本為空宮，代表各樣不同類型的工作需要有天梁等人負責監督。另外，天梁之事業宮永遠照着巨門，巨門帶有傳播性，亦有批判性，乎合審計監察等工作性質。從天梁為文曜可見，此星就算從軍，亦都是武職文做，同樣道理，如從事技術，亦都是技術行業的文職人員。

關於天梁的富性，可能大家都會誤會此星之清貴是不會發達的，但實情是，天梁之財帛宮便是財星太陰，因此天梁只是富而不顯，因太陰落在財帛宮而得知，其實天梁對財富頗為緊張，不過只是心照不宣而已。再者，天梁化祿有如大貪官，根據歷史富豪榜公佈，清代的世界第一首富就是和珅。由此可見，天梁為人是否真的清高，不重視錢財，必須參看太陰狀態，如太陰廟旺，便有安全感，對財富的渴望便會減少，便可以真正的清高起來，反之亦然。

前文在《天相編》解釋過巨門化祿對天相、天梁的好處，巨門化祿成為「財蔭夾印」，天相便可得利於兄弟的帶挈和關照。此外，又為什麼巨門化祿的「財蔭夾印」對天梁也有好處呢？這點可以從天梁的角度出發，巨門永遠都是天梁的夫妻星，此星主沉默和隔膜，一向落入六親宮垣皆不作吉論，如今巨門化祿在夫妻宮能減少刑剋，有利夫妻感情，加上夫妻宮對照事業宮，亦大利事業發展。再者，天梁有名士氣質，風格清貴，最怕就是來自巨門的輿論壓力，如今巨門化祿，不單是非沒有了，更帶來了清譽高名，還有兄弟宮的天相同時得祿，已經是一舉多得了。不能不提，一般的高官貴人，都是自己清白，妻子富裕，箇中的財權關係，你懂的，就不用多說。

天梁主貴不主富，亦不主權，因此對吉星的要求和太陽相似，天梁本質是文明人，與廉貞的原始人是兩個不同世界，因此天梁最喜的就是文昌、文曲，昌曲令天梁有修養，更聰明和更具文彩。況且「陽梁昌祿」大利科名考試，是功名必備，加上天梁必須有一定的聰明才智，才能判斷正確，裁定合理。否則凡事只懂「莫須有」，便有欠公允。

天梁和太陽同屬「機月同梁」星系，兩者必定在三方四正遇見，正由於彼此的必然關係，筆者將之歸納為「日梁門」星系。因此天梁會見科貴諸曜代表太陽在不同角度都能夠會上，兩者都能同時享受貴星所帶來的尊貴榮耀，包括享有貴譽和得人欽敬，貴曜如三台、八座；恩光、天貴；台輔、封誥和化科等都有效加強整個星系的高貴氣派。

有些雜曜亦都是天梁所喜的，例如是天官星，至於神煞青龍、奏書亦有利天梁，遇吉者有文書之喜的意義。與昌曲不同的是，「官、龍、書」僅主行政事務及政府公文，在事業或田宅宮代表在政府部門或大機構上班，見吉主升遷或獲得清譽及名銜等。

除了昌曲之外，左輔、右弼、天魁、天鉞對天梁的幫助似乎有限，事關天梁為精神性星曜，為思考型，此星不務實幹，古云：「天梁天機善談兵。」說白了即是天梁好談理論，只研究不實踐。天梁會上輔弼只主增加謙厚，對別人寬容，減少挑剔而已，對事業和格局未必有明顯幫助。魁鉞代表的貴人機會亦不適合天梁，事實上，天梁有名士風骨，此星遺世孤高，對於善拍馬屁，好攬關係的魁鉞，對天梁來說便有違本性。況且，天梁只是喜歡探討艱深理論，機會太多反而令到天梁容易分心，原則性減少。

天梁有三位關係密切、最傾得埋的拍檔，分別是太陽、天機和天同，其中的對星組合分別為子、午宮的天梁對拱太陽；卯、酉宮天梁、太陽同度；丑、未宮天梁對拱天機；辰、戌宮天梁、天機同度；巳、亥宮天梁對拱天同；寅、申宮天梁、天同同度。

天機、天梁之組合為人最健談，並好談投機之道，此對星有利學術研究。而天梁、天同之組合最有風骨傲氣，此對星喜歡自我孤立，不肯與人合流，是最為不合群的一類人。而太陽、天梁最是君子大道，此對星組合行事光明磊落，最喜發表個人偉論。由此可見，天梁不務實事，喜歡講多過做。

天梁是繼巨門之後，第二顆極易受到太陽光度影響的星曜，太陽和天梁身為同一星系，很多機會有同宮、會照或三合出現，天梁孤高，有刑性，喜歡批判，常處於道德高地講話，天梁能否被人接受便關乎太陽的狀態。假如太陽廟旺，觀點偏向大眾化，傾向普世價值，其出發點均出自善意。太陽廟旺易得群眾支持，便傾向不難明白的大道理，有廟旺太陽的天梁，能夠深入淺出，化繁為簡，便易於被人理解和接受。

反之，假如天梁所會見之太陽落陷無光，天梁的態度便流於尖酸刻薄，主觀偏頗，其所持觀點不在主流方向，便給人覺得非常挑剔，如像雞蛋裡挑骨頭似的，更嚴重者甚至黑白不分，顛倒是非，總之我有我道理，見煞者可謂情況更甚。一般來說，不論是什麼星曜坐命，太陽有光的命盤必定較容易相處。

不難從古籍找出一些例子，來引證太陽對天梁究竟有多大影響，古人認為巳宮天梁坐命容易成為特務或臥底人物。事關巳宮的天梁以酉宮為事業宮，財帛宮為太陽、太陰，因太陽在丑宮落陷，令至整個星盤暗淡無光，加上其事業宮為空宮，因此代表工作性質神秘，屬於非常冷門的行業，同時太陰在丑宮乘旺，財源可觀但不見光，再者天梁在暗中監視，便視為有間諜性質。

天梁為刑星之首，與擎羊和天刑被列為「三刑」，因此天梁不喜再遇重煞，尤其是擎羊和陀羅，恐刑剋過重，古云：「天梁陷地見羊陀，傷風敗俗。」而「陽梁月巳，作飄逢之客。」都是以見羊陀方可成格，這方面就有如法官身兼警察，權責不專，加上權力過大，便流於攬權，處事不公流於偏頗，假如同宮星曜化忌，便多生嚴重災病。但是，假如工作本身已經是刑忌煞重等則不為忌，例如紀律步隊、法官、法醫、醫療、拯救或行刑手等等。

杰赫星命

天梁和廉貞的六合關係，說白了就是檯面上的道理和檯底下的潛利益，天梁作為神的一方，當然視作好人角色，可是，假如沒有魔鬼作為醜人，又何以顯得天梁的正大光明。以美國為首的天梁與菲律賓，在南海紛爭仲裁獲勝，更諷刺的是，海牙的常設仲裁法院宣判一個大到可以起降飛機的地方為「礁」Rock，反之，連一個人都企不上的地方為「島」Island，這個指鹿為馬的判決，可以說是一個國際性的大笑話。

天梁乃孤寡之星，此星自命清高，生性孤僻，喜歡我行我素。在人際關上，天梁一向處理不善，因此忌入六親宮位，嚴重者主生離死別，永不相見。輕者仍主少時間見面，或與相關宮位人士有偏見，或多紛爭不和。假如落入兄弟或夫妻宮，主雙方互有成見，或與對方年紀差距甚大，在夫妻宮多數有老夫少妻的現象。天梁如落入奴僕宮則主有長年忠僕，或下屬比自己年長。

天梁入福德宮主為人清高、公正、嚴明，但固執和主觀依然存在，加上此星有長壽性，示意為人念舊，記憶力也相當好。天梁入田宅宮主居住或工作環境穩定，很少搬遷，居住地為舊樓或舊區。從正面來看，天梁在田宅宮主得祖業，得以繼承祖產，見天巫吉星尤確。

天梁在事業宮反映工作上帶有刑忌及麻煩性，如醫療、保險、消防或紀律步隊等工作，否則，只是代表工作長期穩定而已。天梁星性清貴，與財富格格不入，如入於財帛宮易因財惹禍，尤其是天梁化祿，或因財失義，進財必引來非議，但不代表違法行為。天梁入疾厄宮主長壽，但老毛病實在所難免。

天梁不喜落入遷移宮，古云：「天梁天馬，風流飄盪。」主出外多遇麻煩，加上天梁落於四馬之地為浮蕩，代表人離鄉賤，性情孤癖，有孤苦伶仃之感。

天梁星性長期而穩定，便有利坐鎮中堂，如無必要，外出絕對不利，有如法官必然在法院審理案件，如要偵訊，可以找王朝、馬漢、張龍、趙虎和展昭代勞，然而他們正正就是天梁之子女宮破軍也！

補充一提，吾有一朋友乃從商天梁，此人很討厭麻煩，若然遇上客人有特別要求，寧可不做生意，也不願委屈自己，絕對不會因為利益而作出讓步，因此個人認為天梁性格不利從商。但是，假如天梁見吉，落於遷移宮（即對宮）卻有利進財，古云：「天梁加吉坐遷移，巨商高賈。」見吉者有利經營高貴時尚品牌luxury goods，以取其高貴獨特的風格。

天梁四化及運限

在十干四化中，天梁只有三化，有化祿、化權和化科，沒有化忌。就算天梁沒有化忌，但星曜本身已帶刑剋之性，無論四化如何，總伴隨不良色彩。

天梁化祿主遇難呈祥，運限多遇麻煩之事，但最終總能化險為夷，轉禍為福。在壬干的天梁化祿，紫微同時化權，武曲必然化忌，武曲化忌主事情不順，或財源中斷，連一向只說不做的紫微也要親自出馬，可見事情並不簡單。正因為此，古人不喜天梁化祿，認為化祿總是帶來災厄困難，其實，這是先果後因之誤，假如用理性思考，天梁化祿的真正意義就是能夠找出結構性問題的解決方法，同時亦有思想開悟的意思。

天梁化祿在八字上為「以財破印」，印星主美譽，財破印即因財失義，實際表現為因名得利，假如遇的是「殺印相生」更可以權謀私，公器私用而獲益。可以想像，如前政府高官退休後加入商業大財團，便令人覺得有官商勾結、延後利益之嫌。正因為此，古人對天梁化祿實在有所忌諱。

天梁本身已經非常固執，倘若再度化權，更會顯得孤高自賞，不易為人接受，更確切地說，是天梁不易接受別人而已。因為在乙干的天梁化權，同時便是天機化祿，此干四化有很大機會形成「陽梁昌祿」，成為傳臚第一人。如高中狀元，又何必故作謙虛，必然自視清高。再加上天機化祿，既然遍地黃金，機會處處，又何必降低要求，正如貨品的需求大增，自然要坐地起價。此干化權，天梁對自己的要求極高，甚至去到追求完美的境界，因此而影響太陰化忌，可能誓要做十優狀元，連八優成績都不滿意。

天梁本為文曜，化科主有聲譽，得人尊敬，有利科名，大利原則傳播及發揚。古人十分推崇天梁化科，化科能彰顯天梁的嚴正清貴，其實天梁與文昌的星性也非常類近，文昌是文明文化的倡議，是社會大眾的守則，代表普世價值，是儒家的傳統思想。某程度上，天梁化科可視為另外的一個文昌化科，當中的主要分別在於天梁較文昌強硬，更為嚴格，文昌化科為抒情，天梁化科為抒理。

因為己干的天梁化科，文曲便同時化忌，因此口舌的表達能力便不及文字般有效。加上天梁和文昌的理性和嚴肅，文曲的佻皮活躍沒有了，隨之而來，天梁的情趣也沒有，事事須秉公辦理，便沒有通融可言。

運限方面，天梁為「壽星」，為「老人星」，可以想像有極度長期的意思，不到七十也不算是老人，屬於人生最尾階段，天梁或天壽入命也有長壽的特性。加上老人家較多麻煩，不論身體上的老毛病，還是性格上的頑固挑剔，因此天梁運限必多遇阻滯和虛驚之事，忌者有災禍，吉者有庇蔭，就算化祿都是先衰後好，事情總在結尾時段才有團圓結局。

天梁面相與星座

在十字型面相，天梁與天府同為「目字面」，《形性賦》曰：「天梁穩重，玉潔冰清。祿逢梁廟，抱私財與他人。祿主天梁，也應厚重。」

「目字面」的特色是臉型方長，天庭高狹，鼻直顴高，眼神清晰明朗，目光炯炯，有如壽星公的面相，此為五行屬金、木之局。

雖然天梁和天府同為「目字面」，但是兩者仍有一定的分別，第一點為骨肉，第二點為顴鼻。以天梁的性格而言，此人必然是骨多肉少，鼻高顴低，即是面相學稱為「面中尖」。反之，天府為凹陷型，必然是顴高鼻低，肉多骨少。讀者如欲知道顴鼻、肉骨的意義，可以參考《八字編》的面相陰陽二分法部分。

再說「目字面」，有這種面相之人，個性剛而倔強，主觀極強，脾氣猛烈，不易與人相處，加之疑心大，常以小人之心度君子之腹，應變能力差，做事死板不懂變通。天梁面相最重的是鼻樑，如鼻直樑高，則一生近貴，反之，卻自以為是，為我獨專而已。

在西洋星座方面，天梁代表追求完美的處女座，先天宮位為巳宮，廿四節氣是處暑，守護星為水星。處女座和天梁都是完美主義者，他倆不約而同對別人都有很高要求，他們極度細心，十分嚴格，洞察和分析力都很強。處女座的人酷愛整潔和條理，原則性強，為人有修養，還有點優雅。

Virgo

其缺點便是自命清高，個性執着，奄尖挑剔，小氣記仇。由於他們計較，很多小事情都放不開，便容易杞人憂天，喜歡批評。處女座的固執是一直收藏內心的，他們總喜歡把眾多的小問題都記在腦海，每當一有機會便會借題發揮，因為處女座的守護星為水星，因此其人的心思機敏，重點是心水清，和天梁的「察察為明」相當一致。

天梁與原則和規矩有關，天梁的一生可以不偏不倚地去追求他所謂的「標準」，可是世界上每個人的尺度不一，天梁所謂的規矩，其實都只是個人取態而已。

杰赫星命

「規」是一個圓規，「矩」是一把角尺，因此天梁化祿是把直線變得可曲，變得較為軟性，人也變得寬容，較為乎合中華文化的中庸之道。亦因為此，天梁化祿的干化，便是貪狼化科，是圓規出動的時候。

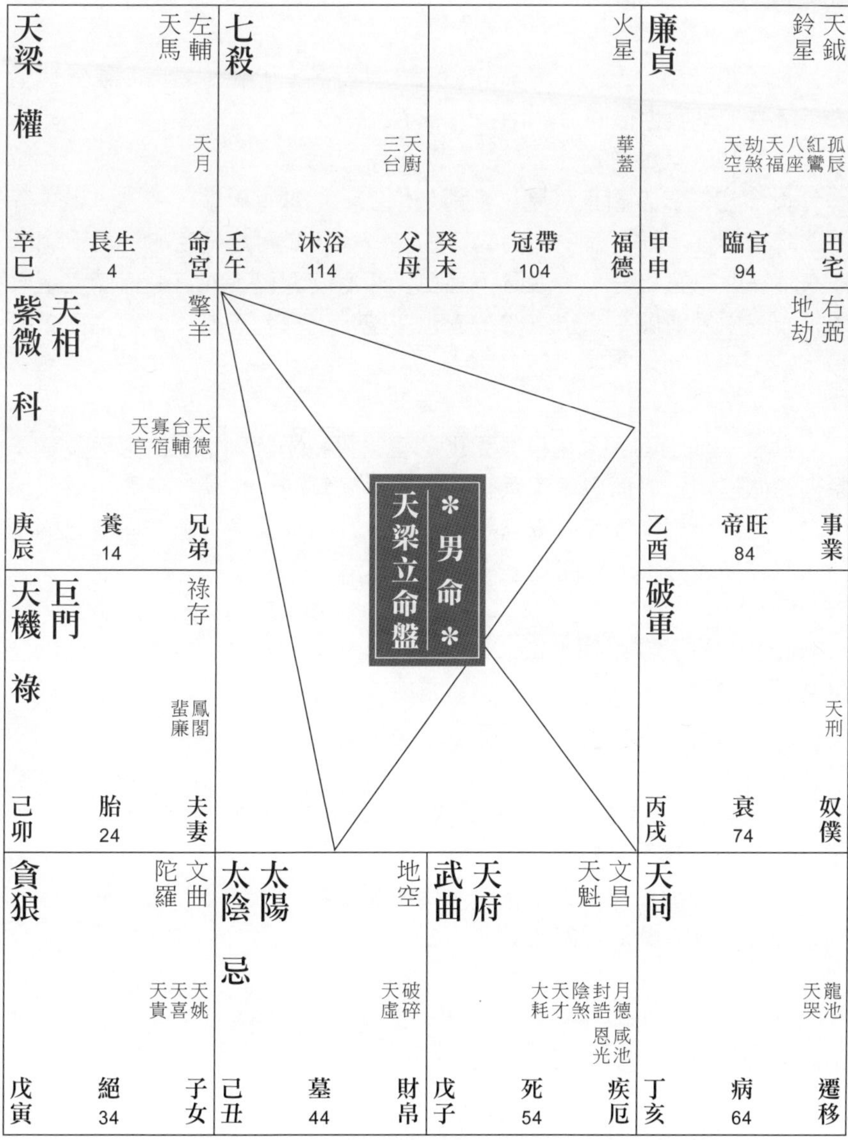

天梁 權
左輔 天馬
天月
辛巳 長生 4 命宮
七殺
天廚 三台
壬午 沐浴 114 父母
火星
華蓋
癸未 冠帶 104 福德
廉貞
天鉞 鈴星
孤辰 紅鸞 八座 天福 劫煞 天空
甲申 臨官 94 田宅
天相 紫微 科
擎羊
天德 台輔 寡宿 天官
庚辰 養 14 兄弟
右弼 地劫
乙酉 帝旺 84 事業
男命
天梁立命盤
巨門 天機 祿
祿存
鳳閣 蜚廉
己卯 胎 24 夫妻
破軍
天刑
丙戌 衰 74 奴僕
貪狼
文曲 陀羅
天姚 天喜 天貴
戊寅 絕 34 子女
太陽 太陰 忌
地空
破碎 天虛
己丑 墓 44 財帛
天府 武曲
文昌 天魁
月德 封誥 陰煞 天才 大耗
咸池 恩光
戊子 死 54 疾厄
天同
龍池 天哭
丁亥 病 64 遷移

【天梁立命】：此盤是巳宮的天梁獨坐，第一眼就給人看到「寡」的感覺。

凡天梁在辰、巳、午三宮立命者，具有名士風範，名士的氣質包括清高自賞，不與世俗同流。

從命宮的三方四正可見，全都是地空、地劫、天虛、破碎、天馬等浮蕩的精神性星曜，盤中人對物質追求較少，是可以肯定的。加上廟旺的太陰在財帛宮化忌，主進財不逐但仍然心安理得，同宮並佈滿空星破曜，命主兩袖清風，來也空空，去也空空，就算明天無錢開飯也不會擔心。

此外，命主的天梁化權與天馬同宮，更特顯其人不受約束與及講求原則的個性，一般而言，天梁化祿善於排難解紛，也善於把問題解決，反之，天梁化權卻極度討厭麻煩和困難，凡有違背原則或委屈自己的事情，就算多多錢也沒有商量。

上文第一句所說的「寡」並不是指性格上的孤癖，事關盤中人的父母宮、夫妻宮、子女宮皆有和諧吉星照入，除了兄弟宮較為霸道之外，命主與六親關係良好，朋友眾多，是個頗重情義之人。

有趣的是，古人喻巳宮的天梁，工作特殊性質，例如從事間諜工作，性質不可見光。盤中人的事業宮是個空宮，三方四正會見左輔、右弼、祿存、天機化祿、太陰化忌，情況頗為複雜。簡單而言，此人的事業多變，而且隱閉才可得利。

再看看此人的福德宮只有華蓋、火星，並對照空曜，主事此人具有宗教信仰，或對玄學命理感到興趣。

現在正式透露，命主是個茅山師博，是個捉鬼專家。

【補充閱讀── 老人星】：天梁被喻為老人星，老人星（α Car / 船底座α）亦名為「南極老人星」或「壽星」，古人視老人星為一大吉星，是中國神話的南極仙翁，認為它象徵長壽。老人星是船底座主星，距離地球超過300光年，是全天第二亮星，光度僅次於天狼星，視星等為-0.72，亦是南半球最明亮的恆星。

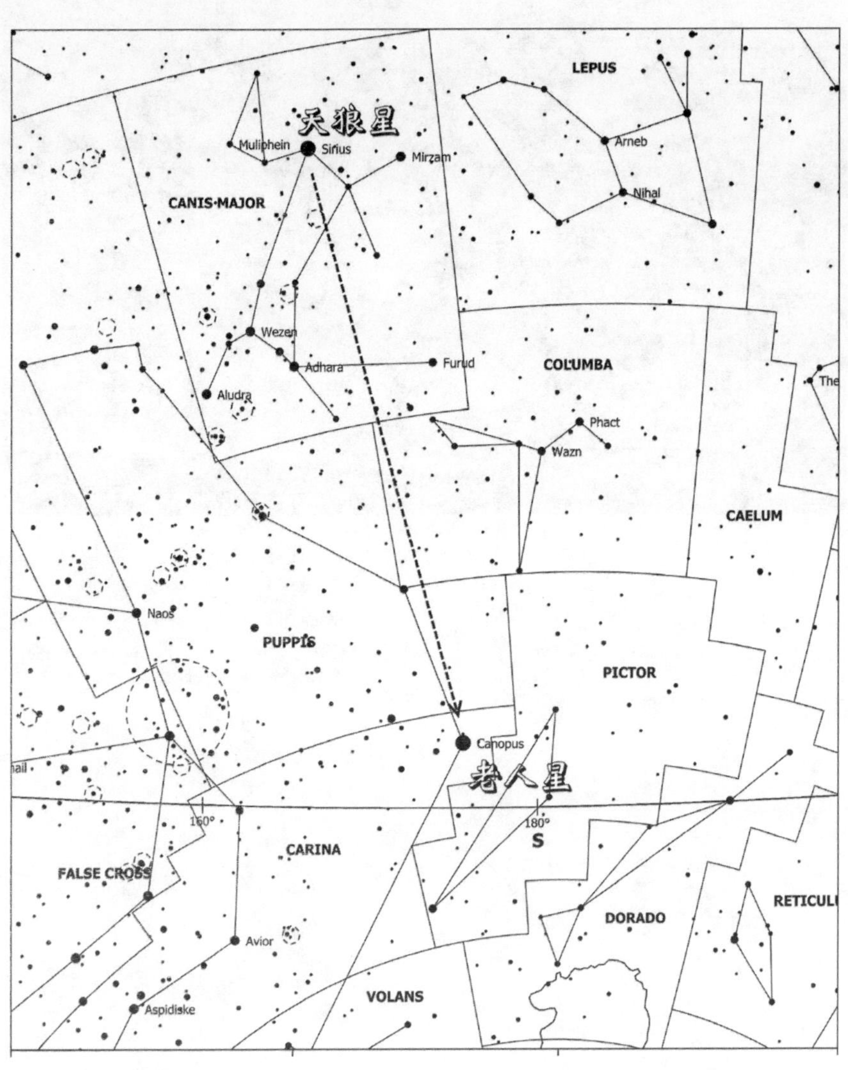

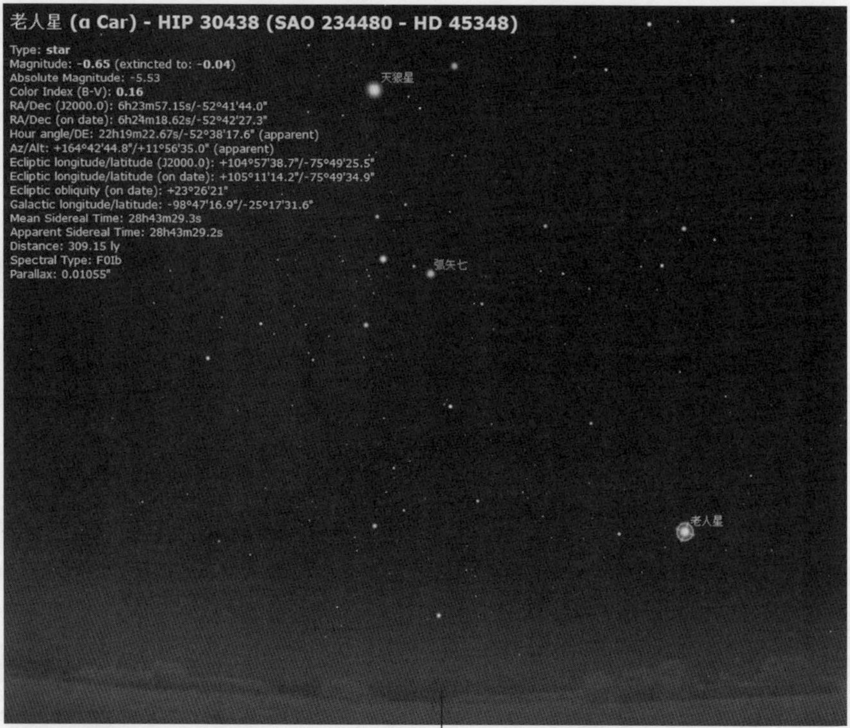

- 有興趣觀星的朋友，可以在夏季時份，往南方中天觀察，很輕易就可以找出一顆最明亮的，這顆就是天狼星，再往天狼星的下方，接近地平線的位置便可找到位於井宿的老人星官。

第十四章 · 七殺星

七殺星

紫微 七殺	七殺	廉貞 七殺	七殺
七殺			武曲 七殺
武曲 七殺			七殺
七殺	廉貞 七殺	七殺	紫微 七殺

七殺性格特質

七殺五行屬陰金，是一顆事業之星，與武曲、破軍被喻為斗數三大將星，七殺的權力欲極重，介乎物質和精神性之間，其性格果斷，熱愛挑戰，喜獨來獨住，能獨當一面，具剛烈肅殺之氣，因此而命帶孤單刑剋。

七殺一星性質悍猛，有強烈建功立業的訴求，此星對自己要求很高，會不停地鞭策自己，一點也不會給自己放鬆的時間。七殺是事業型星曜，其性格剛勁，勇於冒險，堅忍不屈，一旦決定往往視死如歸，不怕犧牲，而且十分頑強，常有越戰越勇之勢。七殺是開創性星曜，因此人生的波動非常激烈，如星曜組合良好，往往最終都能建立自己的事業，是一顆飽歷艱辛而有成的星。

七殺守命的人十分神秘，喜離群獨處，凡事我行我素，掉臂獨行。七殺總有自己的一套想法，加上喜怒不形於色，感情顯得冷淡，又不太理會別人之睇法，顯得與人落落寡合，因此古人認為七殺命帶孤剋，與六親緣薄，大不利人際交往及感情發展。說句實話，七殺的缺點亦多數和缺乏人緣有關，不善合作與人溝通，不喜熱鬧喜慶，反社交，不善團隊合作等等。

凡將星皆有孤剋刑忌等特性，七殺便是當中的表表者，此星是刑殺的星宿，其心態只在於建功立業，感情對他們來說反為次要，然而，物質、名譽和地位才是他們的心中所想。七殺個性獨立堅強，有強烈的攻擊性，此人為了成功，可以十年磨一劍，有不達目的誓不罷休的恆久決心。若然七殺遇上太多的感情包袱，恐怕令人思前想後，多了感情顧慮，反而影響其人全心全意的拼博精神。

如欲了解七殺，必先了解天府，皆因天府與七殺是永久相對，七殺是天府的反面，天府追求的是穩定和諧，性質柔和中庸，是財富型星曜，反之七殺主劇烈變動，性質剛烈而極端，是事業型星曜。

七殺孤僻，不喜求人，支配欲和權力欲皆重，本身有能但無助，世人皆知「無敵總是寂寞」，此為七殺有掉臂獨行，有單打獨鬥的心思。嚴格來說，七殺不是物質型星曜，此星所追求事業上之成功，與及名譽和地位，全屬心態方面，況且，七殺並不嗜財，此星對於物質欲望是比較淡薄的。

七殺是一顆動星，此星之動是非經常性和非長期的。七殺的個性安靜，外表冷淡，或者叫「冷靜」，對外事不會特別感到興趣。或者不會主動交際，不諸事八卦，不會惹是生非，常把自身的野心欲望埋藏心底。因天府作為對星的關係，七殺行事前必經深思熟慮，是謀定而後動，卻非破軍的妄動，又不是貪狼的潛移默化，星曜為人踏實，認為應做則做，不應做則不做，不作多餘無謂的周章。可是，一旦目標出現或決定清晰，七殺便義無反顧，輕裝上路，開弓沒有回頭箭。

靜態的七殺有如突擊隊在任務之前必須搜集資料情報，在有周詳計劃之後，保密地瞬速反應，然七殺故有的隱閉突擊性，便多有後發先至之勢，亦由於此，星曜的任務職能更多是屬於短期性質。

七殺孤僻但不冷血，古人認為此星命帶孤剋，其實又忽略了七殺的感性一面，七殺永遠對照天府，經常受到天府影響，星性外剛內柔，外表決斷冷酷，表現出極度理性，說實在，七殺內心的感性一面卻不易被人所知。筆者認為，七殺可喻為「鐵漢柔情」，他可以為了功業而拼命，也可以為了愛人甘去蹈入火海，為愛情而犧牲，七殺的執着絕對稱得上是一把痴情劍。

有趣的是，天府多情，七殺卻極度專一。假如七殺愛上一個人，便會徹徹底底地為愛情付出，愛得死去活來，是一個痴情硬漢。但另一方面，愛的反面就是恨，假如七殺發現已經不愛你，他可以非常恨心，顯得十分決絕。如換成天府則會拖拖拉拉，藕斷絲連，欲斷還斷，遲遲不肯作出取捨。

七殺、破軍、貪狼三曜，這三星永遠都在三方會照，由於三者有著不同程度的變動性質，入於大限都會發生明顯轉變，因此被喻之為命運的變動樞紐，故時合稱「殺破狼」。以轉變程度來分類，貪狼的變化最柔和，除非成為火貪、鈴貪而變得突然，否則只是緩慢地改變，只是改改外表，換個包裝，不改內部核心。

較為類似的是，七殺的變動有如鈴貪，它是一顆計時炸彈，七殺在沒事沒幹，沒有利害衝突，沒有展示欲望野心的時候，常常給予人感覺安靜，不會好管閒事，沒有是非紛爭，可是一旦爆炸，星曜猛烈之勢並非常人可以想像。七殺不同於鈴貪之處，就是鈴貪需要累積能量，要累積一段長時間，在尾段才有效果，而七殺的爆炸力隨時存在，只是含而不發，能夠收放自如。

一般情況，七殺是很安全的，並不容易爆炸，只會是上頭有命，當下達執行任務時才會解開安全制。再加上背後操控的天府必定經過深謀遠慮，才會讓七殺執行危險任務。但其先決條件，便是天府要得祿，天府得祿就有如殺手的主人穩定，傭傭兵不用打仗又有糧出，何樂而不為。反之，不見祿的七殺常處不安狀態，便無時無刻都想求變，都想打仗。然而七殺性剛，有勇有謀，用權要掌控得力，如七殺受控則大事可成，反之殺曜失控便會狂妄急性，從而作出激烈的破壞行為。

運限方面，七殺一般主中段時間，而「中段」亦可理解為「中斷」，就有如七殺命的人生，在人生中段時間必然有猛烈波動，定必遇上嚴重挫折，其改變亦比預期猛烈。根據經驗，七殺立命者大概在中年40歲左右，在事業上便會有巨大變動，例如轉行轉業，或開展個人事業，總之就是從新開始，轉換新的行車線，筆者喻之為「第二人生」。假如中年沒有換線，七殺就有如一把利刀，主人生遇有重大打擊，在事業上由高墮下，不得不迫令事主從頭再來。

七殺的人生比武曲的變化更大，和破軍接近，同樣都是屬於完全改變，都是變得面目全非，然不同的就是方式。破軍的變化來得自然，有如一條多彎的單行路，而七殺的變化來得突然，有如路上的十字路口，一是向左，一是向右，然兩線的目的地都不一樣。

如論星性，七殺比武曲剛猛得多，皆因武曲天生便有皇上及太陽的關照，事業上已有人為他謀，武曲只需跟隨上頭指示如實執行，便能加官進爵，不用費心。七殺則需要自力更生，此星喜獨來獨往，凡事非靠自身能力不可，亦由於此，從而練就七殺的獨立，刻苦耐勞和不屈不撓的精神，加上星曜有為己謀不為人謀之意，沒有別人的幫助反而覺隨心所欲，因而便有越戰越勇之勢。

七殺的對星組合分別有子、午宮的七殺對拱武曲、天府；卯、酉宮七殺、武曲同度；寅、申宮七殺對拱紫微、天府；巳、亥宮七殺、紫微同度；辰、戌宮七殺對拱廉貞、天府；丑、未宮七殺、廉貞同度。

論七殺的越戰越勇，尤其是指與廉貞同度之組合，以廉貞之陰火煉就七殺之陰金，便有鐵不打不成材之意，古稱之為「雄宿乾元」，主飽歷艱辛而最終有成。古云：「七殺廉貞居廟旺，反為積富之人。」都是取其刻苦耐勞，與及獅子山下的奮鬥精神。

從安星法的佈局又可以看出，為什麼七殺這麼孤獨？為什麼七殺對建立功業這麼渴求？

「殺破貪」三曜永遠都呈三合會照，即是七殺之事業宮是破軍，財帛宮是貪狼，貪狼在財帛宮有貪心和投機心態，會不停地計算得失，盡量希望以最少成本達到最大利益。而破軍在事業宮主不斷的開創，由於此星有義無反顧，打死罷就的心態，因而十分容易壯烈犧牲。認真講句，破軍之損耗率奇高，因此七殺命必須要有心理準備，隨時承受人到中年，在事業上遭遇上重大挫折打擊。

可喜的是，七殺對自己的要求很高，而且情商EQ爆棚，了解勝敗乃兵家常事，因而不易服輸也絕不氣餒。亦因為此，七殺只會越戰越勇，沒有東西可以打擊七殺的信心。此外，由於貪狼與破軍都有務多貪廣的傾向，由此而來便會影響七殺有無窮無盡的推進野心。

天梁 兄弟	七殺 命宮	父母	福德
天相 夫妻			田宅
巨門 子女			破軍 事業
貪狼 財帛	太陰 疾厄	天府 遷移	奴僕

杰赫星命

論七殺的越戰越勇，尤其是指與廉貞同度之組合，以廉貞之陰火煉就七殺之陰金，便有鐵不打不成材之意，古稱之為「雄宿乾元」，主飽歷艱辛而最終有成。

七殺的先天父母宮、福德宮、田宅宮和奴隸宮都是空宮，父母空宮代表本身完全沒有上頭約束，也沒有上司的指示和照顧，加上田宅宮為空宮，代表沒有任何祖業、資產可以承繼，七殺在事業上無親無故，因此更需自力更新，要為自己打算，為自己着想，與天機、天相、武曲為人謀不為己謀的角色大大不同。

七殺在建立事業的過程可謂千辛萬苦，既沒有上頭的關照，也缺乏下屬的幫助，此方面只須看其空空蕩蕩的奴僕宮便可得知，因此七殺凡事必須親力親為，每事必須單打獨鬥。由此可見，為什麼七殺的福德宮也是空宮，為何七殺的人生這樣寂寞和孤單。

七殺的疾厄宮是情緒主導的太陰，疾厄宮雖然代表身體，但太陰也代表一個人的情緒及內心世界，加上疾厄宮的對宮父母為空宮，這是七殺入命的潛意識，渴望有一位如像母親的溫柔上司可以在他的事業上給予關懷和鼓勵。此外，太陰入於疾厄宮亦代表對日常事務上的粗心，此星不論事無大小，心裡都會緊張非常。

未說兄弟宮之前，先來一個比喻，七殺的角色就有如軍中的狙擊手，狙擊手性格需要冷靜而有耐性，並且有極良好的決斷能力，此人平時在最佳位置潛伏隱藏，靜待敵人。狙擊手可以獨自在野外等候三日三夜，當等候的獵物一旦出現，便一槍將之斃命，假如一槍打不中，再補一槍，當第二槍仍然打失，便會毫不猶豫逃離現場，並根據早前已計劃定的安全路線撤離。一般狙擊手不是獨自一人行動，多數是兩人一組，一名為主槍手，連同一名觀察員，觀察員的工作是為槍手把風，為狙擊手留意周圍環境情況，如風向、距離、潛在危險等等。不講不知，七殺的觀察員便是天梁，天梁的主要工作便是監察，可以這樣說，七殺天生沒有上司，又沒有下屬，最信賴的便是兄弟朋友，其拍擋就是七殺的顧問，為七殺提供意見，為七殺的成功提供支援。七殺本身屬於「府相殺」星系，加上星曜本身沒有四化，必須與人合作，自己外出打天下，別人即天梁負責守成。

• 七殺的角色就有如軍中的狙擊手人物，一般的狙擊手並不是獨自一人行動，多數是兩人一組，一名為主槍手，並連同一名觀察員，不講不知，七殺的觀察員便是天梁，天梁的主要工作便是監察。

在感情方面，七殺很重情義，最信任的莫過於是與之出生入死的兄弟手足，七殺雖然寡言，但為人肝膽相照，與七殺的兄弟情是一輩子的，對七殺有恩的，定必永記心中，對七殺有仇，亦同樣如是。七殺與巨門對待感情態度剛好完全相反，巨門有「初善終惡」之稱，剛剛認識巨門的時候，你會覺得巨門很友善，當相處一段時間，才發現巨門的友善只是表面，大家並沒有機會進入更深層的溝通，無論相識多久，都是保持君子之交淡如水，沒有交心可言，其實巨門由始至終都沒有打算流露出真感情，對任何人的感情都只是很淺薄。

巨門和七殺的情義不同，（一）在於先後次序；（二）在於深度的建立；（三）是可靠性十足。初初認識七殺，他會給你很冷漠的感覺，此人不會主動熱情，老實說，和七殺的友情是需要時間建立的，七殺內心會不斷觀察，一旦他認為你是值得信賴，真正可以交朋友的時候，便會建立一生的情誼，七殺願意分享他的真實內心世界，是個可靠而值得交心的朋友，感情明顯是外冷內熱。

七殺雖然外表冰冷，而且被喻為寡星，可是並不因此而影響其愛情及婚姻，七殺先天夫妻宮是一顆穩定而且甘於在背後默默支持的天相，假如七殺是男命，可以想像其配偶多麼體貼順從，更有可能，與女方相識於微時，或是青梅竹馬的戀人。

天相落入夫妻宮還有雙重或重複性，是不是七殺坐命也能坐享齊人之福呢？筆者可以肯定回答，絕對不是！七殺不是多情種子，星曜對感情的態度專一，極少有一腳踏兩船之事。可是，由於天相會受到對宮破軍的影響，間接導致其夫妻宮不穩，因此便要注意天相或天府有否祿存或化祿。假如破軍不穩，一來影響七殺事業無成，另一方面男方被女方嫌棄，被「飛」的機會便大增。

七殺的子女宮是巨門，巨門入於六親宮位並非善曜，巨門與七殺兩星皆沉默寡言，兩者在文儒武將各自領域下皆有各自的執着，巨門代表是非困擾，入子女宮便有心病，或有難言之隱。又難怪巨門，不容易直接和父母七殺表達意見，由於父子的不咬弦，把心事常常收於心底。另外，從奴僕空宮得知，七殺原來是沒有下屬緣的，在命理學上，子女與下屬同屬「傷官」，有子女緣的人通常都易得下屬及後輩支持，由此可見，七殺的子女緣確實麻麻。

吉星方面，七殺身為武將，為權星之一，最喜就是有左輔、右弼的幫助，輔弼能加強開創力及辨事能力，更可加強對宮天府的管理力，便等於習軍政大權於一身。況且，輔弼有如左右助手，對於需要有合作拍檔的七殺，遇上輔弼明顯有利。

七殺本身很能幹，對事業功名看得很重，加上先天父母宮為空宮，因而更希望能夠得到貴人賞識，給予發揮機會，本身有能再加上良好際遇，才得學為所用，因此天魁、天鉞提供的機遇，對七殺的成功便有根本性的影響。否則，七殺一等再等，等足十日十夜才明白，原來獵物根本不會在這裡出沒。

七殺既為武星，因此文昌、文曲與孤剛的七殺可謂格格不入，無可否認，昌曲能增其儒雅風流，增其文藝氣息，可是如昌曲配殺，便會中和了七殺的剛猛，使它原有之威勢消失，從而變得多愁善感，每事則多思多慮，從而令果敢的七殺變得猶豫不決，減卻了七殺在事業開創的澎湃魄力，甚至變得感情用事。

除此之外，七殺和昌曲同宮，卻沒有讀書科名可言，古云：「七殺與破軍，諸般手藝都能精。」此組合主有巧藝旁身，為異路功名之表示。

七殺貴為戰將強星，柔星對他有害，煞星反而對他有利，七殺不畏煞，遇吉時反能「化煞為權」，重煞對他來說只是較為辛苦而已。假如煞星運用得宜，主開創得力，成就因而更加理想。

但話須如此，行船跑馬三分險，更何況七殺常要獨自執行危險任務。如戰將遇煞，再加上化忌惡煞之時，即代表形勢惡劣，途中每每多遇凶險阻滯，因七殺屬金，不利時主有刀傷或其他嚴重意外。《太微賦》曰：「七殺逢於身命，遇流殺必主死亡。」及「殺臨絕地會羊陀，顏回夭折。」由此可見，強悍之星遇上惡煞忌星，所事問題也特別嚴重，又或者，當時人在事業上打算重拳出擊之時，卻遭失利，而且損失非常慘重。還有，每當狙擊手執行任務之時，為了安全起見，必須完全隱藏自己，令對手不易察覺，甚至和總部的通訊也會暫時中斷，直至任務成功，功成身退。假如狙擊手任務失敗，甚至被反狙擊，由於一直失去聯絡，拯救無援，便有機會一去無回。由此引伸，七殺如多遇煞忌刑耗，便主中途遭遇挫折，有九死一生之危，因而斗數上便有著名的七殺凶格，名為「路上埋屍」，即是死了都無人知。

火鈴會影響七殺性情，令它脾氣急躁，容易動怒，最弊的是，七殺的脾氣只會不斷累積，此星沒有消氣門閥，一旦怨氣或不滿開始，最終就只有等待爆炸的一刻。假如是羊陀會七殺，吉利者代表善用工具創作，如化忌者主持刀搵食，如打劫傷人等事，古云：「七殺流羊二官符，離鄉遭配。」及「七殺羊鈴，流年白虎刑戮災迍。」都在強調其以暴易暴的個性，倘若再加上官符、白虎等刑星，便有可能涉及刑事官司。

七殺和對宮的天府，兩者都不喜空曜，空曜的優點是創意和想像力，但是，七殺本身是務實型星曜，而空劫的天馬行空，過份幻想，或創意藝術，都與七殺希望建立實實在在的事業有所不同。七殺的開創，如能在已有天府的基礎上開展，總比什麼都沒有的空劫要好。此星與天府皆喜見祿，空曜減其財氣，減其穩定，反之卻增其空想妄圖，實在是雙輸局面。

七殺入命者做事認真、獨立、凡事盡博、不留餘力，如在福德宮主思考獨立、找出重點、喜歡沉默思考，以直覺行事，並多得第六感之助，看法獨特而且準確。七殺不利落入六親宮位，代表親人沉默獨立，甚至孤僻，不喜和命主接觸，與六親緣薄。七殺主單獨，入子女宮代表數目少，只生一個，或先女後兒，如星曜配搭良好，此子女卻才華出眾，甚可鶴立雞群。如七殺入奴僕宮，主下屬性剛而有才，但不易聽從命主差遣。

七殺如入田宅宮主不守祖業，或居於獨立屋，或是孤峰獨聳之地，或工作及居住環境清靜無人。如七殺為事業宮主獨立工作者，此星對自己工作素有要求，不草率馬虎，亦代表管理或決策性等中層工作。

七殺為事業星，不是財星，本身不會化祿，加上星曜有中途受挫之性，入財帛宮主偶然會出現嚴重的週轉問題，或有財源中斷之應。

七殺五行屬金，守疾厄宮則與肺部有關，化忌易有哮喘，另外主脊柱及骨骼等中樞方面的問題，遇煞則易有破相或損傷之事。由於古代的醫療落後，古人認為小兒見七殺忌星便容易夭折。

七殺和天同一樣，極喜開展個人生意，基於七殺的父母宮為空宮，天同的父母宮為武曲，兩者皆不易得到好老闆的信任和支持。天同適合在本地創業，在外則感到異常痛苦，相反七殺極有利外出謀事，古云：「七殺破軍宜外出」。七殺泛指西方異族，此星的著名格局都離不開與遷移地有關，如前所述，七殺在未宮名叫「雄宿乾元」，說是廉貞的「火」可以淬煉七殺的「金」，主七殺命會有一段艱辛的人生歷程，並大利在遷移地發展，中年以後才穩步向上。

其實七殺的內心頗感性，此星一生都為事業拼搏，為了功業不惜以身犯險，七殺之人不論晚年有否成就，總喜歡驀然回首，在適當的時候停止前進，甘於平淡地安享晚年。不像破軍的不斷挑戰自己，總是戰到最後一兵一卒，戰到生命最後一口氣為止。

七殺四化及運限

在四化方面，七殺除了屬於「殺破狼」星系，另外又同屬「府相殺」星系，「府相殺」三星同樣沒有四化，因此極度喜歡見祿，天府見祿主安定，天相見祿主有財資可用，兩星得祿可支援七殺開創，而七殺見祿主有勇有謀，可謀而後動，相對來說風險可控，便容易勞而有成，易得開創成效。

運限方面，七殺主中段，大約是人生四十歲左右。此外，天府立命的人上半生悠閒，下半生忙碌，而七殺的命運正好相反，此星的上半生營營役役，下半生退下火線才方得清閒。

七殺面相與星座

在十字型面相方面，七殺屬於「風字面」，「風字面」的特徵是兩邊腮骨向外橫張，腮骨較顴位更為凸出，亦即是所謂耳後見腮，坊間多數認為此面相是反骨仔相格，相傳《三國誌》的魏延，正就是這類相格。由於「風字面」呈上窄下闊之勢，是為五行屬火、土兼金之局。《形性賦》曰：「七殺如子路暴虎憑河。」七殺的樣貌除了腮闊，另一特點就是眼神有勢，目光銳利，

不怒而威，遇吉主有精神，遇凶即目大凶狠，當中又以身形帶瘦者居多。

從正面來看「風字面」有極強的應變能力，學習能力優良，做事負責，講求實際，屬實幹剛直之人，加上腮骨大代表精力過人，不怕吃苦。但是有此面相的人自尊心重，非常愛面子，愛惡極端分明，並不輕易信服人。

本來腮骨橫露的人，只是保密性強，此人恍如獨行俠，難以觸摸而已。但由於「風字面」的腮骨過份凸露，因而形成較大的執着和破壞性，此人做事一意孤行，更糟的是他們的報復心強烈，假如一旦受到委屈，初期還可以忍耐，但是日子有功，到最後必定將所有仇恨連本帶利一一奉還，因此最好不要得罪他們，方為上策。此外，這些人入職的時候負責建設，當離職的時候便會盡情破壞，正因為此，他們較為適合自資經營，成敗自負。同樣的是，「風字面」的人，一生運氣分段起落，尤其是中年有大波折，晚年較為安定。

在西洋星座方面，七殺代表極具神秘感的天蠍座，先天宮位為卯宮，廿四節氣是霜降，守護星為冥王星。天蠍座和七殺坐命者的性格非常相似，他們都冷靜內斂，果敢決斷，喜獨斷獨行，善周詳計劃，加上保密性強，常暗中觀察收風，而且有恆久毅力。另外天蠍座歡神秘事物，他們多以直覺行事，有很準繩的第六感。

天蠍座與七殺為人外冷內熱，喜怒不形於色，他們有仇必報，可能受天府影響，便有君子報仇，十年未晚之心態，此是繼武曲白羊座之後第二個不能得罪的星曜。他們的共同缺點就是小氣，佔有欲和自尊心過重，外人難以觸摸，此星座疑心重，易有暴力傾向。天蠍座屬人體性器官，男女多有性感魅力，假如加上天王星，性取向特別。

<table>
<tr>
<td>巨門
祿存
孤辰 天官 天空 天姚 天喜 劫煞
癸巳 臨官 96 子女</td>
<td>天相 廉貞 忌
右弼 擎羊
陰煞 鳳閣 蜚廉
甲午 帝旺 106 夫妻</td>
<td>天梁
恩光 天月
乙未 衰 106 兄弟</td>
<td>七殺
左輔 鈴星
龍池 天壽
丙申 病 6 命宮</td>
</tr>
<tr>
<td>貪狼
陀羅
台輔 華蓋 三台
壬辰 冠帶 86 財帛</td>
<td colspan="2" rowspan="2">＊男命＊
七殺立命盤</td>
<td>天同 祿
天鉞 地劫
月德 咸池 天貴
己酉 死 16 父母</td>
</tr>
<tr>
<td>太陰
辛卯 沐浴 76 疾厄</td>
<td>武曲
八座 天虛
戊戌 墓 26 福德</td>
</tr>
<tr>
<td>紫微 天府
文曲 天馬
天哭
庚寅 長生 66 遷移</td>
<td>天機 權
地空
天德 破碎 寡宿 天刑
辛丑 養 56 奴僕</td>
<td>破軍
文昌 科 火星
天廚 封誥 解神 天才 天福
庚子 胎 46 事業</td>
<td>太陽
天魁
紅鸞 大耗
己亥 絕 36 田宅</td>
</tr>
</table>

【七殺立命】：此盤的七殺在申宮獨坐，三方四正見文昌、文曲、天馬，六合祿存與自坐左輔。一般的七殺命，事業心很重，做事認真專注，不畏艱難和挫折，此人一旦決定，絕對不會輕易放棄。七殺命喜歡獨行，有利離開出生地發展，盤中遷移宮的天馬坐長生，動感頗強，加上原盤為「七殺朝斗」的格局，本身就有離鄉背井的奮鬥特色。

命主是一位外國人，常常在異地工作，如今已擁有香港永久居留權。昌曲落於「殺破狼」星系，主人從理不從文。此外，七殺星曜感性，見昌曲為之更甚，此人很重情義，甚至會幫親不幫理，看看他的兄奴線為天機、天梁，同時被左輔、右弼、文昌、文曲所夾，尤其是奴僕宮的星曜組合特別優良，見齊祿存、化祿並六合化科。由此可見，命主如作為上司，必然獲得能幹下屬的支持，而且雙方感情關係特別良好，假如再細心一看，紫微的宮位見到輔弼為有力的朝拱，子女宮坐祿存兼見魁鉞，下屬晚輩更是其貴人之一。

盤中第二個有利位置為父母宮，父母宮的天同化祿，代表上司對他極之信任，除此之外，巨門為田宅宮見祿存並六合命宮，更是一個有家有底之人。其人之父母宮佈滿貴星，包括天德、月德、天巫、天貴，事實上，其父確實是一位名流紳士。將星不怕煞，有利兼可化煞為權，七殺也不無例外，他的事業宮滿佈煞星，由宮位會齊四煞可見，此人的工作十分辛苦，權力也大，由於命主的能力愈大，責任也愈大。

杰赫星命

天蠍座被比喻為十二星座當中，最具偷窺欲的星座，此星座愛暗中窺看別人的私隱，彷彿前生都是美國中情局的竊聽人員，加上天蠍有洞察人心之能，只要別人有一丁點輕舉妄動，天蠍都可以從小動作中感覺出來。此星座為人極度專一，又十分嫉妒，很怕被人背叛和欺騙，假如它發現別人對自己不忠，後果便會十分嚴重。

【補充閱讀—— 魔警】：縱觀七殺的人生是追求「建功立業」，他有很強的上進心，對自己有很高要求，事業對他來說是一生中最重要的。筆者寫到尾段，在腦海中突然間浮現了一個人，他的性格、六親和心理上都和上文所描述的七殺非常相似，但他的七殺應該是有煞有忌，而且「府相殺」星系皆不得祿，導致命局很不穩，加上仕途失意，七殺變得極端，走上絕路，此人傳奇但下場悲慘。

他和母親的關係很好，有妻子，有女兒。此人性格冷靜、內向、孤獨，但個人能力超強，上司稱讚他能夠獨立處理問題。他對自己要求很高，刻苦耐勞，有高度的自信心與自律能力，會不停地鞭策自己，有很強的奮鬥心。可是，他的仕途亦因為性格過於自我，不容易接納他人意見而受阻，他不合群，不交際，反社交，同伴批評他自私傲慢，因而得不到上司賞識，多次的晉陞不遂，想加入精英部門又不成功，感覺事業多年仍然原地踏步。加上此人熱愛投機，喜歡賭波、賭馬、炒股、炒樓，更因為投資失利，從而令他懷疑自己，感到混亂與沮喪，由於無處宣洩，挫折感加劇，便開了他的成魔之路。

七殺一向都善於壓抑情緒及掩飾痛苦，縱使他有錯誤想法和偏執，但表面上仍然表現出極度理智、深藏不露，其家人及同僚多年來都一直未能察覺到他的異樣。

他單憑個人能力，單槍匹馬便能成功策劃三單行劫並成功打劫銀行，搶奪警槍行劫來達至個人成功滿足感，他的部署經過長期的周詳計算，情節有如荷里活《職業特工隊》大片，企圖證明他的自信和能力。他就是徐步高，各位可以在網上找到更多關於他的生平，了解他的故事亦有助了解七殺。

第十五章・破軍星

破軍星

破軍 武曲	破軍	破軍 紫微	破軍
破軍			破軍 廉貞
破軍 廉貞			破軍
破軍	破軍 紫微	破軍	破軍 武曲

破軍性格特質

破軍五行屬陰水，是將星先鋒，化氣為耗，主管災禍。此星個性勇猛、坦率、幹勁十足，其理想宏大，具有冒險犯難精神，星曜喜歡親力親為，無懼困難和考驗，也不怕受傷和犧牲，是一顆主管破壞與消耗的星曜。

破軍是斗數三大強星猛將之一，在角色而言，武曲被視為皇上的近衛親兵，一生都有上頭的提携和關照，是為上將之首。七殺為突擊隊，善於在沉默中找尋突破缺口，此星是眾將之中最為感性。而破軍可視為前線等低級兵卒，由於此星的戰鬥行動異常激烈，往往殺敵一萬，自損七千也在所不惜，因此極具破壞性，損耗率奇高，此乃斗數上被喻為「耗」星之由來。

破軍屬水，是一顆浮動星曜，加上雨露癸水乃陰中至陰，變幻無常，時常陰晴不定，沒有常態。至於破軍的善變無常，與其潛意識可謂有莫大關係，在星曜六合關係中，破軍與天機為一對，分別在於天機為「文」，橫向發展，主要在思維上的動，而破軍從「武」，喜歡實際行動，以上下波動作為表示。

破軍的性格勇敢大膽、不怕苦、不怕敗，全憑「勇」字當頭，想做就做，正因為此，每當走進破軍大限，便時有改變和作出新嘗試的念頭。破軍毫不重視生活安定，只管向前卻不懂退後，善攻而不防守，開創而不守成。根基可謂不穩，便意味破軍的人生際遇多變，生活奔波飄盪，人生常歷幾許風雨，假如沒有穩定的吉星作為配合，運程大上大落實屬必然。

有利的是，破軍的情商EQ極高，此星具有不屈不撓、屢敗屢戰的精神，失敗了便再接再厲，絕對不會輕易投降。一般而言，破軍的人生多敗少成，全因星曜沒有足夠的思量和考慮，它和七殺不同，七殺在行動之前已備周詳計畫，掌握十足才謀而後動。而破軍只是以勇武亂衝，有的只是不怕死的拼命精神，破軍只有從過程中吸取經驗教訓，直到最後只要仍然生存，或未有完全失去鬥志，才有成功之可能。換句話說，破軍只有大難不死，才有後福。

以缺點來說，武曲的缺點是過於短視，而破軍的缺點便是太過凶猛有力，此星的思量不足，凡事力博，用力而不用腦，心急而無耐性，每每行動先於思考。加上破軍喜歡圖大，心態過於冒險，一心希望成就大業，便容易粗心大意，忽略枝節細事。此星有打死罷就，不肯認輸的心態，因此破軍的失敗，往往都是一敗塗地，愈勇就愈挫。還有，破軍有先摧毀，後重建的習性，此星變化之大，是全面和結構性的，有理無理都通通拆掉。由此引伸，破軍落入後天人事宮位的事情，不論好壞都無一幸免遭到消滅，因此破軍有「先破後立」和「破舊迎新」之意。破軍立命，常不安於內，無時無刻都想改變，隨時準備面對新環境，迎接新挑戰，適應力之強可算是眾星之首。

破軍這星與七殺和貪狼的關係密切，三者構成「殺破狼」星系，此外，破軍的對星組合與「紫廉武」亦多有同宮或對照的機會，就例如：子、午宮為破軍對拱廉貞、天相；卯、酉宮為破軍、廉貞同度；寅、申宮為破軍對拱武曲、天相；巳、亥宮為破軍、武曲同度；辰、戌宮為破軍對拱武曲、天相；巳、亥宮為破軍、武曲同度；辰、戌宮為破軍對拱紫微、天相；丑、未宮為破軍、紫微同度。

尤其與「紫廉武」的配搭，關係最為錯中複雜，此對星組合包含兩大勁旅，一隊主管開創，另外一隊負責營運，正因為兩強相遇，氣勢之大，無人能及，當中所管之事態度明確，吉凶極之分明。就是這樣，顯出破軍的變化可以非常巨大，可以十分轟烈，也反映此星確實喜歡與人合作，共商大業。

兄弟	破軍 命宮	父母	天府 福德
夫妻			太陰 田宅
子女			貪狼 事業
七殺 財帛	天梁 疾厄	天相 遷移	巨門 奴僕

從先天的星曜組合可見，破軍雖然身份低微，但是其能力頗強，入水能潛，出水能游，開荒與管理樣樣皆能。然其不同的是，破軍沒有天機的MBA工商管理銜頭，星曜的管理模式傾於實用層面，沒有多餘花巧及高深理論。以斗數概念，將星一般都是物質型星曜，星性注重實際，講求實事求是，破軍在這個方面也沒有例外。

相比之下，七殺與之同為將星，七殺表現冷靜忍耐，多時間等待，少時間出擊，反之破軍每時每刻都想行動，都想突破，表現得極為煩躁不安。七殺有些感性，破軍則明顯粗魯，破軍之剛烈比七殺更甚，因為破軍先天就無人看管，全無顧慮，事關其父母宮、兄弟宮、夫妻宮及子女宮皆為空宮，由此可見，破軍與六親均無緣份。加上破軍對宮之天相亦非感情之星，天相為理性星曜，性情不顯，外表剛性與內在謹慎，完全沒有感性色彩可言。由於破軍沒有感情包袱的牽掛，衝鋒陷陣可以肆無忌憚，便可以大刀闊斧，手起刀落。

談破軍一星，必須了解天相，天相是破軍的對星，兩者永恆相對，與之有相反特性，破軍只想求變，不斷開創，此改變無須充分理由，全是發自內心，出自本能。天相追求長期穩定，以不變應萬變的心態，就如動盪與安逸，在正反兩面互相制衡拉扯。

每當說到天相，必然涉及天府，事實上，破軍與「府相殺」星系亦頗有淵源，紫微的手下是武曲，天府的手下是七殺，然而破軍的上司就是天相。天府、天相的要點就是要「得祿」，破軍也同樣合用，見祿的破軍容易滿足，表現平和而穩定，不會無時無刻都想發難，都想妄圖變動。據個人經驗，破軍得祿的運限主創業有成，加上在運途之轉變，破軍化祿有能收拾亂局，每每都有扭轉乾坤的奇蹟。

破軍作為開創性星曜，尤其喜歡助力，如得遇左輔、右弼，對於破軍開展新事業尤其有助，而且其想頭之大，格局隨之而恢宏。此外，見輔弼之破軍運勢，便有如標準差Standard Deviation的放大效用，以幾何方式逐漸變大。宜在此先行透露，只有丑、未兩宮的紫微、破軍才有機會得到輔弼同宮或雙夾的機會，此格局正正就是古人所推崇的「百官朝拱」正格。此格局的上行線非常傾斜，命主由平民身份成為皇帝的例子比比皆是，《斗數下編》對此星格還有更詳盡解說。

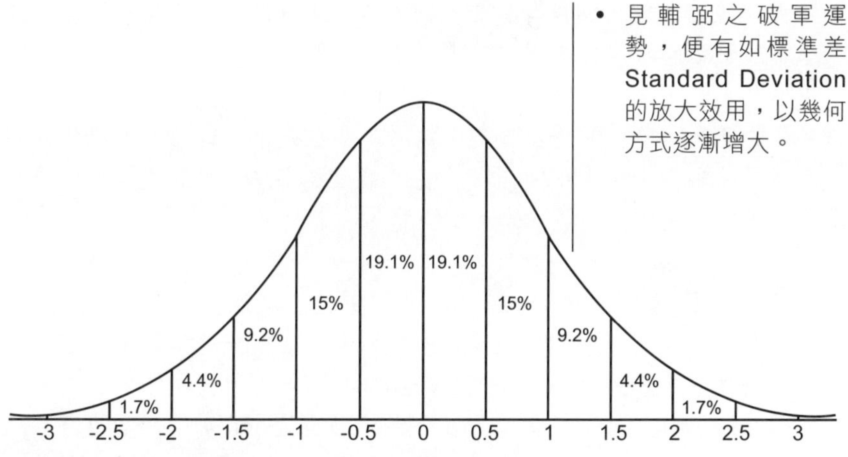

• 見輔弼之破軍運勢，便有如標準差Standard Deviation的放大效用，以幾何方式逐漸增大。

吉星天魁、天鉞主機遇，對於喜歡多變的破軍來說絕對是件好事，況且，天機作為其六合星，不多不少也會沾上破軍的幸運。再者，破軍這星很喜歡與人合作，如得魁鉞之助，代表有良好的人際關係，因人成事的意味甚濃。但另一方面，唯恐機會太多從而令人分心，始終破軍都是顆浮星，一般動盪的星曜需要穩定，假如沒有祿存或化祿，魁鉞只會加大破軍的波幅而已。

破軍是下等兵，與文昌、文曲等科星文曜可謂格格不入，此星的損耗率奇高，最理想就是以量勝質，不用太多學識和訓練便能派上前線作戰。破軍有如七殺，昌曲一向對將星沒有太大幫助之餘，更會令人三心兩意、多愁善感，破軍的天職就是犧牲，如加上昌曲恐令破軍想得太多，由實際變得理想，變得生貪生怕死，遲疑不決。

同理的是，凡是將星遇上昌曲，均沒有讀書科名可言，只是代表技巧才藝，為理科專才，主異路功名而已。破軍本身的理工性質濃厚，見吉者適合從事制造業及建築等工作。無可否認，破軍之孤寡肅殺比起武曲、七殺更為嚴重，如破軍落於六親宮位必須會上昌曲，才可令感情變得柔和，但柔和乃昌曲之作用，並非破軍之能，此星在宮位產生的浮盪變數依然存在。

嚴格來說，文昌與祿存都有穩定作用，因此破軍較喜會上文昌，反之，基於破軍屬水，性質浮盪，尤其不喜文曲的過份活潑，古云：「破軍暗曜共水鄉，水中作塚。」古人認為假如破軍落入亥、子宮垣，加上文曲化忌便有水厄，並喻意為前途驚險，引來凶禍。理論上，現代人遇上水厄的機會較少，「水中作塚」的意義或泛指在人生的際遇旅途浮浮沉沉，不由自主，欲求無助的悲慘經歷。

破軍本身的消耗很大，見煞的情況更甚，消耗更加劇烈，因此破軍儘量避免見煞，見煞則令破軍更加奔波勞碌，事倍功半，正如古云：「破軍火鈴，奔波勞碌。」加上強星互戰必有險傷，又例如「破軍見煞忌孤單殘疾」破軍多見煞星刑忌，便要留意刑傷及官非鬥爭等事宜。

破軍雖然為將，但其身份職位低微，如見煞化祿，亦不能化煞為權，此星的開創力有餘但管理力不足。若然重煞加上刑忌，主開展進程道路崎嶇不平，中途多生技節，甚至有嚴重破壞。此情況一旦發生在疾厄宮，代表身體有嚴重傷害，有殘疾可能，從筆者脫牙的經驗可見，永久失去便是破軍煞忌的徵驗。

總括言之，破軍的破壞性，不論有否化祿，落於什麼宮位都會首先失去，正如佛家所言：「無失又怎會有得？」

煞星方面，破軍喜歡前進，陀羅喜歡後拖，陀羅總會把事情拖延，把進程停濟不前，此性質與破軍背道而馳，陀羅會減低破軍的進度，削弱開創力，增加消耗性。由此引伸，如破軍化忌入疾厄宮，主行動不便，或有腳患，運限方面便是進不得亦退不下的膠著狀態，是個頗令人消耗鬥志的運限。

擎羊為刑星利器，喜歡破壞，破軍遇上擎羊，就等如低級士兵得到大殺傷力武器，星曜的破壞力嚴重驚人，化忌主人好勇鬥狠，便多有刑傷沖突之事。如破軍遇上火星、鈴星，會加強其欲望、進取心和衝刺力，但破軍本身已屬多變，便容易脾氣暴躁，容易衝動。

破軍一星非常實際，此星不談理想只求實幹，沒有空想，更沒有藝術細胞，因此代表想像力的地空、地劫對它沒有好處。古云：「 破軍忌煞百工通」，話說破軍會昌曲是工程師的組合，此人的工作便較多專注在圖紙設計等方面，假如破軍見吉會煞，便有可能是工地上的建築工人，事關破軍先破後立的特性，與四煞代表運用重型工具，和空劫代表的廣大地盤，見吉者就是一組大型基建的星象。

從安星法可見，破軍的表面勇武，但其內心卻十分隨和，星曜極之希望安穩，可以過平淡生活。從破軍之福德宮為天府可見，天府性質保守，傾向傳統不多事，正好表示，其實破軍確是動極思靜，也希望有一天可以安定下來，渴望有太平日子好過。和七殺相同的是，破軍的好動也有程度之分，要分辨其安定程度必須留意兩點，第一點是天府和天相有否見祿，第二點是田宅宮的太陰光度。

故有斗數的規條，就是府相見祿，整個命盤就能安定，況且，假假地破軍的上司為天相，上司工作悠閒，下屬便不急不忙。若然盤中的太陰入廟，代表情緒穩定，生活富足，當兩組星系內外皆穩，間接反映人生多順遂安逸，破軍便少奔波勞碌。

詳細情況，又可以這樣理解，破軍之福德宮為天府，假如天府見祿，即是破軍在行動之前會多加思考，其攻勢傾向保守，定必經過周詳策劃才會作出行動。假如天相見祿或坐下祿存，情況就更加理想，不單行動前會思前想後，更代表過程進行順利，計劃與目標一致。反之，假如破軍和天府同時不得祿，在心理上卻完全不安，便常有妄想衝動之圖，再加上想法不周，過程中又事與願違，愈做愈錯，直至最後完全失敗為止。

事實上，破軍極需要化祿或祿存，如破軍化祿主開創有成，遇上空曜反主徒勞無功，又或者，更多表現在理想過大，而能力有限，收穫比預期落差大。

假如天府組合不佳，破軍反而得祿，代表此改變在事前根本沒有考慮清楚，但最終變化還是理想的。實際情況就有如朋友被公司開除，但最終反而找到其他更為理想的工作，此例子是身不由己，迫不得意地作出改變，有些無心插柳柳成蔭，是天意帶來的好運。同樣地，假如破軍不得祿或會合化忌，無論其福德宮天府如何良好，無論事前如何精心策劃，總是事與願違，結果還是不理想。由此可見，無論個人如何聰明，成功還是需要天來就。

破軍之事業宮為貪狼，貪狼務多，性好投機，性質多元，因此破軍的變化亦會受到貪狼所影響。經驗上告之，破軍命的人很喜歡做生意，又或者每當走進破軍大限的時候，便會無故出現很多人和你合作，或一同探討發財大計，加上貪狼主事的生意性質多元化，經營更不用是自己的專長。

在破軍另外的三合方是七殺，七殺坐落財帛宮主週轉困難，容易中斷財源。由於七殺的財性單一，有理由相信破軍經營多個項目，但只有一個有盈利。主觀地認為，如論財性，七殺坐命的專一似乎較破軍的善變更為優勝。

在事業宮方面，基於破軍本性不怕犧牲，不顧後路，就算失敗也不會後悔，他們總是喜歡先放棄現有事業，才去發展新目標。如受薪階層轉工，便多以裸辭告退，不會騎牛搵馬，因此破軍命常周轉不靈，沒有退路，並非不無原因。

破軍喜歡做生意命，喜歡做老闆，為什麼還要親力親為？為什麼破軍被喻為開創力有成而管理不足呢？

這方面可以從破軍的先天星曜排佈找尋答案，巨門一星主思想，用語而不用手，這顆思考型星曜先天便落入破軍的奴僕宮，下屬冷漠不主動，上司又不放心。加上巨門本身的學識、口才皆比破軍高出不下數倍，因此作為老闆的便要一腳踢，不能有效指揮下屬，隨之便顯得管理能力不足。但話須如此，假如巨門有吉化，能惠及多方星系，卻主下屬刻苦耐勞，跟隨的全是優質老伙計。

順帶一提，破軍命的一生奔波勞碌，很大機會會患上長期性職業病，看天梁在疾厄宮便可會意，天梁主管的病症多為勞損或長期累積的疾病。但可放心，此類病症不會即時死亡，再加上天梁為老人星，發病時間在老年才會出現，中年亦未必會有什麼嚴重問題。

破軍的人性格倔強，人生常遇大起大落，加上星性帶耗，古人認為此星帶有刑剋，入六親宮位皆不作善論，代表雙方多有分歧矛盾，有較大異常落差。例如破軍入夫妻宮主早婚早離，或有兩度或以上的婚姻，較為理想便是夫妻身份、地位、外表、學歷、年齡與命主相差甚大，在八字而言是偏官、偏妻命。

此星如落入子女宮，第一胎多數是先女後男，就算此兒長大成人，性格反叛，與父不投緣是肯定的。從商之人怕破軍落入父母宮，代表容易得失大客，亦主客源不穩。此星如落入兄弟宮，古傳有可能兄長夭折，自己則取締原來長子的位置，見眾凶星煞曜尤確。

破軍有反叛性，不喜循規蹈矩，落於奴僕宮主下屬不和，甚至被手下出賣，古云：「破軍居奴僕，謗怨私逃。」

破軍入福德宮喜歡創新，喜歡不斷反覆思考，不能一成不變，此時如配合空曜，能優化破軍作出大破大立，推出新穎構思，唯破軍加上空曜的創新仍趨向實務實際，不會無中生有及過分天馬行空。破軍落入事業宮主有兼行兼業，否則便是工作變動頻繁，經常轉換行業。

破軍入田宅宮主沒有祖業，或工作及居住環境經常轉變，如與遷移宮同參，兼可估算移民之可能。如破軍落入遷移宮，非常有利外方發展，因破軍為人閒不下來，此星不喜刻板，好有驚人創舉，愈是守株待兔，就愈容易無故生非。加上破軍有破壞性，與其破壞自己家園，倒不如在遠方進行建設。

破軍除了化祿，否則不利落入財帛宮，古云：「破軍財帛位，如湯澆雪。」代表財政不穩，金錢上落波動大。

破軍行事有前無後，一旦決定便義無反顧，只攻而不守，化忌如遇上嚴重災病，便代表沒有返轉頭之可能。因此如脫牙、截肢等治療，一旦開始便難以回復本來面目，假如無忌，亦有整容之可能。此外，破軍一星代表最低下階層，在人體最下段的地方便是腳。在疾厄宮遇上破軍，主兩次或以上，如併發症或舊病復發。

破軍四化及運限

在四化方面，破軍只有兩化，包括化祿和化權，沒有化科和化忌。話說破軍不化忌，但星曜本性已有消耗及破壞成份，化權而沒有祿，則與化忌並無分別。再者，破軍是實事求是之人，不尚空想空談，又不事文言書畫，不化科也實屬合理。

破軍最喜化祿，主變動而有所成，勞而得獲，開創而得成效，在運限主過程順利，並且有愈戰愈強之勢。從實利角度，破軍化祿即是天相見祿，天相見祿即掌握資源，資源充足天府穩定。據個人經驗，破軍化祿運限便是個人事業開創之時，假如不從商，便有利升職，吾有一朋任職警察，就是在破軍化祿的運限內連升三級。

癸干的破軍化祿，貪狼化忌，貪欲少了便可以令破軍專心一意，作重點出擊，因而成效彰顯。破軍除了化祿，亦十分喜歡與祿存同宮，祿存令破軍感到安全，使其穩定，成為「雙祿交流」，成果便更為豐碩。破軍化祿在感情方面對六親有助，主感情越來越好。

凡有變動性質的星曜皆喜歡化權來使之穩定，減少虛浮，破軍當然也不例外。破軍化權一來可提升地位權勢，二來化權可令它穩固安妥，令其專心一意，以及有明確目標。甲干破軍化權，廉貞便同時化祿，代表細心、深入、專注才可獲益。要留意的是，破軍化權會非常忙碌，假如不見財星，打工一族只有加「辛」而不是加「薪」。

破軍本身不化忌，卻有機會遇上其它星曜化忌，尤其是廉貞化忌，主血傷，武曲化忌為中斷，並破軍有多次連續性，便有禍不單行，禍事接踵而至之應。

運限方面，破軍的長期波動有如心電圖，假如沒有吉化，只代表在固定通道內反覆上落，其波浪周期有三上三落之應，在人生際遇卻主原地踏步，到頭來只是一場歡喜一場空。相反，每當破軍化祿之時，便有反覆向上，愈去愈有之勢，這個情況就有如股票市場的牛市階段。換句話說，破軍化祿即是愈來愈好，或者連中三元，是連升三級之象。

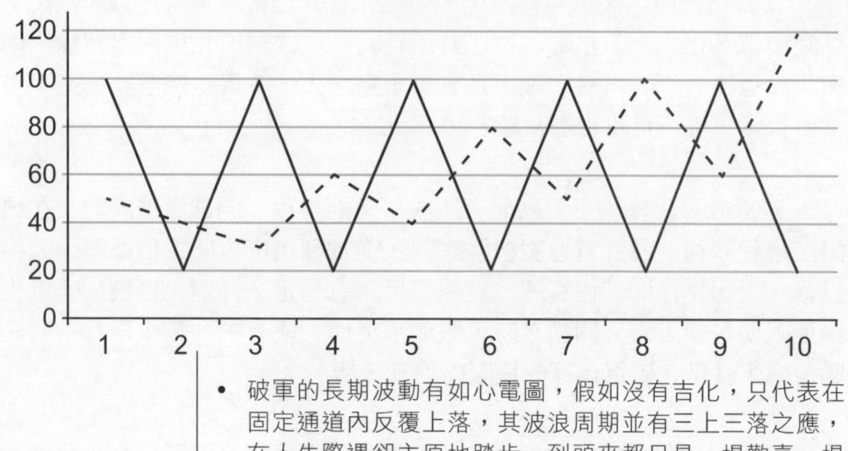

• 破軍的長期波動有如心電圖，假如沒有吉化，只代表在固定通道內反覆上落，其波浪周期並有三上三落之應，在人生際遇卻主原地踏步，到頭來都只是一場歡喜一場空，相反，有化祿的破軍則愈去愈有。

破軍面相與星座

十字型面相方面，破軍是屬於「用字面」，「用字面」一如字形，上庭和中庭部位端正，唯獨下巴及腮骨傾則一邊，形成明顯的大細臉，從正面看是個歪面。此種型相五行屬性混雜，一般以火、土為方面，或火、金為長面較為常見。「用字面」的人由於相格不平衡，性格亦較為複雜，多數有雙重個性，容易自相矛盾，在精神和物欲之間失衡，因此古人對用字面不甚討好，《形性賦》曰：「破軍不仁，背厚眉寬，行坐腰斜。耗遇貪財，逞淫情於井底。」認為此星好奸詐，好行驚險，由於相形傾斜，也代表運情不穩，一生波折甚大，常有時好時壞的運勢。

破軍一星並沒有和西洋星座有相似組合，然而其對宮天相則是屬於天秤座。綜合以上各點，不難看出破軍的一生正是追求不斷的「改變」，其實破軍一早明白為了得到安定，變化是必須的，因為變幻才是永恆。

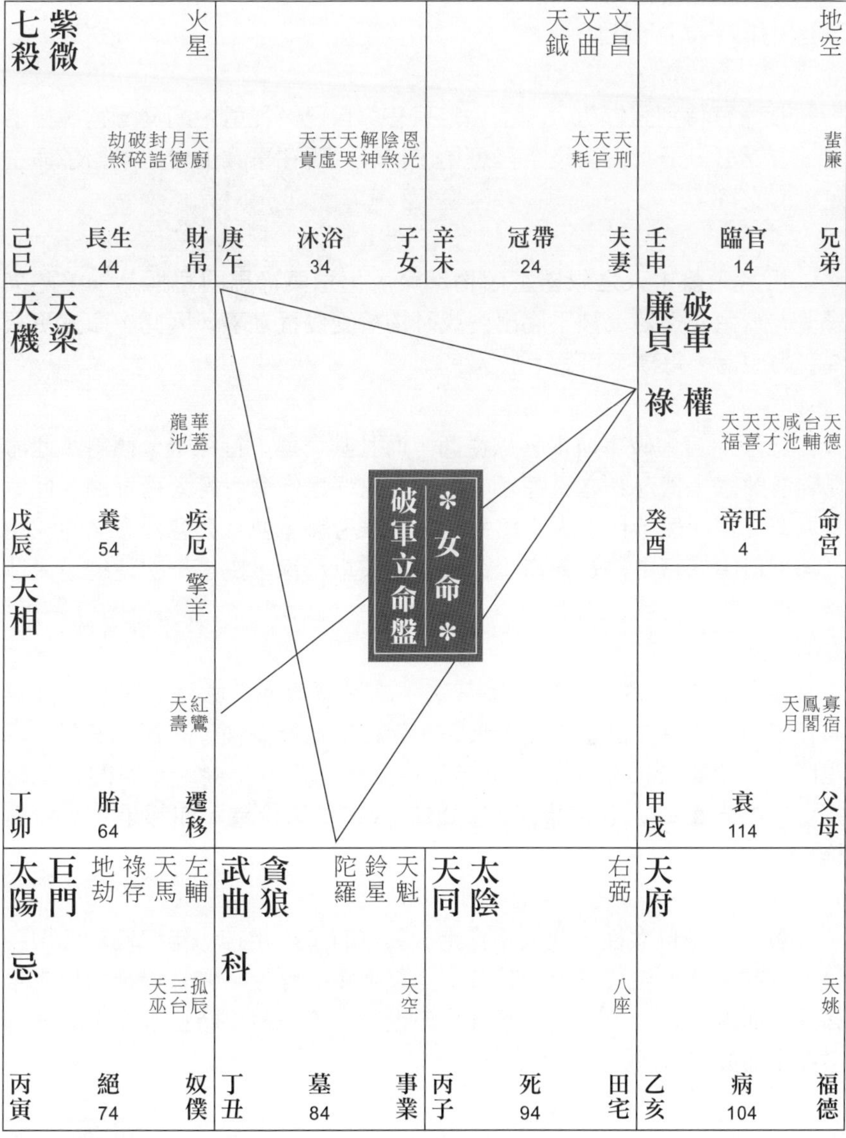

紫微 七殺
火星
天廚 月德 封誥 破碎 劫煞
己巳 長生 44 財帛
恩光 陰煞 解神 天哭 天虛 天貴
庚午 沐浴 34 子女
文昌 文曲 天鉞
天刑 天官 大耗
辛未 冠帶 24 夫妻
地空
蜚廉
壬申 臨官 14 兄弟
天梁 天機
華蓋 龍池
戊辰 養 54 疾厄
破軍 權
廉貞 祿
天德 台輔 咸池 天才 天喜 天福
癸酉 帝旺 4 命宮
女命
破軍立命盤
天相
擎羊
紅鸞 天壽
丁卯 胎 64 遷移
寡宿 鳳閣 天月
甲戌 衰 114 父母
巨門 太陽 忌
左輔 天馬 祿存 地劫
孤辰 三台 天巫
丙寅 絕 74 奴僕
貪狼 武曲 科
天魁 鈴星 陀羅
天空
丁丑 墓 84 事業
太陰 天同
右弼
八座
丙子 死 94 田宅
天府
天姚
乙亥 病 104 福德

【破軍立命】：此盤是酉宮立命，是廉貞、破軍之組合，一般的破軍命，人生都較為刻苦，加上命宮會見的三吉化，代表當事人一生必定要有所作為，才不枉此生。

凡命宮特別強悍之人，都注定只有靠自己，從盤中的父母宮、兄弟宮、夫妻宮、子女宮全是空宮可見，代表六親在事業上皆難以給予命主足夠的支持。

再者，盤中人之奴僕宮凶物深藏，化忌與祿馬同宮稱為「羊陀夾忌」，一生必然遇上被下屬出賣或財物被受侵吞之事。因此，命主更須要親力親為，每事不可假手於人。

一般而言，破軍命很喜歡從商，而且其命運上行線十分傾斜，此命見曜多煞眾，情況為之更甚。成就不高只好怪條命生得太過舒適，此命宮見齊三吉四煞，代表人生路途充滿困難考驗，並且有愈挫愈勇愈成功之勢。但由於宮中只是廉貞化祿而不是破軍化祿，主事一次性的重大革新，或一次性的巨大成就。

論氣勢之強勁，命宮只屬其次，論星盤最強之處是事業宮，此宮的三方四正會見文昌、文曲、天魁、天鉞，並被左輔、右弼、三台、八座所夾，更重要的是，此宮位亦都是見齊化祿、化權、化科的「三奇嘉會」格，還有，丑宮事業宮貪狼三合火星和鈴星，亦都是「火鈴貪格」。

盤中人是位女性，此人相當進取和富有冒險精神，年紀輕輕已曾經經營多門生意，包括美容、時裝、水貨護膚品等等，亦試過被拍檔夾帶私逃。而古語有云：「武貪不發少年人」，相信假以時日，命主必能歷盡艱辛而最終有成。

【補充閱讀《一》── 破斧沉舟】：《史記項羽本紀》：「項羽乃悉引兵渡河，皆沉船，破釜甑，燒廬舍，持三日糧，以示士卒必死，無一還心。」

讀者還記得破軍是不用腦，而且又不怕死的星曜，此星之所以成功，完全是因為有「破釜沉舟」的精神，此星一旦化祿，便有能收拾亂局，每每都有扭轉乾坤的奇蹟，是天意帶來的好運，只有憑藉勇敢和靈活，見步行步，摸着石頭過河便可得利。

話說秦朝末年，秦始皇死後，他的小兒子胡亥繼位。胡亥剛登王位，就派大將章邯率領大軍攻打趙國。趙國不敵因而對楚國求援，楚懷王派出項羽出兵救趙，當時英布等人打敗了秦將司馬欣和董翳，成功渡過漳河並佔領了河的對岸，接着，項羽即率領所有軍隊都渡過河去。

就在全軍剛剛渡過河後，項羽便吩咐士兵，每人只許帶上三天乾糧，把所有做飯的釜（即鍋）砸了，把所有渡河的舟沉在了河底，把兵營也毀了。他並對將士們說：「成敗在此一舉。這次咱們打仗，只準進，不準退；三天裡必須將秦兵打敗。我們要和敵人血戰到底，不獲全勝，誓不收兵！」

將士們看到鍋砸了，船沉了，一點退路也沒有了，因此，就都抱着死戰到底的決心和秦軍拚殺起來。結果，楚兵以一當十，喊聲震天，銳不可當，大敗秦軍。

破軍的勇敢就是因為他們沒有後路，此星作為前線兵卒，除了生命和力氣，甚麼都沒有。當一個人什麼都沒有的時候，其力量是最強大的！在網上看過李嘉誠語錄，他說：「窮的時候，要少在家裡，多在外面。富有的時候，要多在家裡，少在外面。窮的時候，不要計較，對別人要好。富的時候，要學會讓別人對自己好。」

破軍化祿，就是這個意思！

【補充閱讀《二》── 宇宙】：正如破軍真正明白「變幻才是永恆」，然而我們的身體，我們所在的世界，包括宇宙萬物，甚至神，每時每刻都在變化，事實上，宇宙並沒有一秒鐘有停頓過。

原來三千年前的古人已有「宇宙」的概念，宇宙一詞在戰國時期就已有明確解釋，其解釋為「上下四方曰宇，往古來今曰宙。」以現代解釋，「宇」即為空間，「宙」即為時間。

根據科學家目前的理解，宇宙包含三樣連續體，分別為時空、物質能量、以及相關的物理定律。宇宙包括所有的生命、所有的歷史，甚至哲學與數學等相關概念。更簡單地說，宇宙是「現在存在的一切、過去存在的一切與未來存在的一切。」

以現時人類的科技，探索宇宙仍然十分困難，在宇宙中有很多現象依然是無法証實，只可以在物理定律和數學上作出計算。例如「弦」理論的解說，我們身在的宇宙空間可以有26維甚至更多，在未獲證實之前，弦理論是屬於哲學的範疇，不能完全算是物理學。

而玄學是介乎於天文學和哲學之間，嚴格來說，研究宇宙法則也是了解命運的其中一種方法。

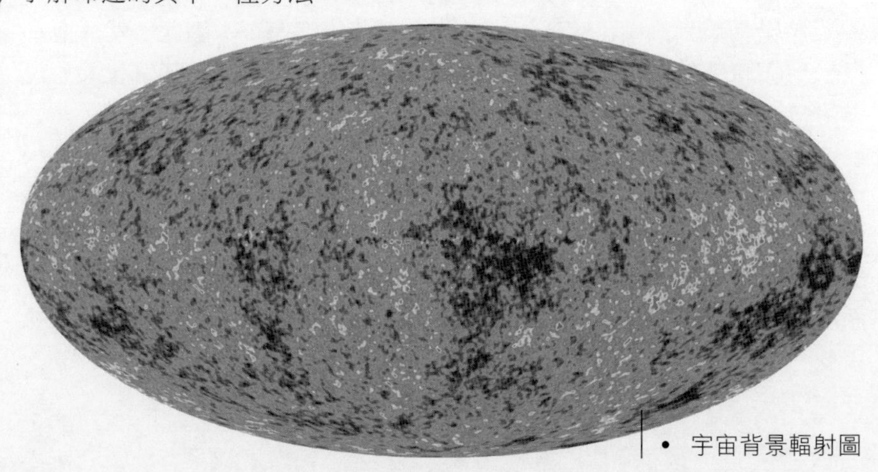

• 宇宙背景輻射圖

第十六章・星座紫微斗數

星座紫微斗數

西洋占星與紫微斗數

星座與斗數在坊間甚少有人同時研究，人們大抵認為紫微斗數與十二星座是各不相關，東西南北，生死不相往來的算命術。杰赫先學斗數，後學占星，再研天文，發現三者並無矛盾，而且更有雙輔雙承之效。

根據多方面資料顯示，紫微斗數前身就是西域占星，西域是什麼地方？是包括印度、波斯，阿拉伯等地和部分東歐地區。據斗數名家王亭之所述，紫微斗數前身是「十八飛星」，十八飛星的前身是「琴堂五星」，五星就是金星、木星、水星、火星、土星。另外台灣中央研究院院士何丙郁之《中國科學技術史》中，也有詳盡說明紫微斗數來自古希臘星座，有可能從印度傳入中國。近年因為「一路一帶」新絲綢之路的計畫炒得火熱，筆者開始研究中東歷史，從坊間眾多關於中東問題研究的歷史書籍得以發現，中國在古代（漢初或更早期）已經和西域有密切的商業和文化交流，西域地區亦因為戰爭而融入了古希臘和羅馬文化，從印度早期的佛像雕塑可見，其外形全是歐洲人的輪廓，甚至印度佛學流入中國，中國早期的佛像也都是希臘神，即「鬼佬」樣子，加上修編歷法和註經等工作，均是由僧侶和法師所擔任，紫微斗數由西域傳入中土，亦未必無因。

中國式的占星學大致可分兩個時期，第一個是三皇五帝至漢初時期流行的「太乙神數」，此部分在《八字編》經已介紹過，第二個時期是漢、唐開始流行的「七政四餘」，而紫微斗數的出現時間比「政餘」之術更晚，已知最具代表性的推廣人物是宋人陳希夷。西洋占星用陽曆，紫微斗數用陰曆，很大可能性是經過阿拉伯等陰曆國家而作出改版後傳入中國，從系統演變的過程可以發現，「政餘」與「斗數」之間的推算方法亦有某些相似之處，無論如何也好，占星宏觀，主用實星，能看心理；斗數細緻，主用虛星，能看吉凶。兩者旗鼓相當，各有所長。

筆者做了一個簡表，例出十四正曜的主要星性、工作職能和代表人物，另外再加上十二星座和九大守護行星，當各位了解完斗數星義，其實無形中已學會了占星的一部分，從而達到一石三鳥的效果。

主星	人生渴求	能力	性格特質	代表職務	星座	守護星	八字屬性
紫微	自主	領導	隨心所欲	首長	山羊座	土星	甲木
天機	機會	計謀	靈活變通	參謀	雙子座	水星	乙木
太陽	名譽	表現	外揚施予	外交	獅子座	太陽	丙火
武曲	實際	行動	剛毅直接	近衛隊	白羊座	火星	庚金
天同	逸樂	建設	天真純情	社福	雙魚座	海王星	食神
廉貞	親情	守護	固執堅持	法律	金牛座	金星	丁火
天府	常滿	積儲	保守穩重	庫房	／	土星	戊土
太陰	安全感	計畫	情緒主導	統計	巨蟹座	月亮	正財
貪狼	欲望	計算	圓滑大方	娛樂	人馬座	木星	壬水
巨門	信仰	思考	沉默寡言	傳播	水瓶座	天王星	己土
天相	安定	重複	公平正義	總理	天秤座	金星	正官
天梁	標準	監察	孤高脫俗	監督	處女座	水星	正印
七殺	功業	決策	外剛內柔	突擊隊	天蠍座	冥王星	辛金
破軍	轉變	開創	勇敢好動	衝鋒隊	／	水星	癸水

- 註一：天相、破軍永遠為一對，天相有不斷重複，破軍有上下波動的意思，大家互相影響。
- 註二：天府、七殺又為對星，天府保守，七殺盡搏，為表裡關係。

星曜六合

星曜六合又名為「星曜暗合」，十四正曜共有五對對星是永恆地出現六合狀態。「六合」是某種共同性質的表裡關係，互為影響又互相拉扯。如細心分析，六合星多數表現出陰陽、文武、剛柔、主動被動、進取保守等正反兩面的特性。

星曜六合分別為：太陽、天府；大陰、武曲；廉貞、天梁；貪狼、天同；破軍、天機。

特別的是，另外有一對是「暗六合」或叫「借星六合」，它們就是紫微和巨門，每當紫微或巨門的六合宮位為空宮的時候，星曜六合宮位的對沖宮便是暗六合星曜。最後，沒有恆常六合的星曜就只得天相和七殺。

學斗數，除了要了解星曜特性，還要理解宮位和星曜之間的表裡關係。事實上，每一顆星曜本身都有陰陽特性，此特性會在六合關係中間接表示，換句話說，學習星性，其實是須要兩粒星一同閱讀的。

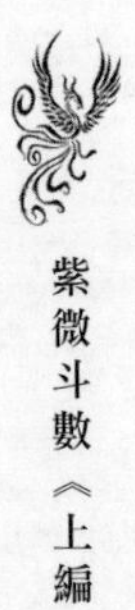

太陽	破軍	天機	紫微 天府
武曲			太陰
天同			貪狼
七殺	天梁	廉貞 天相	巨門

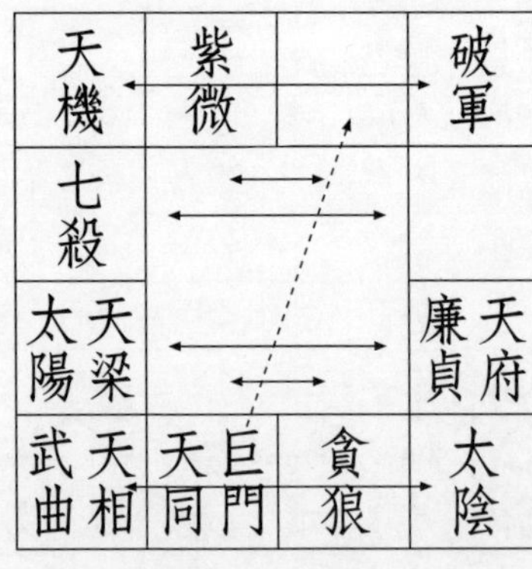

【太陽、天府】：太陽是中天星主，天府是南斗星主，兩曜各為星系之首，影響其附屬星曜。太陽和天府各主收放之兩面，太陽向外散

發，施而不受，主名不主富。天府收斂積儲，有入無出，如象黑洞，其容積無限大，主富不主名。

太陽講面子，講排場，喜耀眼顯揚，性好大喜功，星性進取，不斷消耗，太陽無論環境如何困難，也要面上貼金。天府保守含蓄，小心謹慎，沉實穩重，人有氣量，天府喜歡密密收集，秘而不宣，含蓄有威儀。

在人生旅程階段，退後，才能走得更遠；蹲下，就是為了躍起。低頭是為了出頭，那麼今日天府的低調，就是為了明天太陽的顯揚。

兩者性質有如天文學上之「白洞」與「黑洞」，在一吸一放之間，互相平衡。

【大陰、武曲】：斗數喻兩者為財星，太陰行動緩慢，喜歡暗中進行，想多而做少；武曲進財急速，話幹就幹，急功而近利。太陰之「夫」為太陽；武曲之「君」為紫微，此六合星一主動、一主靜；一主明、一主暗；一主直、一主曲。

太陰陰柔，代表女性，細心多慮，情緒緊張，多計劃空想，喜思而不行。武曲剛毅，代表男性，以行動為先，主略奪，此星無須計劃，話幹就幹，行動先於思考。一者為實幹型，另一者為思想型。

太陰喜化權，武曲喜化祿，兩者都需要安全感，兩星都有各自的憂慮，武曲為之「短慮」，以眼前利益為顧慮，太陰對任何事均多思多想，她是為了將來而「擔憂」，一為了長期、一為了短期，也是明祿和暗祿。

人類必先有理想才有行動，由太陰的多想，武曲的多做，兩者平衡，才能實事求是，把空想變為真實。

【貪狼、天同】：貪狼喜歡聲色犬馬，風流好性，主表演溝通，為人多元化，務多貪廣，有藝術氣質，對色彩敏感，是「水彩油畫」。天同簡樸，率性自然，隨心所想，任意妄為，懶散寬鬆，自得其樂，是一幅「水墨畫」。

貪狼細心，善於計算，外向進取，星曜有野心，熱愛投機。天同為福星，講感情，講愉悅，講福樂，與世無爭，安份自我。

貪狼、天同都是「貪」，它們都是欲望型組合，一個天真率性地貪，一個是狡猾奸詐地貪。它們都有各自的情感和享受需要，可視為小孩與成年人追求愉悅的不同之處。貪狼愛化「祿」，天同愛化「權」，天同着重精神上的安逸，貪狼則嚮往物質上的豐盛。

【廉貞、天梁】：兩者同是原則和守護之星，廉貞負責維持，天梁負責監督，兩者皆希望盡忠盡責，守護自己的信念。廉貞有濃厚的感情色彩，重視家族、血緣關係，較為主觀、感性、私利。天梁講求公平、公正，為人正直清廉，滿有個人原則，此星怕偏私，凡事要求客觀大道，是一顆客觀理性的星曜。

廉貞重視傳統，守舊觀念根深，為建制派人士；天梁為名士，有獨特見地，講求和而不同，為獨立競選人，兩星皆有各自的評審標準。廉貞為私心自用，天梁怕閒言是非，因此盡力做到公平無私。天梁有如「國法」，只重視檯面上的道理；廉貞有如「家規」，家規就是檯底下的潛規則，由於家醜不得外傳，因此事事低調處理。

原則並非天梁專利，廉貞的原則性同樣頑固，只是其心照不宣罷了。廉貞、天梁兩者的六合，有護長、護短；護內、護外；跟從、獨立之分別。

【破軍、天機】：兩者皆為變動之星，一文一武，性質好動多浮。破軍喜化「祿」，天機喜化「權」，兩化皆可使之穩定。破軍「勇」

猛，勇於向前線衝鋒，在艱難中發揮生命力；天機機警，善在背後籌謀，在危急中生「智」。

天機的移動「平面」，破軍則上下「波動」；天機務多而廣，破軍專注地反覆。一在於思前想後，一在於大膽妄動。天機多想而不做，破軍則不想就去做，兩者同時運動，同時操勞。一者勞神，一者勞力。

【紫微、巨門】：兩者皆為掌控之星，紫微好領導，巨門好傳播，兩星都希望發揮影響力，從而達到自己的偉大目標。紫微為物質性星曜，為「明曜」，喜歡百官朝拱，聽他發號司令，任由他擺佈指揮。巨門為精神性星曜，為「暗曜」，是高深思想型，星曜喜歡暗中發揮軟性影響，在心靈和信仰上影響他人，令人接受他的想法。巨門只需要一個廟旺的太陽，加些昌曲文曜，便能蓋過所有百官朝拱。

紫微希望控制別人的「行為」，巨門則希望控制別人的「思想」，巨門做事會制造煩惱是非，紫微的霸性會令人討厭，兩者同屬孤寡之星。

日月光度

上文已經介紹過太陽和太陰兩顆中天星，並單以日月狀況去了解命主的性格和心理特徵，本文是在其基礎上加以補充，並能在斗數推算上實踐應用。

在十二天盤當中，從寅宮到未宮代表日間，從申宮到丑宮代表夜間。日間的宮位以太陽為得垣（得垣是七政四餘表示星曜處於廟旺光猛之宮垣），到巳、午宮時光度最為強烈，稱為「廟旺」。太陰在夜間的宮位為得垣，到亥、子宮位便為廟旺。相反，太陽在亥、子宮位便會變得暗淡無光，處於「落陷」的狀態。

斗數上的著名格局，大多數是採用廟旺的星曜入垣為主，例如太陽在卯宮的「日出扶桑」，太陰在亥宮的「月朗天門」，紫微在午宮為

「極響離明」，天梁在午宮的「察察為明」，還有太陽在午的「日麗中天」，都是取星曜處於最光輝時刻之意境。單單就以日月而言，就有稱太陽在旺垣守命者為「丹墀」，太陰在旺垣守命者為「桂墀」，由此可見，古人認為廟旺就是星曜處於最佳狀態。故此，廟旺就有吉利的意義。

古云：「太陽者日生人優，太陰者夜生人優。」其實這點可以完全忽略，古籍從來未有說明有什麼優點和分別，習者只須參考星盤上之星曜分佈便可。況且日月所在之宮位，根本與出生時的日與夜無關，有夜生人太陽在午宮，同樣有日生人太陽落在子宮，事實上，太陽落在什麼宮位，與月份和星座的關係更真切。

如必須根據日月同時入廟方為美格，則只有少數原盤方可入圍，現在就以紫微、天府同在申宮為例，申宮紫府盤的太陽在巳宮乘旺，太陰在酉宮皆旺，這就是古人所標榜的「日月共明」。再者，盤中的太陽在巳宮與紫微和天府六合，氣勢宏大。加上盤中沒有空宮，各星組表現得很平衡，星組與日月同樣處於一個很和諧的狀態。

太陽 巳	破軍 午	天機 未	紫微 天府
武曲 辰			太陰 酉
天同 卯			貪狼 戌
七殺 寅	天梁 丑	廉貞 天相	巨門 亥

簡單來說，太陽是外在性格的表現，所以有光太陽為人開朗合群，喜歡社交，喜歡自我表現，並喜搶佔風頭，愈是廟旺的太陽，愈顯得外向外揚。

假如坐命的主星是天府、巨門和太陰等內向而收斂的星曜，也會因星盤中的太陽光度影響而變得主動、熱情大眾化。可是太陽本身有否表現，有否能力還要參看其它星曜配套，因此「太陽廟旺招人忌」之說，就是解釋本身「無料」同時又愛「扮勁」之人，這樣的人愈愛表現，就更令人覺得討厭。

個人認為，假如有得選擇，太陽不用太廟，處於平旺的位置便已經足夠。

太陰在命盤中所表達的是內心世界，與情緒有極大關連，因此月亮之光暗對命主的內在心性有着不可抗拒之影響。一般來說，廟旺太陰有助情緒安穩，有助安撫內心不安，當情緒穩定，便不會三心兩意，一時一樣，從而作出魯莽行徑。相反，假如太陰落陷無光，便會缺乏安全感，由於非常不安，命主便事事緊張，甚至無病呻吟。正因為此，落陷太陰需要有穩定的星曜在同宮支持，當中最佳的恩物就是祿存，另外文昌亦可。

據經驗，太陰落陷的女性愈有嫁大夫（年長很多的丈夫）的傾向，男性易有戀母情誼。反正容易情緒化，凡事都擔驚受怕的人，就更渴望一個強而有力，及較為成熟穩重的人可以作為依靠，這方面男女的情況相同。此外，古人以「明月皎潔」為前提，認為廟旺太陰的女性比較美麗，這個觀念也未必一定絕對準確，但是假如以文靜及賢淑為準則，卻顯然較為適合。然而太陰落陷的女性便會因為自信心不足，比較注重儀表莊容，她們一般都非常講究化妝和衣著。反之，廟旺太陰的女性根本就不喜歡妝扮，她們的美來自自信和悠然，是沒有加工的自然美，讀者或可自行留意一下。

對於太陰的失垣（失垣是七政四餘表示星曜落陷無光之意），如落在後天十二宮中，也代表人生所擔憂，最缺乏安全感之處，反正這個宮位的任何事情，都容易觸動命主的情感，影響情緒波動。假如太陰落入財帛宮，便容易因財帛得失而變得不安，這方面或可理解為對財富尋求安全感，因而有不斷儲蓄的傾向，這傾向就是要滿足她內心的不安。太陰除了在財帛方面，在甚麼宮位都有不斷的累積性，此點亦都是太陰被喻為斗數財星的主要原因。

再說太陰之美，古訣有云：「男性巨門妻必美。」事關巨門的夫妻宮必屬太陰，美不美不是重點，反正各花入各眼就是了，實際情況如上所說，是指他們對妻子的態度，是高度關心和緊張，並以落陷的太陰尤甚。

斗數有一個富格名為「日月反背」，此盤的太陰在卯宮，太陽在亥，兩星同時失垣，有以上星象便是形容一個為人低調，不務名牌，不易滿足，同時又非常緊張財帛得失的人。他們想盡辦法儲錢，死慳死抵，有入無出，藉此理想成富。假如我們明白大富由天，小富由儉，便不難明白「日月反背」的背後含義，有些更嚴重不安的星例，甚至可以以「守財奴」來喻之。

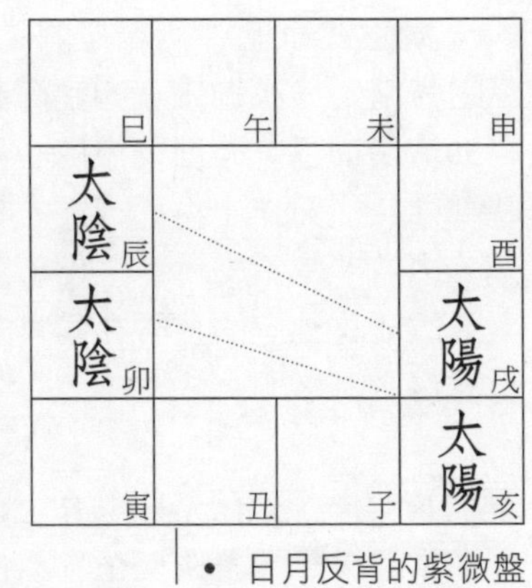

• 日月反背的紫微盤

命裡有時終須有，命裡無時莫強求，假如一個人對於財富過於執着，最終有可能因錢財而自設悲劇，正所謂：「人為財死，鳥為食亡。」所以一個「日月反背」的富格，伴隨而來便是容易構成「鈴昌陀武」的凶格。此星格喻意在富貴中暗藏殺機，愈是執着，就愈是泥足深陷，人生總是在各個方面都需要平衡，過分偏執必有弊處。

如理解光度對日月的影響，太陰廟旺對比太陽有光理應較為實惠，在命盤當中，太陰得垣無論在財政或情緒上均較為穩定。可是，凡事總有過猶不及，太陰也沒有例外，化祿、化科和化忌都會使太陰變得緊張，從而導致舉棋不定，凡事進退失據，與天機或天同一起，情況尤甚。

最後關於日月同宮，古人稱「日月並明」，其實「並明」只是純屬幻想，兩者同宮必有一陷。如丑宮只有太陰廟旺，太陽落陷，未宮則太陽廟旺，太陰落陷，假如此日月同時落入的人士宮位，丑宮則女性表現較男性出色，未宮則男優於女，有這樣情況，無非都與星曜光度有絕對關係。

以上某些看法，與占星學的「太陽星座」與「月亮星座」非常相似，筆者發現準確度極高，值得向大家分享。

星盤之光度

除了日月有光度，星曜也有光度，其實星盤也有各自的光暗度，假如引伸在性格上，便反映各人都有各自的明陰面。

古人在道德上的客觀標準，要求光明正大，理直氣壯，但假如從命理上的成功例子作出引證，「光暗」與「成功」並無必然關係，反之政治人物更多採用暗盤，歷史常常告之，因陰謀權術而得勢的人可謂大有人在。

斗數上有一個叫「日月反背」的格局，太陽在戌宮獨坐，對宮太陰在辰，日月皆無光落陷，此格局有較多暗動潛伏的位置，便有利於政治權謀，或生於亂世或異路功名，或者在幾經辛苦忍耐之後，最終成大器。

貪狼 廉貞	巨門	天相	天梁 天同
太陰			七殺 武曲
天府			太陽
	破軍 紫微	天機	

不說不知，在星盤上除了日月位置最能反映光暗度之外，其他星曜之「廟旺利陷」也會影響整體光度。斗數每顆星曜都有各自的五行屬性，同時地盤的十二宮垣也有相關五行所屬。當星曜與地盤的宮垣配對，便會產生「生剋關係」，生我者或同我者自然代表「廟旺」，剋我洩我者代表「利陷」，這方面與八字上的「旺相休囚死」同屬五行生剋程度上的概念，因此理應把星等分為五份，即「廟旺平閒地」才合理，但有個別門派更將之分為七級，即「廟旺利陷平閒地」，不知何以為根據。

可是，問題就出在這裡，星曜的「廟旺利陷」並非單純由五行生剋的評級而得出來，就拿紫微的陰土五行為例，為什麼陰土在寅、卯位被木剋而定性為廟、旺，在辰宮的陰土宮位反而落陷？這個問題不獨在紫微身上，每一顆正曜都存在着相同的問題。

同樣的是，占星學都有行星分級制，它們只分四級，分別為廟（Domicile / Rulership or House）、旺（Exaltation）、利（Detriment）、陷（Fall），學名為「必然尊貴」（Essential Dignities），與傳統斗數四分法「廟旺利陷」相同。

Planet	Rulership	Exaltation	Detriment	Fall
♄ Satum	♑ ♒	♎	♋ ♌	♈
♃ Jupiter	♐ ♓	♋	♊ ♍	♍
♂ Mars	♈ ♏	♑	♉ ♎	♋
☉ Sun	♌	♈	♒	♎
♀ Venus	♉ ♎	♓	♈ ♏	♍
☿ Mercury	♊ ♍	♍	♐ ♓	♓
☽ Moon	♋	♉	♉	♏

• 西洋占星的「廟旺利陷」

對於這個四分法，個人還有一套獨特見解，由於需要解釋的編幅頗多，此部分會在《下編》，以六十星系的的十二個原盤作例，逐一為大家解讀星曜的等級分法。

補充一點，在西洋的古典占星學說中，還有三分法（Face）和五分法Terms（or “bounds"），唯獨就是沒有七分法，可是，無論三分、五分、或七分法，現時已再沒有占星家會使用。

Ptolemy's Essential Dignities of the Planets															
			Triplicities								FACE				
Sign	Ruler	Exalt	Day	Night	TERMS						0-9	10-19	20-29	Detri-ment	Fall
♈	♂	☉	☉	♃	♃ 6	♀ 14	☿ 21	♂	26	♄ 30	♂	☉	♀	♀	♄
♉	♀	☽	♀	☽	♀ 8	☿ 15	♃ 22	♄	26	♂ 30	☿	☽	♄	♂	

♊	☿		☿	☿	☿ 7	♃ 14	♀ 21	♄ 25	♂ 30	♃	♂	☉	♃	
♋	☽	♃	♂	♂	♂ 6	♃ 13	☿ 20	♀ 27	♄ 30	♀	☿	☽	♄	♂
♌	☉		☉	♃	♄ 6	☿ 13	♀ 19	♃ 25	♂ 30	♄	♃	♂	♄	
♍	☿	☿	♀	☽	☿ 7	♀ 13	♃ 18	♄ 24	♂ 30	☉	♀	☿	♃	♀
♎	♀	♄	♄	☿	♄ 6	♀ 11	♃ 19	☿ 24	♂ 30	☽	♄	♃	♂	☉
♏	♂		♂	♂	♂ 6	♃ 14	♀ 21	☿ 27	♄ 30	♂	☉	♀	♀	☽
♐	♃		☉	♃	♃ 8	♀ 14	☿ 19	♄ 25	♂ 30	☿	☽	♄	☿	
♑	♄	♂	♀	☽	♀ 6	☿ 12	♃ 19	♂ 25	♄ 30	♃	♂	☉	☽	♃
♒	♄		♄	☿	♄ 6	☿ 12	♀ 20	♃ 25	♂ 30	♀	☿	☽	☉	
♓	♃	♀	♂	♂	♂ 8	♃ 14	☿ 20	♂ 26	♄ 30	♄	♃	♂	☿	☿
	+5	+4					+3				+2		-5	-4

• 古典占星「必然尊貴」（Essential Dignities）

宮位	子	丑	寅	卯	辰	巳	午	未	申	酉	戌	亥
紫微	平	廟	廟	旺	陷	旺	廟	廟	旺	平	閒	旺
天機	廟	陷	旺	旺	廟	平	廟	陷	平	旺	廟	平
太陽	陷	陷	旺	廟	旺	旺	廟	平	閒	閒	陷	陷
武曲	旺	廟	閒	陷	廟	平	旺	廟	平	旺	廟	平
天同	旺	陷	閒	廟	平	廟	陷	陷	旺	平	平	廟
廉貞	平	旺	廟	閒	旺	陷	平	廟	廟	平	旺	廟
天府	廟	廟	廟	平	廟	平	旺	廟	平	陷	廟	旺
太陰	廟	廟	閒	陷	閒	陷	陷	平	平	旺	旺	廟
貪狼	旺	廟	平	地	廟	陷	旺	廟	平	平	廟	陷
巨門	旺	旺	廟	廟	平	平	旺	陷	廟	廟	旺	旺
天相	廟	廟	廟	陷	旺	平	旺	閒	廟	陷	閒	陷
天梁	廟	旺	廟	廟	旺	陷	廟	旺	陷	地	旺	陷
七殺	旺	廟	廟	陷	旺	平	旺	旺	廟	閒	廟	平
破軍	廟	旺	陷	旺	旺	閒	廟	廟	陷	陷	旺	平

• 轉載自中州派之星曜廟陷表，讀者可以發現，有些宮位仍會出現「廟、旺、利、陷、平、閒、地」。

假如不論什麼級數，星曜之「廟旺利陷」，如套入天文學標準就是「星等」。此概念絕對與古代天文有直接關係，星等就是星曜的光度等級，如廟是1，旺就是0.75，利就是0.5，陷就是0.25，它們代表分數，是比較數值。

筆者見過有些派別，將星等這樣表示，+3廟、+2旺、+1利、0陷、-1平、-2閒、-3地，無論使用什麼方法或符號，彼此的共同目標都是想表達出星曜之亮度。

正因為有這樣的分數，古代的天文官便可記錄星曜光度，從而進行國運預測。在中國古天文學的發展，星等是分為十級的，這些分數在中國古代的數學上應用廣泛，然而現代因西方文化傳入，我們才以阿拉伯數字作為運算符號，因此在玄學上的廟旺數值，我們便會感到陌生。

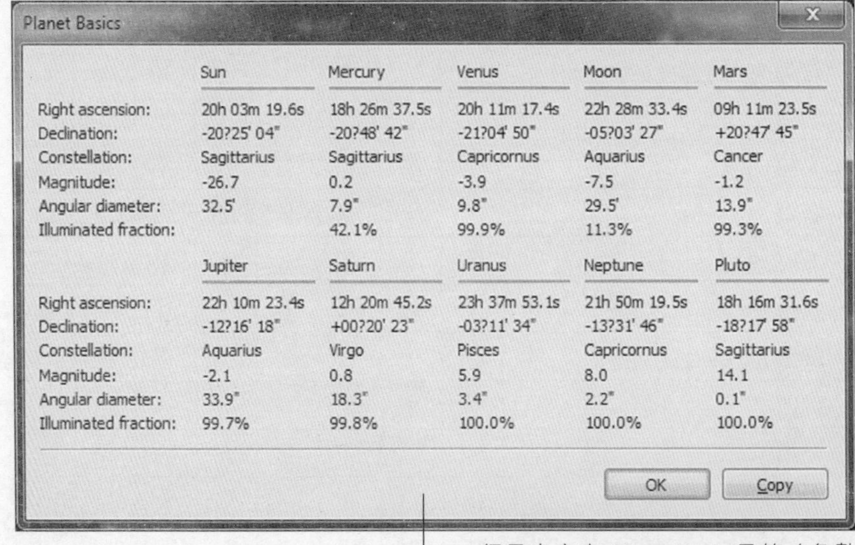
Planet Basics

	Sun	Mercury	Venus	Moon	Mars
Right ascension:	20h 03m 19.6s	18h 26m 37.5s	20h 11m 17.4s	22h 28m 33.4s	09h 11m 23.5s
Declination:	-20?25' 04"	-20?48' 42"	-21?04' 50"	-05?03' 27"	+20?47' 45"
Constellation:	Sagittarius	Sagittarius	Capricornus	Aquarius	Cancer
Magnitude:	-26.7	0.2	-3.9	-7.5	-1.2
Angular diameter:	32.5'	7.9"	9.8"	29.5'	13.9"
Illuminated fraction:		42.1%	99.9%	11.3%	99.3%

	Jupiter	Saturn	Uranus	Neptune	Pluto
Right ascension:	22h 10m 23.4s	12h 20m 45.2s	23h 37m 53.1s	21h 50m 19.5s	18h 16m 31.6s
Declination:	-12?16' 18"	+00?20' 23"	-03?11' 34"	-13?31' 46"	-18?17' 58"
Constellation:	Aquarius	Virgo	Pisces	Capricornus	Sagittarius
Magnitude:	-2.1	0.8	5.9	8.0	14.1
Angular diameter:	33.9"	18.3"	3.4"	2.2"	0.1"
Illuminated fraction:	99.7%	99.8%	100.0%	100.0%	100.0%

OK Copy

• 行星光度表 Magnitude星等（負數越大則越光／正數越大則越暗）

由此引伸，「廟」代表星曜處於最佳位置，最乎合其星性，是最能發揮力量的狀態。反之落「陷」星曜暗淡無光，引伸為星曜處於不利位置，完全不能有效發揮其應有特質。但以上只屬表面，實際上最有利便是吉曜星明，凶曜暗淡，和紫白風水的八白、九紫要生旺，五黃、二黑要化煞的原理一樣，何為吉星要廟旺，凶星要落陷？就要研究「六十星系」。

當有了星等之分級，紫微斗數便有了「星格」，例如午宮的紫微稱為「極響離明」，皆因午宮的紫微為「廟」，在子宮為「平」，比較之下，紫微的霸性在午宮表現便最為突出，因此午宮紫微被視為正格，認為格局比子宮高級。

又例如丑、未的日月同宮格，太陽在未宮平，在丑宮陷，太陰在未宮平，在丑宮廟，因此丑宮之日月同宮比未宮格局要高出多倍，又因丑宮之太陰處於廟，取財性與穩定度皆高於未宮一個層次。

然而，「六十星系」就是以此基礎作為定格，可見星曜之光度確實還有另外一番的深層意義。

陰陷	貪旺	同陷 巨陷	武平 相廟
府廟 廉旺			梁平 陽平
	子		殺廟
破陷		紫平	機平

機平	紫廟		破陷
殺旺			
梁廟 陽廟	午		府廟 廉旺
相廟 武平	同陷 巨旺	貪旺	陰廟

在六十星系之中，很多時候會有兩星同纏一宮的情況，此光度正好用來分辨雙方之間的影響力。宜在此強調，宮垣是「場景」，正曜是「主角」，雜曜是「配角」，當星曜進入某些場景，慣性的主角亦會變成配角，還有機會有兩個戲份相當的主角同場出現，下有兩例：

紫微、天相同坐辰、戌，相比之下，辰宮比戌宮優。事關辰宮天相乘旺而紫微落陷，此局天相才是主角，紫微反成為配角。推算上，辰宮紫相盤的人老實溫和，一點也沒有紫微獨到的霸性。而戌宮者更有依賴性，事關紫相皆閒，彼此光度皆非常昏暗，是星性不顯之故。

梁陷	殺旺		廉廟
紫陷 相旺	辰		
機旺 巨廟			破旺
貪平	陰陷 陽廟	武旺 府廟	同廟

同廟	武旺 府旺	陰平 陽平	貪平
破旺	戌		機旺 巨廟
			紫平 相平
廉廟		殺旺	梁平

丑、未宮的武曲、貪狼，兩者皆處於廟旺狀態，沒有高下之分，就有如兩大巨星同台演出，這星組代表權力欲的武曲與物欲的貪狼皆極端光芒，絕對是一組物欲進取型的組合。如再細心比較一下，又以未宮武曲、貪狼組合稍為佔優，事關其三方四正的破軍為「旺」，破軍的勇猛和開創力便大大加強，加上命盤整體光度較強，活躍度較高，成功者的成就便更為明顯。

紫旺 殺平			
機廟 梁旺	巳		廉平 破陷
相平			
巨旺 陽廟	武廟 貪廟	陰廟 同旺	府旺

府平	陰陷 同陷	武廟 貪廟	巨陷 陽廟
	亥		相陷
廉陷 破旺			機廟 梁旺
			紫旺 殺旺

筆者會在《下編》再和大家深入探討六十星系，假如能夠了解十二個基本盤的主義，各位便能深深感受到，其實命運真的是有固定規律可循。

另外談一談關於對宮借星的問題，假如本宮沒有主星，需要借對宮星曜，星等是根據借方原有星曜之「廟旺利陷」而定的。換句話說，原局對星是「廟」，則借「廟」。原局對星是「陷」，則借「陷」，這叫做「星曜影射」。

情況就有如借錢，人民幣和美元的息率不同，因此貸款利息亦不同，在中國借美元或在美國借人民幣，都是根據所借貨幣在岸（**本身宮位**）的息率計算。再作一個比喻，初一太陰之月相，在亞洲是無光，在美洲同樣都是無光，不會因為因角度轉變而有所改變，否則所有盤的光暗都是一樣，便欠缺以上所講的層次。

最後，星盤的光暗與成就並無必然關係，在太平盛世，普世價值都認同平等、公義、守法、正道、程序章規、個人對社會有責任和義務，然而這樣對亮盤比較有利。反之在戰國亂世，不重視公眾利益，不重視公平競爭，只在乎個人得失，行事不需標準並且無章法可依，便大為有利於暗盤。

無論是「明盤」或「暗盤」，必須配合吉星，煞星和四化組合，才能分辨格局高低。以上所述，正就是《中編》的主要內容。

南派斗數與北派斗數

紫微斗數之流派大抵可以分為兩派，其中以陸斌兆和王亭之最為人所熟悉，陸氏相傳其《紫微斗數講義》流傳自欽天監。亭老為推廣紫微斗數功不可沒，其出版多本中州派紫微斗數講義著作及古訣註解，使斗數在香港得以發揚光大，在此簡稱「南派」，坊間另稱「三合派」。

另一派別以台灣為主流，名叫「飛星紫微斗數」，簡稱「北派」，北派斗數最早出現在八十年代中期，當中最具代表性是一套稱為《華山欽天四化紫微斗數飛星秘儀》的講義，從各方面考証，此法的運作方式皆不存在於古法，是屬於一個現代派別。

北派斗數主要以十四正曜和輔弼、昌曲十八星曜為主。其推算方法大量使用四化，兼有化入化出之概念，因此又稱為「四化派」及「飛星派」。

然而傳統南派與北派斗數，在各個方面又有很多不同之處，大概可以分為以下各點：

【星曜】：南派斗數着重星義，大量使用星曜同神煞，又因個別師傅喜好不同，傳統星曜由108-118顆都有。北派以十四正曜和輔弼、昌曲，共十八星為主，神煞一律不用，星盤簡潔，因此有些人稱北派斗數為「十八飛星」。

【宮位】：南派斗數以宮位名稱作為直接解釋，即是財帛宮主要用來看收入和價值觀，父母宮用來看父母及上司長輩，田宅宮看居住環境及不動產，宮位名稱和解釋非常直觀，故宮名稱已大致反映相關職能。

北派斗數重視宮之宮 ，即「飛宮」，如母親看兄弟宮，採其父親之夫妻的意思。財帛又可看兄弟宮，採其財帛宮之田宅宮。兄弟宮兼看疾病，取其疾厄之事業宮，又稱為「氣數位」。父母宮看配偶家境，取其夫妻之田宅宮。奴僕宮用來看上司，取其事業之父母宮，宮位解釋間接取用。

不過，南派認為「飛宮」不能反映事實之正面，即兄弟宮可能只代表「父之妻」，但父之妻未必可以直接代表生母，此解釋間接，用法也有些牽強。

【河洛配宮】：北派斗數強調與河洛理數相配，將宮位配上數字，如命一、兄二、妻三、子四、財五等劃分，將之配合河洛理數為推算基礎，如一六、二七、三八、四九、五十等宮數均會互動影響。南派斗數則以三方四正、夾宮、地支宮位及六合為標準，沒有河洛理數的相關要求。

【宮位應用】：南派推測災禍以命宮為主，疾病應該看疾厄宮，災禍反映在命宮和遷移宮，事業宮主管工作職業等。飛星派認為凡「氣數位」被忌沖必有災禍，即一、六、九、十宮（即命、疾、事、田）。

南派的財富主要由財帛宮負責，代表收入來源，而田宅宮則代表固定資產。北派則以兄弟宮主管財帛，取其財帛宮之田宅宮，同時又代表銀行儲蓄，又以奴僕宮為「眾生財」，眾生財即是別人的錢財，即是南派之財帛宮。筆者補充，這個「眾生財」概念來自占星學的第八宮，既然占星以第二宮為個人財帛，其對宮自自然然就是他人財。

不過，南派的觀點是「祿在奴僕，縱有官也奔馳。」相反，北派則以個人財帛宮代表別人之錢財，取其奴僕之田宅宮之意。

【四化】：南派斗數的四化在前面已有提及，北派斗數的戊干四化是右弼化科，庚干是太陰化科，壬干是就是左輔化科。

【干化】：南派斗數之十干四化均有採用流年、流月、流日、流時之天干來起四化。北派斗數之四化不論流年、流月、流日、流時，一律沿用天盤十二宮之天干來飛四化。

【流月流日】：南派之流月、流日、流時、和流年大運之四化並無分別。北派不常見有流月、流日、流時之運用，因為如使用沿局的干支四化，便會不斷無限重複（Looping）。

【流曜】：南派斗數有眾多流曜，如流魁鉞、流祿馬、流昌曲、流哭虛、流鸞喜、流羊陀，兼備流年神煞，飛星派一律不用。

【桃花】：南派主要以夫妻宮主管桃花之事，或以命宮本對之桃花星曜或神煞作為斷事基礎，桃花星分別有廉貞、貪狼、紅鸞、天喜、咸池、大耗、天姚、沐浴。

北派則視祿忌在夫妻宮或疾病宮的飛化而斷定姻緣，當中以原局命宮、或大限命宮、或流年命宮忌入原局或大限流年之疾厄宮最為靈驗，其解釋為兩性身體之接觸，用性行為來斷定緣到之時。

【三方四正和六合】：南派斗數非常重視三方四正和六合，一般以宮位三方四正的星曜四化來推斷事態發展和運情吉凶。北派斗數只重視四正位，此四正又不同於南派之四正，而是以命、遷、子、田為十字方的中線宮位，認為四化入四正，才與命主本身吉凶有關。事實上，此概念乃來自西洋占星，占星以星盤中軸線的星曜最為重要，名為「合軸星」。

【祿忌】：南派斗數的祿忌四化在前面已有提及，一般來說，化祿多數正面，利多於弊，化忌主負面，不順利和不如意，如祿忌同宮，即吉凶交集，喜忌的情形同時發生，或因弊而得利，反之亦然。

飛星派認為只要是忌和祿、權、科的任何一化同宮，都一律不吉，忌的凶性可以令吉也成凶。

【坐忌沖忌】：南派斗數主要看宮位星曜的化忌，凡流盤疊忌同宮或對沖，才會觸發凶應。論程度上，自坐忌宮的情況最為嚴重，力量最猛，會直接影響自身，對宮化忌來沖則次之。

北派斗數主要看忌沖，凡流限或流年盤化忌同沖後天宮位才主凶應，或理解為被忌沖之宮位情況最為嚴重，自坐忌星反而不緊要。

【忌之觀念】：南派斗數理解化忌必然不吉，遇忌必有壞事。北派斗數理解為「祿因忌果」，是因果關係，認為化忌可以以後天努力去改變。因此北派大量採用「用忌追忌」，例如「入庫忌」，認為忌沖辰、戌、丑、未不怕，視為忌星入田宅宮則吉，反會發富。

南派斗數主要是「用祿避忌」，認為原局忌，後天如何努力都沒法補救，例如傷殘或喪父，斗盤顯示的是客觀現象而不是主觀理想。

【原局四化】：北派斗數非常重視原局四化，有化入化出的概念，亦是其精髓之所在。化出者即付出，化入者為收獲。所以不怕化出忌，最怕化入忌，視之為受到他人所連累。但因大運時空轉變，有可能付出會變成收益。南派斗數倒沒有化入化出之考慮。

【格局用名】：南派斗數有眾多格局，如古籍《太微賦》、《形性賦》、《骨髓賦》等均羅列出眾多不同格局，重視星系分佈，並以「六十星系」引伸出來之星等去定性之。

北派斗數則另外有一套專有名詞或學名，如「氣數位」、「一氣死位」、「眾生位」、「成功線」、「光明線」、「反弓忌」、「進馬忌」、「退馬忌」、「折馬忌」等，北派用詞多不兼容南派，亦不會提及格局及星等。

【心理學】：基於北派斗數之靜盤化入化出之概念，從而衍生出心理占算，如六親化祿入某宮，代表願意或善意付出。如化權入某宮，代表惡意或加意規管，如化科入某宮，代表幫助，是得貴人之意。如化忌入某宮，代表記掛或執意某事。

南派斗數以占算現象為目的，單宮只有以福德宮代表思想，太陰反映內在心態，然而精神層面和內心世界必須以全局為準。

總結，南派斗數主要研究星系組合，北派斗數主要把弄宮位四化，兩派各有優點缺點，雖然兩者都以斗數十四正曜為基礎，可是兩套的觀點與運算方法差異巨大，更甚的是，兩派程式多不兼容。筆者會在《占星編》介紹七政四餘，到時讀者就能夠感受到南派斗數與四餘的運算方式和廉兼容度都非常相似。反之，北派斗數與西洋占星的運算方式何其接近，尤其是在飛化方面，此法有齊占星學之守護星、定位星和互容等概念，宮位亦都以一、四、七、十宮的十字中線為要點，不難想像，北派斗數在台灣相當盛行，或有可能與當地的占星文化有關，或者可理解它是採用占星法度之紫微斗數。

中國古代星座——紫微垣

「上等地師觀星斗，中等地師尋水口，下等地師通山走」這是一句風水名句。

由太極圖，先天八卦到後天八卦，可以看出古人之科學觀是先天而後地，不難發現面相學上之名稱亦有部分來自天星，然而斗數、六壬、八字、神煞更可謂不無例外，掌相學更是承傳自西洋占星學。

天星圖的表示方式是「天南地北，左東右西」與地圖剛剛相反，地圖是「天北地南，左西右東」。可是在中國風水學上仍然沿用天圖之擺法，由於古代廿八宿分野與地理上的國家位置有緊密關聯，因此歷代國師都是精通天文地理之人，可見對天學之理解，對地學也同樣適用。

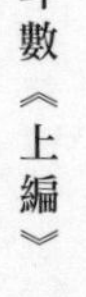

IAU國際天文學會將全天分為八十八個星座，然而中國古星座主要以「三垣廿八宿」作為表示。未講星官前先來個概念，一為「點」，即單星。二為「線」，即星官，星官由為數不同之單星組成。三為「面」，即星座，星座是西方概念，各個星座均有所屬區域分界，與及它們的神話故事。

相比之下，中國星官顯然複雜得多，中國星官在古時是帝皇之學，是專為皇室服務，所以星官之規劃極為嚴謹細密，幾經發展才由軍國占星流傳到現時流行的本命占星。假如各位能夠對星官有多些了解，便可從中窺探古代帝皇視之為國寶級的秘密。

從中國古代的星官體系來看，紫微垣代表着皇家的紫禁城，是天子、太子及後宮等皇室成員生活和行政的地方。紫微垣在中原地區（北回歸線之上），涵蓋北緯50°-90°的圓形天區，對於北半球的人來說，一年365日都能看到，此垣是北天最大陣勢，是全天最顯赫輝煌，星官最多之垣域，總共39個星官共163顆星，紫微垣對於中華文化的意義，就有如一個永不日落的皇宮。換句話說，紫微垣就是皇室集團，星官為各個部門，當中的重要恆星，就是部門負責人。

風水學上有句術語：「左青龍，右白虎，前朱雀，後玄武，中勾陳」，當中的「勾陳」所指的就是天上的「勾陳一」亦即是我們現時之北極星（小熊座α星）。但由於歲差關係，古時之極星和現時位置不同，所以垣內有多顆不同朝代之極星。

小熊座β星名叫「帝星」（古稱「天帝」），在天帝之下另有「天皇大帝」，此外「天樞」為唐代之極星。付近有「太子」、「庶子」、「後宮」等星，這些都是皇室的家族成員，都是專貴之星。另外，「御女」四星代表宮女，供天帝役使。御女下有「御史」、「尚書」、「女史」，御史負責記載宮中大事，女史則是專門負責管理時間的官員，而尚書之職銜，即現時的總書記，在帝星之上有五星組成「五帝內座」，主導皇帝在祭祀時所坐的位置。

「勾陳一」之上方，有「六甲」星官，六甲負責季節觀察，與及發佈農耕時宜，據說「六甲」是女性的星官，因此唐代武則天登上皇位之後，便假借天象來為自己締造神話，借欽天監之諭：「六甲出星，必有皇氣。」說明此「六甲」正是女皇帝武曌也。

在「勾陳一」和「搖光」之中線，有三顆古代帝星，一顆名為「右樞」，另一顆名「天一」（又名「天乙」），在「天一」的另一方是「太一」（又名「太乙」），以上所說的「右樞」、「天一」、「太一」，都曾經成為中國古代的極星。

為了方便天帝進出，垣中的北門設有「華蓋」和「杠」作為天幕和旗幟，北門外有「傳舍」，傳舍即是現今的禮賓府，是用來接待外來貴客的地方，垣中之南門有「天床」，古傳皇尚坐在「天床」上會見百官，因此「天床」理應解作龍椅，此星官明亮則代表皇上英明，政策能有效落實。

紫微垣有兩道城牆，分別稱為「左垣」、「右垣」，垣由天龍座、大熊座和鹿豹座組成，連成左右兩道星垣把內閣圍起，左垣由「上丞」、「少衛」、「上衛」、「少弼」、「上弼」、「少宰」、「上宰」、「左樞」分別把守，右垣七星包括「右樞」、「少尉」、「上輔」、「少輔」、「上衛」、「少衛」、「上丞」，它們都是皇帝身邊的文武大巨，負責國家安全及內政事務。在左右垣的兩端，南北各留一出口，分別為南、北門，而南門為又名「朱門」，又名「閶闔門」，即天子外門，此門守備森嚴，視為一大吉門。

出了南門，右垣牆外有「天乙」、「太乙」和「天廚」，「天廚」星明亮主豐收，星隱則代表飢荒，與「八穀」的糧倉意義略似。而「天廚」和「內廚」分別，就是「內廚」是專為皇家飲食而設，「天廚」則負責為大巨提供飲食。

城垣對出就是著名的北斗七星（**大熊座**），北斗是帝車，北斗以下主要為朝庭大臣。七星各有名稱，北斗第一星天樞名「貪狼」，第二星天璇名「巨門」，第三星天璣名「祿存」，第四星天權名「文曲」。一至四為斗，合稱魁斗，又叫「天魁」。第五星玉衡名「廉貞」，第六星開陽名「武曲」，武曲旁為「左輔」，左輔為丞相，其色光會隨季節而變，假如色光正常穩定，則代表政治穩定。第七星搖光名「破軍」，斗下有相星，是為「天相」，要留意的是，在黃道的「星宿」旁（**六分儀座**）有一星名「天相」，此天相不同於彼天相。

在斗魁旁還有「太尊」，這星是皇帝的親戚，正因為此，「天理」和「天牢」卻設在旁邊，此星官是專為貴族而設的法庭和牢房。

北斗四周還分佈了「三公」、「三師」、「宰相」、「太陽守」等職，都是紫微垣的內閣官員。此外，北斗旁有「文昌」六星，此六星各有官職，分工合作，古人認為「文昌」明潤，則萬民安康。台亦分有上中下，所以叫「三台」。垣左三星叫「天棓」，為刑具。右三星為「天槍」，管刑法，天棓、天槍星明亮代表社會犯罪多，因此星暗不顯才大吉大利。

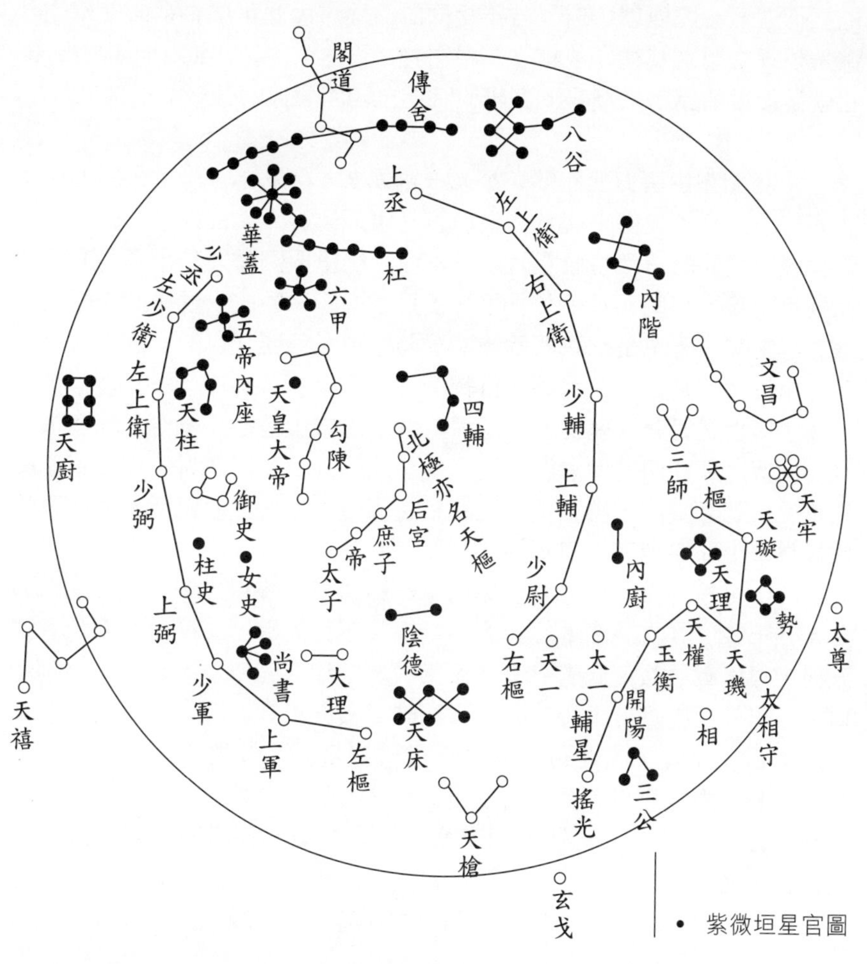

• 紫微垣星官圖

第十六章・星座紫微斗數

紫微斗數源流

轉自：琴堂居士

史書上記載，大約從南北朝的後期，自印度傳入了西方流傳已久的星占術。它是按人出生時的各個星辰在黃道十二宮的位置來決定人的祿命，根據祖先創造的陰陽五行學說對之產生了重大的推動作用，天有太陽、月亮、金星、木星、水星、火星，土星與陰陽五行的觀念很容易相結合到一塊，那些具有革新思想的星命家認為人的命運受星象影響，實際上是通過星象的質，也就是五行之氣所傳遞的，人生由星象獲得不同的五行之氣，因而就會有了各不相同的命運。由此可見星宗命理學的骨架是以天文學為基柱，故稱之為星占推命術，又名五星術，所謂五星術也就是後世稱為密宗星學。到唐代時期自西域傳入的五星術更為流行。

史料記載由唐貞元年間（公元七八五至八〇五年）一位來自西域康居國的術士李弼乾傳來印度的星命書《聿期經》大大推進了中國推命術的發展，從此曆法及生辰年月成了推命術的重要因素之一。至北宋後體系逐步完善，因此五星術和子平術便是在中國發展成「星命術」兩大流派。其中琴堂五星是七政四餘祿命學體系中名氣響叮噹的一個支流，其流源出於密宗真言宗，祖師一行禪師（公元六八三至七二七）俗家姓名張逐，傳世之書有《虛實五星源流》傳至青成山僧椿，椿傳之江西僧普澄，澄傳之浙江四明僧慧明，明又傳於遼代國師耶律楚材，耶律這個家族是遼代著名貴族，出了很多達官和文人學士。《星命總括》三卷是遼代翰林學士耶律純著，但史書不載耶律純其人，故《四庫提要》疑為出於依託，可是卷首載郡律純「原序」一篇，寫於統和二年（公元九八四年九月十日）《文湖閣書目》載為一部，不分冊數，《錄竹堂書目》作五冊，但不載卷數，此書見載《永樂大典》和《四庫全書》，外間別無傳本。另外《虛實五星源流》此書同時又被天界寺珍藏，在洪武六年又授蒼季董（宗舒）。今傳本多為《琴堂五星》，《指金虛實五星天機七五賦》，由此可見「琴堂」是自成一家為星宗分枝。還有可考證星宗書籍，如《張果星宗》在《四庫命書》中記載，張果著《星命溯源》他的身世在《新唐傳——方伎傳》和《太平廣記》中有記載，《四庫全書》還記載有《禽星易見》是明朝池本理著，江西贛州人，《明史藝文

志》載有四卷，書中有提及弘治十七年（一五〇四）和成書年代《望斗經》見載於《古今圖書集成》未載作者和成書年代書中說五星各個星性情，似在明初哈麻譯《天文書》之後，但《望斗經》另有傳說是唐代國師袁天罡與李淳風合著卻無從考證。還有《星平會海》《星命大成》等著名星宗經典著作與子平術經典著作如《三命通會》等書共齊名，並流芳百世。到了宋代五星術和子平術相結合，牽繫《易》辭卦爻，河洛，西文星辰十二宮等又創造出更複雜的，五花八門的推命術。斗數的原形就這個時候出現，但其系統體系不完善。

到了明朝開國之君，朱元璋執政後期，曾下令民間禁習天文，所以以天文為骨架的星宗命理學逐漸沒落，直至明朝末年禁習天文法律解除，而斗數乃在禁習天文學空檔時推出，而且系統體系在逐步完善，《陳希夷紫微斗數全書》，《十八飛星策天紫微斗數全集》這兩部著作就在這時候出現，但作者不詳，考證原書為宋陳摶著，載在《續道藏》書中，而紫微斗數的名稱命名正試從這時開始，雖明朝在禁習天文學，但國家機構還是有專設管氣象，天文的官員稱為「欽天監」，此學術在皇家宮庭中繼續得到發展。因時代環境的因素，斗數被披上一層面紗，增加了它的神秘感。所以此術別名又稱之「欽天監秘笈」。明未清初，西洋天文，算術隨著傳教士穆尼閣，湯若望，南懷仁等傳人中國。這時七政四餘祿命學及擇日學又興起，加上子平術學更加盛行。子平術同時也從星宗命理學中吸取特長。神煞應用也在四柱中大量的出現，而紫微斗數就更少為人知，更加神秘了。

直到近代世界格局發生了激巨變化，時局的變遷，經濟環境的變化，易學界隨之發生了變化，到五十年代，紫微斗數名家陸斌兆到香港曾公開為推算命造，方式獨特，準確度佳而名噪一時，又設班教授。這時期同齊名還有紫微斗數北派高手張開卷。七十年代紫微斗數高手張惠蒼，王亭之陸續出山，特別是王亭之授班後。「欽天監秘笈」洩露出江湖，易學界各流派為它來源出現各種爭議，為了平息這種爭議，王亭之決定並出版了一系列紫微斗數書籍，《王亭之談星》，《王亭之談斗數》，《中州派紫微斗數初級講義》，《中州派紫微斗數深造講義》，

《紫微斗數講義》（一）（二）補註（陸斌兆原著），《王亭之談斗數與玄空》，《安星法及推斷實例》書籍，一時洛陽紙貴，各種爭議不攻自破，這時紫微斗數展示出它的魅力，在易學界各種學術流派中脫穎而出。七〇年代未，八〇年代初就爆發一場學習紫微斗數熱潮，成為整個東南亞一股新主流。

紫微斗數《上編》完
（甲辰年最新修訂版）

杰赫教你學懂斗數，掌握命運真諦【正信！不迷信！】

紫微斗數《上編》甲辰年最新修訂版

WP184

如需查詢**杰赫**玄學服務，歡迎 SCAN QRC 或聯繫師傅

作者資料

系　列／杰赫星命系列 —— 2

作　者／杰赫

web : www.astro-jack.com　　email : astjack@hotmail.com

facebook : jack.astrology

出　版／才藝館

地址：新界葵涌大連排道144號金豐工業大厦2期14樓L室

Tel : 852-2428 0910　　Fax : 852-2429 1682

web : https://wisdompub.com.hk　　email : info@wisdompub.com.hk

facebook : wisdompub

出版查詢／Tel : 852-9430 6306

香港發行／一代匯集

地址：九龍旺角塘尾道64號龍駒企業大廈10樓B & D室

Tel : 852-2783 8102　　Fax : 852-2396 0050

facebook : 一代滙集　　email: gcbookshop@biznetvigator.com

版　次／2017年1月初版

2024年9月第二版

定　價／(平裝) HK$168.00　　(平裝) NT$750.00

國際書號／ISBN 978-988-75522-9-1

圖書類別／1.紫微斗數　2.命理　3.八字　4.占星